Christian Garnier

LES ANNEES REVOLUTIONNAIRES
A
BOUX SOUS SALMAISE

Seconde édition

(augmentée)

2   Les années révolutionnaires à Boux sous Salmaise

Un village bourguignon de 1789 à 1795

4   Les années révolutionnaires à Boux sous Salmaise

Avertissement de la seconde édition

L'objectif principal de cette seconde édition est de compléter le premier ouvrage sur l'aspect particulier des levées de bataillons de volontaires. Ces évènements si fondamentaux, tant pour le pays que pour la vie villageoise, étaient présentés de façon diffuse dans l'édition originale et pour mieux en marquer la force et l'importance un nouveau chapitre leur a été dédié, expliquant leur genèse et le plus exhaustivement possible l'implication de la jeunesse de Boux.

Quelques corrections et précisions ont été également apportées au texte de l'édition de 2018.

6   Les années révolutionnaires à Boux sous Salmaise

Avant-Propos

Au XVIème et XVIIème siècle bien des villages se développèrent et prospérèrent jusqu'à la révolution industrielle de la seconde partie du XIXème siècle pour finalement s'atrophier peu à peu sous l'attraction urbaine du siècle suivant. C'est le bénéfice d'archives ayant traversé les ans qui nous permet de retrouver dans des lieux qui semblent assoupis la vitalité d'une histoire locale par laquelle celles et ceux qui nous ont précédé ont déterminé notre présent. Lorsque loin des lieux où se trouve l'Histoire officielle la rencontre de l'existence passée des personnes, la généalogie, peut s'associer à la trace d'une épopée fondatrice de notre pays comme le fut la Révolution française un enrichissement mutuel peut se produire, cet ouvrage se veut le modeste résultat d'une étude généalogique s'étant laissée dériver pour en bénéficier.

Les habitants de Côte d'Or, comme dans tout le pays, ont vécu à partir de 1789 des évènements qui par leur ampleur ont conduit à un bouleversement radical du régime politique en place depuis des centaines d'années, il époustoufla l'Europe et dans le monde entier est reconnu comme l'avènement des Droits de l'Homme et de la Liberté.

Vivre la Révolution française à la plus petite échelle civique possible, celle d'un village, est donc la proposition de ce voyage dans le passé qui redonne vie aux patronymes de celles et ceux qui étaient là, à Boux sous Salmaise. L'étincelle du feu révolutionnaire qui embrasa le pays pendant 5 ans, en atteignant la campagne auxoise, bouleversa la vie rurale des habitants de Boux plus que pendant les deux siècles précédents qui virent la communauté se constituer.

Soumis à la loi seigneuriale Boux n'était cependant pas un village où le poids de la noblesse était des plus lourds. Au summum de la violence révolutionnaire personne dans le village ne fut d'ailleurs inquiété pour sa vie et ce ne furent pas les seigneurs et nobles du cru qui furent les plus poursuivis par l'ardeur populaire mais plutôt leur entourage et leur bras judiciaire et répressif.

Au final dans cette narration au ras des champs et des vignes on ne trouvera rien qui puisse figurer dans un livre d'Histoire, seulement la trace d'une libération, d'un espoir de liberté et de démocratie, d'une vie civique enthousiaste, parfois trépidante mais toujours partagée avec la dure réalité des travaux paysans. Mais aussi on est en droit de penser que les formidables changements sociétaux qui virent le jour pendant ces années-là et qui aujourd'hui encore structurent nos vies des milliers de Boux, à travers le pays, en furent aussi les acteurs et y apportèrent leur pierre.

Aujourd'hui, avec notre équipement informatique, du monde entier on peut découvrir Boux en vue aérienne et on peut même s'y promener comme en apesanteur au long de ses rues mais elles peuvent nous sembler bien vides, alors comment imaginer la vie paysanne quand des centaines de femmes, hommes et enfants les emplissaient ? Imaginons l'existence d'une faculté inédite de notre application numérique qui nous transporterait en 1790, alors après avoir traversé le pont qui relie à Présilly et laissé la chapelle derrière nous, montons la Grande Rue par cette froide journée de février et suivons ces hommes et attelages qui l'arpentent, passons la rue du Four où se trouvait la Halle, laissons sur notre gauche la demeure seigneuriale, d'un cabaret où il fait chaud sortent des cris et quelques clients qui se joignent à nous, poursuivons et pénétrons dans l'église après avoir traversé le cimetière qui l'entoure, le curé et quelques notables sont déjà là et nous attendent, chacun pressent qu'il va participer à un évènement inédit et libérateur, l'élection par les villageois eux-mêmes du premier conseil municipal de l'histoire locale.

Les prémisses d'un bouleversement historique

La communauté de Boux et ses hameaux en 1789

A l'aube de cinq années de révolution municipale dressons la scène, le village et sa vallée, et présentons les acteurs, les habitants de Boux qui vivront cette aventure locale de la grande Histoire et qui aussi, modestement, la feront vivre.

Boux est un village de 615 habitants[1] (avec les hameaux rattachés où ne figure pas encore Bouzot) qui vit presque entièrement de l'agriculture avec un soupçon d'industrie artisanale (tanneries, chaussures, moulin...), marchands et commerçants. L'agriculture est constituée de culture céréalière, de vignes, vergers et d'élevage de bétail sur des terres partant de la vallée de l'Oze et s'étageant en allant vers la 'montagne' de chaque côté de la rivière, vers Jailly sur la rive gauche et vers Blessey ou Présilly sur la rive droite. Lors d'un recensement en 1666 réalisé à la demande de l'intendant Bouchu, Boux comptait 76 habitants imposés (dont 13 veuves), Présilly 34, Les Bordes 8 et Bouzot 18 (dont 4 veuves), soit une population probable de plus de 500 personnes considérées comme majoritairement pauvres. En un peu plus de cent ans le village s'est bien peuplé et en cette fin de 18ième siècle encore, bien qu'à l'écart des plus riches terres de l'Auxois, la terre de Boux permet à la communauté de s'inscrire dans une dynamique démographique légèrement positive dans une période où ont disparu les grandes épidémies[2].

En incluant Bouzot on recensera en l'an 3 dans le cadre de la contribution foncière environ 500 hectares de terres labourables[3] considérées de médiocre valeur (blé à 50%, seigle, avoine, chanvre), 35 hectares de vigne et 65 hectares de prés[4].

---

[1] En 1786 la Bourgogne compte 1 106 217 habitants [15] et 23000 environ vivent à Dijon.
[2] 1709 est l'année de la dernière grande famine. Cette année-là, à la suite de la récolte pourrie de 1708, la nature se déchaîne en France en janvier et février avec des températures atteignant -20° pendant plusieurs semaines en Bourgogne. On ne note peut-être pas à Boux une surmortalité aussi importante que dans de nombreux autres territoires bourguignons avec cependant, en 1709, 14 décès pour seulement 9 baptêmes et un seul mariage et en 1710, 9 baptêmes 20 décès et 3 mariages. Au cours du 18ème siècle on estime que la population de la Bourgogne s'est accrue de 10%.
[3] Dans la déclaration communale à une requête du district de Semur pour connaître l'étendue des terres ensemencées en l'an 3, on relève seulement 1100 journaux de terres sur le seul finage de Boux (soit 188 hectares) dont 100 non travaillées 'faute de bras et de bestiaux'. La demande se situant dans une période où le village croulait sous les réquisitions les autorités ont très probablement sous-évaluées les terres disponibles. Salmaise déclarait 1400 journaux.
[4] Dans le pied de taille de 89 les villageois se plaignent du manque de pâturages pour le bétail

Figure 1: Extrait de la carte itinéraire du Duché de Bourgogne en 1780 (Document Gallica)

Situé aux confins sud du Baillage de la Montagne qui a son siège à Châtillon et dont il dépend, le village de Boux par un recouvrement administratif courant sous l'Ancien Régime voit son intendance réalisée par la subdélégation de Flavigny (du baillage d'Auxois)[5] , il est sur la route qui va de Dijon à Semur en passant par Flavigny, la route de Dijon à Paris par Sens ou par Châtillon et Troyes passe à Chanceaux[6].

Le 'haut et puissant' seigneur de Boux et dépendances est Jacques Joseph de Lestrade, comte de la Cousse d'Arcelot[7], ancien capitaine au régiment du Poitou, il ne verra pas la Révolution car il décèdera en mai 1789 à l'âge de 86 ans. Son fils aîné étant également décédé à cette date la seigneurie va être

---

[5] L'intendant du roi exerçait une tutelle serrée sur l'administration des communes rurales et le choix des syndics, il s'appuyait pour cela sur des subdélégations réparties sur le territoire de la Généralité. Aucune dépense n'échappait à l'œil et à la décision du subdélégué.

[6] La route de la Poste de Dijon à Paris emprunte les relais suivants : Val Suzon, Saint-Seine, Chanceaux, La Villeneuve, Eringes, Montbard, Aisy, Sanvigne et Noyers.

[7] Il est le fils de Jacques de Lestrade de la Cousse, baron d'Arcelot, seigneur de Boux, Bouzot, Les Bordes, Presilly et de la Tour de Charotte mort le 14 mars 1762 à Boux à l'âge de 87 ans. Jacques Joseph sert 22 ans au régiment de Poitou, perd très rapidement sa première épouse et se marie, en secondes noces en 1748, avec Madeleine Françoise Pilmier de Montfort, il a alors 45 ans et elle en a 19. Leur fils aîné, Jacques Madelain de Lestrade est né le 8 mai 1750 à Boux. Jacques Madelain se marie et vit à Verdun avec Françoise Louise Daubigné, mais il décède en juillet 1784 à Verdun, avant son père. De leur union naquit un fils Jacques Joseph Alexis et une fille, Marie Madeleine Honorine, tous deux nés à Verdun respectivement en août 1777 et 1783.

administrée par l'épouse de ce dernier, Françoise Louise Daubigné[8], jeune veuve de 30 ans, qui jusqu'alors résidait à Verdun et vient s'installer à Boux en emmenant sa domesticité. En l'an 3, alors qu'elle aura perdu une part de ses revenus par ses privilèges disparus, la contribution foncière montre que les revenus de ses terres sur le seul finage de Boux représentent 15% du revenu foncier communal, elle possède 9% des terres labourables et 9% des prés, les meilleurs, elle dispose également de terre sur le finage de Salmaise. L'ensemble de ses revenus et rentes en 1789, alors qu'elle possédait encore plus du tiers des bois communaux, probablement proche de dix mille livres annuels, situe madame la comtesse de Lestrade dans la moyenne de la noblesse bourguignonne[9].

La population de Boux, en plus des droits et impôts seigneuriaux et ecclésiastiques, s'acquitte chaque année de trois impôts royaux qui sont la taille, la capitation et les vingtièmes ainsi que des impôts indirects comme la taxe sur le sel, la gabelle, et la taxe sur le tabac. La taille est le plus vieil impôt royal, il a été mis en place au 15ème siècle pour financer alors l'armée du Roi et s'applique à chaque feu de la paroisse mais en sont exemptés les ecclésiastiques et les nobles. La capitation, inventée à la fin du règne de Louis XIV, est un impôt proportionnel au revenu supposé dont sont dispensés les ecclésiastiques et les mendiants ; en Bourgogne la capitation figure sur les mêmes rôles que la taille et en est une sorte de complément. Les vingtièmes sont l'impôt le plus récent, il a été institué par Louis XV pour financer la dette colossale de l'Etat, il devait en principe s'appliquer à tout le monde mais le clergé parvint à en être exempté ; comme son nom l'indique il taxe à 5% les revenus des propriétés, à partir d'une déclaration faite par le justiciable. Lorsque des gros travaux devaient être entrepris par une paroisse un impôt local, dit aussi taille négociale, pouvait être demandé aux habitants indépendamment de la taille royale ; ainsi en 1789 des travaux importants sur l'église de Boux avait nécessité un impôt local de 1530 livres.

Sur l'étendue du royaume de France la taille royale se décline sous deux types totalement différents de fiscalité et de modes de recouvrement qui sont le système de taille dite réelle et le système de taille dite personnelle. Les pays de taille réelle, essentiellement dans le sud de la France, lèvent en fait un impôt foncier grâce à l'existence d'un cadastre, ce sont les biens qui sont taxés mais à l'exception des terres nobles. La taille personnelle désigne un

---

[8] Née à Verdun le 15 mai 1758, son père est Jacques Charles Daubigné, écuyer et maire de Sedan, sa mère est Marie Alexis Madeleine de Prigny. Elle décède à Bouzot en 1820.
[9] En 1777 Jacques Joseph de Lestrade céda la seigneurie évaluée à 31224 livres à son fils Jacques Madelain par suite du mariage de ce dernier avec Françoise Louise Daubigné.

impôt sur le revenu du roturier, son poids pèse presque exclusivement sur le peuple des campagnes. La Bourgogne ducale est, comme la Bretagne, une province régie par des Etats, un reste chèrement défendu de son histoire passée, elle dispose d'une autonomie judiciaire par son Parlement[10] et d'une assemblée représentative (les Etats) qui bénéficie d'une certaine, mais très faible, autonomie financière[11]. Le pouvoir royal définit a priori le montant qu'il souhaite obtenir de l'impôt, ce sont les besoins du Roi mais cependant les Etats et le Parlement de Dijon peuvent dans une certaine mesure en négocier la part qui revient à la Généralité. Ensuite une répartition est effectuée par l'Intendant du Roi[12] vers chaque baillage et finalement vers chaque paroisse à partir d'une estimation approximative de sa richesse, c'est ensuite la paroisse elle-même qui se charge de déterminer la part d'imposition de chaque feu et d'en assurer le recouvrement. La fiscalité de la Généralité de Bourgogne est en fait très hétérogène puisqu'on y trouve aussi bien des pays d'Etats (gestion financière par les députés des Etats, comme dans les 9 pays de la Province elle-même) que des pays d'Election (en gestion financière directe du pouvoir royal) et, pour ce qui est de la taille, la Bourgogne comporte des territoires de taille réelle (le Mâconnais) mais la taille personnelle domine, comme c'est le cas dans la future Côte d'Or [15].

En Côte d'Or le système de taille est donc basé sur un classement des biens défini par le pied de taille, ce qui est supposé conduire à une estimation appropriée de la richesse du roturier résidant dans la commune. Les pieds de taille étaient définis par des commissaires du baillage en liaison avec les représentants de la communauté, il s'agissait de normes strictement locales dont l'ambition était de fournir une juste évaluation des revenus en fonction des différents types de propriétés et de leurs classifications (bonne ou première classe, médiocre ou seconde classe, mauvaise ou troisième classe), tâche difficile en l'absence d'éléments réellement fiables et objectifs sur les dites propriétés (pas de cadastre, classification variable des terres,..).

---

[10] Composé d'une centaine de magistrats, tous nobles ou/et riches propriétaires terriens, le Parlement avait en fait un rôle tout autant politique (très conservateur) que strictement judiciaire (justice d'appel).

[11] Les Etats de Bourgogne sont une institution vieille de plus de quatre siècles, ils étaient alors réunis chaque fois que la couronne ducale avait des besoins d'argent, notamment pour subvenir aux besoins des campagnes militaires. Au 18ème siècle les Etats généraux de la province se réunissent en principe tous les trois ans à Dijon, au mois de mai, et pour une durée de 3 ou 4 semaines parsemées de fêtes et réjouissances. Leur rôle principal est de régler les différentes impositions sur le Tiers Etat et entre deux assemblées quelques élus des Etats formaient une sorte de gouvernement provincial qui gérait les affaires et leur financement. [21]

[12] Depuis 1784 il s'agit de Amelot de Chaillou, un ami de Voltaire.

Ces délicates opérations étaient réalisées dans le village ou le hameau par des asséeurs qui étaient également collecteurs et responsables de la fiabilité du paiement sur leurs propres biens. A Boux, les asséeurs partant de la valeur globale de la taille attendue pour le village, devaient pour chaque feu en déterminer la part en fonction de sa richesse supposée, en pratique ils s'appuyaient sur le rôle précédent et prenaient en compte les éventuelles évolutions de revenu de chacun. Cette tâche impopulaire de répartition de l'assiette de l'impôt avait un caractère arbitraire et pouvait de la sorte être sujette à des manipulations diverses, c'est pourquoi les asséeurs étaient désignés chaque année par l'assemblée des villageois taillables.

La connaissance des rôles de taille est source de nombreux enseignements, ils dénombrent les feux de la communauté, ils contiennent une désignation plus ou moins précise du métier de chacun et permettent finalement d'appréhender assez bien la réalité sociale de la paroisse.

Le rôle de taille de 1788, pour Boux et ses trois hameaux, nous est parvenu dans sa totalité[13] ; il nous apprend que la communauté comportait 127 feux (non compris ceux des nobles et des ecclésiastiques) et nous permet de dresser la liste des métiers qui y étaient exercés et donc la source des revenus de chaque famille.

Selon ce document Boux comptait à cette date 22 vignerons pour autrui, 15 manouvriers, 14 veuves, 10 foyers de filles célibataires, 10 laboureurs, 9 vignerons, 9 laboureurs pour autrui, 5 jardiniers, 4 journaliers, 4 maçons ou tailleurs de pierre, 4 cabaretiers[14], 4 pâtres, 2 maréchaux, 2 tanneurs, 2 cordonniers, 2 savetiers, 1 chirurgien, 1 meunier, 1 chasse-moulin, 1 cordier, 1 charron, 1 bourrelier, 1 domestique et 1 tisserand.

On constate l'importance de la vigne dans l'économie locale[15] et aussi qu'un grand nombre d'agriculteurs travaillent sur des terres, champs, prés, vergers ou vignes, dont ils ne sont pas propriétaires, les plus gros propriétaires

---

[13] Consultable en appendice

[14] Quatre cabarets dans un village de 600 habitants ! Tous situés dans le village-centre de Boux. Selon Benoît Garnot [15] dans chaque village on en compte plusieurs, fréquentés aussi bien par les hommes que par les femmes (et sans doute les enfants), surtout les dimanches et les nombreux jours de fête, et le soir en semaine. Les bruits et les ragots s'y transmettent...

[15] Les vignes se situaient sur les coteaux dominant le chemin menant à Presilly et également près du hameau des Bordes. La vigne (cépage Gamay) est omniprésente dans l'Auxois au dix-huitième siècle mais la qualité du vin y est inégale. L'administration distingue 3 classes de qualité, dans la première on trouve les vins de Flavigny ou Sainte Reine par exemple, Boux se trouve dans la seconde classe en compagnie de Thenissey et Salmaise, ce sont des vins dont les prix sont environ 10% moins chers que ceux de première classe, dans la troisième catégorie se trouvent Jailly, Vitteaux, Verrey, Montbard... où les vins sont moitié prix de ceux de première classe. Les meilleurs vins de cette première classe devaient sans doute se vendre autour de 40 livres la feuillette (128,5l) quand ceux de la Côte (Pinot noir) déjà appréciés à l'époque gallo-romaine pouvaient parfois atteindre 200 livres.

terriens amodient la quasi-totalité de leurs terres. Il n'y a pas de mendiant[16] répertorié et bien entendu les nobles (2 familles) et le curé n'y figurent pas, le juge seigneurial ne s'y trouve qu'au titre de son office notarial alors qu'il est également un gros propriétaire foncier. Un seul domestique est répertorié, il y en a en fait bien d'avantage sans que l'on sache exactement leur nombre car seuls les domestiques mariés (1 feu) sont taillables[17], les domestiques célibataires n'apparaissent nulle part et sont en charge de capitation pour leurs employeurs, ils sont au plus bas de l'échelle sociale.

Régine Robin [10] a formalisé, dans un ouvrage étudiant la société de l'Auxois en 1789, un tableau des hiérarchies socioprofessionnelles dans le Baillage d'Auxois à partir d'une étude des rôles de taille sur plus de 5500 feux. En empruntant ce tableau et en y répartissant la population de Boux on arrive au résultat virtuel suivant :

Professions	NB	Catégorie
Mendiants	0	M64 (d'IM/64 à IM/32)
Journaliers	2	M32 (d'IM/32 à IM/16)
Veuves et filles	24	M16 (d'IM/16 à IM/8)
Manouvriers	15	M8 (d'IM/8 à IM/4)
Artisans	14	M4 (d'IM/4 à IM/2)
Maréchaux	2	M2 (d'IM/2 à IM)
Vignerons	31	2M (d'IM à 2IM) ← Impôt moyen
Meuniers	1	4M (de 2IM à 4IM)
Cultivateurs	0	8M (de 4IM à 8IM)
Laboureurs	19	16M (de 8IM à 16IM)
Bourgeois, marchands	2	32M ((de 16IM à 32IM)
Fermiers	0	64M (de 32IM à 64 IM)

Cependant la répartition sociale de Boux, si elle est globalement conforme à cette hiérarchie constatée dans l'Auxois, apparaît dans la réalité plus

---

[16] Les mendiants désignent les personnes extrêmement pauvres de la communauté et non des personnes vivant exclusivement de mendicité et qui le plus souvent erraient de village à village
[17] Une estimation de 5 à 10% de la population est raisonnable, on les trouve chez les nobles, les laboureurs, les vignerons, les artisans aisés, le notaire et le curé.

resserrée lorsque l'on utilise les valeurs d'imposition et les catégories de professions documentées par le rôle de taille de 1788 :

Professions	NB	Catégorie
Pâtres	4	M8 (d'IM/8 à IM/4)
Journaliers, Filles, veuves	28	M4 (d'IM/4 à IM/2)
Vignerons pour autrui, Manouvriers, Jardiniers, artisans, cabaretiers	58	M2 (d'IM/2 à IM)
Vignerons, Laboureurs pour autrui, Maréchaux, chirurgiens	21	2M (d'IM à 2IM)
Laboureurs, Meuniers, Tanneurs	13	4M (de 2IM à 4IM)

Les professions sont placées suivant la moyenne de leur catégorie, des situations individuelles peuvent donc relever d'une catégorie de l'échelle différente de celle de leur profession, il y a par exemple des artisans en 2M ou des vignerons pour autrui en M4. Au final ce dernier tableau montre une inégalité sociale moins grande que celle qui a pu être observée sur l'ensemble de l'Auxois[18], une analyse par feu montre qu'un quart de la population est redevable d'un impôt supérieur à la moyenne. La communauté de Boux n'est pas riche mais sa population se révèle assez homogène, l'écart entre les 10% les plus pauvres et les 10% les plus riches est de 1 à 18.
Le rôle communal de la taille s'appuie en Bourgogne sur une appréciation, par les asséeurs, des revenus de chaque feu, le pied de taille est le document de référence mais sur un inventaire des propriétés qui reste en partie aléatoire et il reste une seule obligation qui est d'aboutir à une taxation communale conforme en valeur à ce qui a été décrété par le baillage, à la suite des dispositions des Etats du Duché de Bourgogne et du Trésor royal, l'appréciation du niveau de richesse est primordiale.
Le 16 juin 1789, Bernard Fabry receveur des impositions du baillage se rend à Boux pour présenter un nouveau pied de taille censé améliorer les bases

---

[18] Le seigneur, les nobles et ecclésiastiques n'étant pas soumis à la taille, l'activité essentiellement agricole et sans présence de grands fermiers resserre naturellement les différences de richesse. Régine Robin montre que dans l'Auxois le plus riche des taillables est taxé 512 fois plus que le moins riche, à Boux l'écart de taxe est de 1 à 88 en 1788 et de 1 à 220 en 1789. Dans les riches terrains agricoles de la région parisienne les écarts étaient considérablement plus grands, par exemple de 1 à 4000 dans le Vexin.

objectives d'évaluation des facultés des taillables[19], mais il faut garder à l'esprit que le travail des asséeurs reste avant tout de répartir un impôt dont le montant n'est pas modifiable. Le rôle de taille de 1789 amène à observer quelques inflexions importantes dans le tableau de hiérarchie socioprofessionnelle issu de l'année précédente bien que nous ne disposions pas d'un document aussi complet, il manque par exemple les quelques familles de Bouzot. Les besoins financiers critiques de la Couronne ont amené le Trésor royal à réclamer une augmentation d'imposition qui atteint 12% pour le village, mais le processus des Etats Généraux est lancé et le village s'est mobilisé socialement et politiquement pour rédiger son cahier de doléances et cela est directement observable sur la répartition de l'impôt parmi les familles de la communauté.

Le changement que l'on constate est probablement la conséquence de la mobilisation citoyenne pour les Etats Généraux, elle semble avoir insufflé une volonté de plus grande justice fiscale. Pour Boux et Les Bordes, les asséeurs sont au nombre de 7 et non plus 3 (deux pour Boux et un pour les Bordes), ce sont Charles Arbey (déjà asséeur en 1788), Claude Thibault, Nicolas Guignard, Jean Vallier, Claude Baudot, Claude Fleurot et Bernard Belin, parmi eux six étaient signataires du cahier de doléances de Boux.
Deux feux de filles sont alors exonérés de taille, une veuve très âgée et sans propriété est retirée du rôle, l'imposition des plus faibles est réduite, les vignerons pour autrui et les manouvriers glissent en M4, les journaliers et les filles célibataires glissent en M8, alors que celle des plus aisés (laboureurs, vignerons, tanneurs...) est en général considérablement alourdie, celle par exemple de Charles Arbey est doublée, celle de François Perrot est triplée et celle d'Arbey Sautereau presque quadruplée[20]. Surcharges des villageois aisés, allègements pour les plus pauvres, sont permis en cette année exceptionnelle à la fois par le caractère arbitraire de l'estimation des fortunes et par la stricte responsabilité locale de la levée de l'impôt.

Cette recomposition de l'impôt est particulièrement visible sur le village central de Boux, elle n'est cependant pas vraiment reprise sur les hameaux des

---

[19] Par exemple les revenus de culture sont évalués suivant la qualité des sols : les terres de première classe sont taxées 8 sols par journal, de seconde classe 6 sols par journal, de troisième classe 4 sols par journal. De même pour les vignes : 5 sols, 4 sols et 3 sols par ouvrée suivant la qualité. Les vaches et les bœufs non employés aux travaux des champs sont taxés 4 sols par tête, les moutons et les chèvres 2 sols par tête.
[20] François Perrot en plus de son étude possède plus de 160 journaux de terre et de nombreux prés qu'il amodie à une dizaine de personnes. Sautereau est fermier de la moitié des droits seigneuriaux de Salmaise et de la moitié des dîmes de Boux

Bordes et Présilly dont les rôles sont connus. A Présilly l'augmentation du rôle n'est que de 10% et les asséeurs Vincent Cariot et Jacques Baudot se sont contentés de la répartir sur des bases d'appréciation des revenus peu différentes de celles de 1788.

Professions	NB	Catégorie
Mendiants	2	0 impôt
Pâtres, journaliers, filles	17	M8 (d'IM/8 à IM/4)
Vignerons pour autrui, Manouvriers, Veuves	48	M4 (d'IM/4 à IM/2)
Jardiniers, artisans, cabaretiers	21	M2 (d'IM/2 à IM)
Vignerons, Laboureurs pour autrui, Maréchaux, Chirurgiens	21	2M (d'IM à 2IM)
Laboureurs, Meuniers, Tanneurs	13	4M (de 2IM à 4IM)

IM

En cette année 1789 les revenus ont vraisemblablement peu variés par rapport à ceux de l'année précédente et pourtant la hiérarchie sociale qu'elle dessine valide l'existence d'importants écarts de fortunes. La société villageoise n'est pas devenue soudainement plus inégalitaire, il n'y a toujours qu'un quart de la population taillable payant plus que la moyenne d'imposition, mais son reflet dans le rôle de tailles s'est sans doute mieux approché de sa réalité sociale, l'écart entre les 10% les plus pauvres et les 10% les plus riches est maintenant de 1 à 74, alors qu'il n'était que de 1 à 18 en 1788.

Etats Généraux, cahiers de doléances

En mars 1789, à la fin d'un terrible hiver de froidure et de disette [9] pendant lequel un froid sibérien avait sévi sept semaines et vu la Seine, la Saône et la Loire totalement gelés, les communautés villageoises du Baillage de la Montagne dont le chef-lieu était Châtillon sur Seine, comme partout en France, se réunirent pour émettre leurs cahiers de doléances devant être porter par leurs représentants appelés à siéger aux Etats Généraux qui avaient été convoqués par Louis XVI [21] dans l'espoir de résoudre la crise financière dans laquelle était plongé le royaume.

---

[21] Contrairement aux Etats précédents (les derniers dataient de 1614) ce n'est plus seulement les villes qui sont appelées à désigner leurs députés mais aussi les villages des campagnes de France.

18   Les années révolutionnaires à Boux sous Salmaise

A cette date le village de Boux est une communauté qui, depuis le XVIIème siècle, est une paroisse rattachée au chef-lieu ecclésiastique de Salmaise[22] dont elle est une succursale, cette hiérarchie ecclésiastique se concrétise par exemple dans la collecte fiscale de la dîme vers Salmaise ou encore la détention de l'état civil. Au début du XVIIIème siècle avec la création de la seigneurie, elle s'est autonomisée administrativement au fil des ans en même temps que sa population s'accroissait. La paroisse est l'unité fiscale de base du royaume. Boux est à l'extrémité sud du baillage de la Montagne et à la frontière sud-est de celui d'Auxois (où se situe par exemple Jailly les moulins).

Le cahier de doléances des habitants de Boux est rédigé le 13 mars 1789 et signé par 51 citoyens parmi lesquels les principaux protagonistes des années qui vont suivre, le premier signataire et rédacteur est Jean Arbey. La rédaction de ces dizaines de milliers de cahiers à travers le pays en mars 1789 est le résultat d'un formidable élan citoyen qui a été préparé par le bouillonnement des débats qui ont suivi la décision de réunir les Etats Généraux. Lorsque les villages du Chatillonais et de l'Auxois se réunirent leurs éléments les plus avancés avaient connaissance des propositions émises par le Tiers-Etat des villes. A Dijon l'avocat Navier fut l'auteur, en janvier, d'une 'Requête au Roi' qui joua le rôle d'une charte du Tiers-Etat bourguignon et fut approuvée par les assemblées de Dijon, Semur, Montbard, Flavigny ; dans ce texte figuraient entre autres les revendications de représentation du Tiers-Etat et d'égalité devant l'impôt qui allaient être reprises à peu près partout en zone rurale.

La rédaction des cahiers de doléances s'inscrit dans le cadre d'une campagne électorale puisque destinée à choisir des députés devant se rendre à Versailles, cependant leurs programmes, leurs mandats, sont ceux définis par les assemblées des 3 ordres et en l'occurrence celui du Tiers Etat à Boux. Le

---

Le pouvoir royal supposait que le poids des campagnes, dominées par les seigneurs et l'aristocratie, l'aiderait à contrôler les débats et faciliterait les décisions que le pouvoir souhaitait voir se cantonner strictement à une réforme de l'impôt, ce qui se révéla une erreur. Michelet écrit :'En appelant à l'élection, les gens de la campagne, des villages, Necker croyait faire, on n'en peut douter, une chose très politique, autant l'esprit démocratique s'était éveillé dans les villes, autant les campagnes étaient dominées par les nobles et le Clergé, possesseurs des 2/3 des terres…L'évènement trompa son calcul…Dans ce prodigieux mouvement de 5 à 6 millions d'hommes, il y eut quelque hésitation, par l'ignorance des formes, et spécialement parce que la plupart ne savaient pas écrire. Mais ils surent parler…l'admission des campagnes à l'élection eut le résultat inattendu de placer dans les députés mêmes des ordres privilégiés une démocratie nombreuse, à laquelle on ne pensait pas, deux cents curés et davantage, très hostiles à leurs évêques.'

[22] Hiérarchiquement rattaché à l'archiprêtre de Flavigny.

Tiers-Etat, c'est-à-dire le peuple, les roturiers, l'ensemble de la population à l'exception de la noblesse et du clergé.

On bâtit des programmes et ensuite on choisit ceux qui sont les plus capables de les porter, d'abord dans les villes et villages, puis dans les baillages et finalement au niveau de la province. Les assemblées de rédaction des cahiers devaient être présidées par un juge royal ou seigneurial, ce fut un juge royal dans les villes et les villages qui en étaient proches mais la multiplication des assemblées et l'éloignement conduisirent à de très nombreuses présidences par des juges seigneuriaux ; ce fut le cas à Boux où l'assemblée fut présidée par le juge Perrot dont la signature figure au bas de celles des comparants ainsi que celle de son greffier Tartevelle et il ne parait pas que cela ait pesé dans la fermeté des réclamations exprimées.
Parmi les milliers d'autres cahiers écrits en cette fin d'hiver, celui de Boux est aussi le reflet, le témoignage, des prémisses d'un bouleversement historique, en voici le contenu :

'Cahier de doléances, plaintes et remontrances de la paroisse de Boux sous Salmaise dressé en exécution des lettres du Roy données à Versailles le 24 janvier dernier pour la formation et tenue des États Généraux pour satisfaire au règlement y annexé et à l'ordonnance de monsieur le Lieutenant Général du Baillage de Châtillon sur Seyne du 27 février aussi dernier

Art. 1.er
Que la masse des charges et impositions que supportent les paroisses des campagnes est énorme, à en juger surtout par celle de Boux qui est imposée à savoir en taille à deux mille quatre cents quatre-vingt Livres, en capitation à quatre cents vingt-neuf Livres, en vingtièmes à mille cent soixante-sept Livres, en dixmes de tous grains, vins et chanvres quinze cents Livres et les corvées et les droits seigneuriaux qui peuvent faire un objet de cinq cents Livres, total six milles soixante et seize Livres; de sorte qu'étant évident que tous ces impôts et charges sont au moins aux deux tiers du revenu de la paroisse, il est de toute équité qu'il y ait une réforme.

Art. 2
Que cette surcharge d'impôts accablante qui s'est répandue sur le Tiers État est une injustice qui dérive particulièrement des vices et abus dont est infestée la Constitution des États de la province où même les droits de la nature sont

violés envers le dit tiers ordre puisqu'il n'y paraît pas en représentants libres, choisis parmi ses mêmes et en nombre égal à celui des deux premiers ordres réunis.

Art. 3
Que pour assurer à l'avenir aux citoyens de la Bourgogne la jouissance de leurs biens, les habitants de la dite paroisse de Boux entendent que la Constitution des dits États de la province soit régénérée et qu'aucune partie de leurs propriétés ne puisse leur être enlevée par des impôts s'ils n'ont été préalablement consentis par les États Généraux du Royaume.

Art. 4
Qu'ils entendent également que les députés du tiers ordre tant aux dits États Généraux qu'aux États particuliers de la province soient en nombre au moins égal à ceux du Clergé et de la Noblesse réunis, qu'ils soient librement choisis par leurs pairs et parmi leurs pairs par tous les cantons, paroisses et communautés sans aucune exception dans la forme prescrite par le dit règlement du Roy du 24 janvier ; que les trois ordres votent par tête et ayant ensemble l'égalité d'influence dans tout ce qui sera confié à leurs décisions et administrations, et que les députés du Clergé soient choisis tant dans le haut Clergé que parmi les curés des villes, bourgs et villages.

Art. 5
Que Louis Hutin par son édit du 3 juillet 1315 ayant affranchie la féodalité personnelle il est réservé aux États Généraux de rétablir la liberté réelle. En conséquence les habitants entendent qu'à l'exemple de Philippe le Bon Duc de Bourgogne par son ordonnance de septembre 1424 qui affranchie sa terre de Faucogney et de celui de plusieurs de nos rois par leurs édits de 1539 et 1552 qui délivrent de la servitude des rentes foncières les maisons de plusieurs villes, les dits États Généraux éteignent, affranchissent et proscrivent à jamais la servitude de tous les droits féodaux et seigneuriaux notamment celle de la mainmorte dans tout le royaume et de pourvoir à l'indemnité des seigneurs ou de leur réserver le droits d'exercer leurs actions dans le courant de dix années seulement pour le remboursement des dits droits à dire d'experts amiablement choisis ou en Justice par-devant leurs juges et en ce cas que les vassaux ayant la liberté de payer aux deniers vingt avec intérêts du capital des dits droits qui sera réglé par les dits experts sur une année de dix de revenu chacune en son endroit faire solidité jusqu'au remboursement du dit capital qu'ils feront à leur volonté, et qu'il soit dit que

passées les dix années sans poursuite commencée les dites actions des seigneurs seront également éteintes et prescrites.
Que l'extinction de tous ces droits doit avoir lieu avec d'autant moins de difficulté qu'ils sont remplis d'inconvénients et de conséquences pernicieuses pour le repos du citoyen 1) ils donnent lieu à un grand nombre de procès ruineux 2) que les mainmortables ne peuvent se communiquer ni dans le commerce ni dans le mariage avec les personnes franches sans que celles-ci ne tombent et s'enchaînent dans leur servitude mixte 3) et que les feudistes des terriers sont moins soigneux de conserver et d'augmenter leurs fonds qu'ils la négligent au contraire pour raison des charges perpétuelles et non rachetables dont ils sont chargés.

Art. 6
Que la dîme est encore une charge qui donne lieu à beaucoup d'inconvénients occasionne des procès considérables, gêne et est une entrave à l'agriculture qu'il faut protéger ; à cet effet les dits habitants entendent et désirent fermement que les Etats Généraux éteignent et abolissent toutes les dîmes de telles espèces qu'elles soient, à la charge seulement que les paroissiens acquittent envers leurs curés, vicaires, et desservants, la portion congrue telle qu'elle est réglée par le dernier édit, sans qu'elle puisse être diminuée ou augmentée que par les Etats Généraux ; laquelle portion congrue sera imposée sur les propriétaires de fonds dans chaque paroisse au marc la Livre des impositions royales, et la dite extinction n'aura néanmoins d'effet qu'aux décès, démissions et résignations des bénéficiaires actuels qui possèdent et jouissent des dites dîmes.

Art. 7
Qu'attendu que la liberté personnelle a été rendue à tous les citoyens que selon le droit de nature chacun doit être franc, libre ; (expression tirée de l'édit ci-dessus cité de Louis Hutin) les dits habitants entendent que personne ne puisse emprisonner et détenir pour aucun motif qu'en vertu des lois du royaume.

Art. 8
Qu'ils consentent à l'établissement ou prorogation des subsides que les Etats Généraux jugeront indispensablement nécessaires aux besoins de l'Etat, toutes dépenses inutiles préalablement retranchées pourvu toutefois et non autrement que les impôts et charges quelconques même le droit de franchise qui distinguent les ordres soient supprimés et remplacés par des subsides

également répartis entre tous les citoyens sans distinction ni privilèges à raison seulement de leurs propriétés.

Art. 9
Vu des fléaux qui affligent les campagnes, ce sont les pigeons fuyards qui sont multipliés à l'infini et qui causent une perte au moins d'un sixième dans toutes les espèces de graines, si le cultivateur sème sa semence est enlevée sans qu'il puisse s'en défendre et souvent sans qu'il s'en aperçoive. Ce n'est pas le seul mal que ces animaux causent, ils se mettent ordinairement sur les couverts non seulement ils les dégradent mais y laissent des fientes que les eaux pluviales portent dans les citernes, les infectent, les empoisonnent, et causent des maladies contagieuses qui ne contribuent pas peu à la dépopulation. C'est pourquoi les habitants de Boux demandent que ces animaux soient généralement détruits, qu'il ne soit permis de tenir que des pigeons patus qui ne s'écartent pas à deux lieux comme les fuyards.

Tel est leur cahier de doléances, plaintes et remontrances, en conséquence ils donnent pouvoir à leurs députés porteurs du présent cahier de présenter et faire valoir les articles ci-dessus et autres qu'ils jugeront bons pour raison, et même d'élire telles personnes suffisantes et capables avec les autres paroisses et juridictions dépendantes du baillage de Châtillon et autres pour assister aux dits Etats Généraux du royaume de France qui se tiendront à Versailles le vingt-sept avril prochain. '

Régine Robin dans son étude de la société de l'Auxois en 1789 [10] a mis en lumière ce qui distingue les cahiers urbains rédigés par des bourgeois des cahiers ruraux rédigés par des paysans. Cette distinction dérive évidemment de conditions d'existence paysannes sous le joug seigneurial alors que les bourgeois des villes en sont exemptés, c'est pourquoi alors que les villes vont être d'abord dans la lutte pour les libertés politiques les campagnes seront, elles, d'abord dans la revendication antiseigneuriale. Il apparaît que le cahier de Boux est au milieu du gué, il revendique bien sûr dans l'article 5 l'abolition de tous les droits féodaux (y compris la mainmorte très répandue en Bourgogne mais qui cependant n'avait pas cours à Boux) et s'insurge contre les abus de position et de coutume (les pigeons) mais aussi les revendications sont fortes concernant les charges et les impôts qui doivent être payés par tous, sans privilèges, et dont les montants doivent être sous la seule autorité des Etats Généraux ainsi que l'égalité des personnes, le libre choix des représentants, la liberté réelle et personnelle (contre l'arbitraire, par exemple, des lettres de cachet) soutenue par un rappel inattendu à l'action de Louis X

dit le Hutin, éphémère souverain de France, qui mit fin au servage près de 500 ans auparavant ! Les impôts sont la grande affaire et même si l'évaluation aux 2/3 du revenu de la commune est peut-être exagérée on note que les dîmes[23] et charges seigneuriales représentent la moitié des impôts royaux, les articles 5 et 6 demandent qu'ils soient abolis.
Bien que cette pratique ne fût pas encouragée, dans quelques villages un groupe ou un individu insatisfait par le contenu du cahier a pu proposer un supplément au cahier et ces suppléments furent joints aux cahiers officiels. Il s'agissait souvent d'intervenir sur une réclamation oubliée ou insuffisamment argumentée. Ce fut le cas à Boux où furent émis 2 suppléments écrits par deux mains distinctes. Le premier, dont l'auteur fut très probablement Simon Tartevelle[24], greffier et recteur d'école, approfondit l'article 8 et la notion d'égalité devant l'impôt en incluant les facultés au revenu en plus des propriétés, rectifiant ainsi une erreur d'appréciation banale en milieu paysan d'alors où la propriété seule était la source naturelle de tout revenu, il dynamite également en termes très vifs les pratiques d'une justice seigneuriale où le juge est sous la dépendance d'une partie , le seigneur lui-même. Le second supplément, très court, liste les principaux privilèges pécuniaires ou en nature du seigneur de Boux, nulle trace cependant des corvées et banalités.

Premier complément au cahier de doléances :

'Observations relatives aux doléances des habitants de Boux

1) *On demande que tous les citoyens de l'Etat contribuent aux charges du royaume seulement en proportion de leurs propriétés, cette expression en proportion de leurs propriétés favorise les prétentions de la noblesse contre lesquelles se sont élevés avec la plus grande force les avocats et les différentes corporations de la ville de Dijon, car la noblesse consent bien à payer sa quote-part des différents impôts au prorata de ses propriétés, mais non pas au prorata de ses facultés. Il est évident qu'il existe une différence essentielle entre les deux choses puisqu'on entend ordinairement par propriété que ce que l'on possède en propre et dont on peut disposer, au lieu que par faculté on entend tout ce dont on jouit soit en fonds de terre soit en pension, soit en rente viagère soit en gratification soit à raison de son industrie et du revenu des différents postes et emplois qu'on*

---

[23] Dont le bénéficiaire est le prieur de Salmaise
[24] Recteur d'école et greffier local, il était parfaitement informé des tares de la justice seigneuriale

peut occuper, au moyen de quoi il est nécessaire d'ajouter aux doléances qui concernent cet article, non seulement à raison de leurs propriétés mais encore à raison de leurs facultés.

2) *On demande en général qu'il soit défendu de tenir des pigeons, c'est à tort que le tiers-état donne tant d'attendu à la plainte qu'il donne à cet égard, il est incontestable que les seigneurs sont autorisés par toutes les lois, par toutes les coutumes, dans la possession où ils sont de tenir des colombiers en pieds, c'est une servitude imposée à tous les vassaux des seigneurs de souffrir l'incommodité qu'ils éprouvent à cette occasion. Mais il est et par contre la justice et contre le bon ordre de souffrir et de tolérer dans les campagnes le droit que s'arrogent de simples particuliers d'édifier des volières dont les pigeons mettent à contribution tous les malheureux habitants dont ils dévastent les campagnes, soit pendant la maturité des grains, soit pendant le temps des semences et des récoltes, c'est contre cet abus aussi révoltant qu'il faut s'élever. Il faut donc se borner à demander la destruction de tous les colombiers des campagnes excepté de celui du seigneur, mais il faut qu'il soit sollicité aux Etats Généraux une loi qui enjoigne au seigneur de tenir ses pigeons enfermés pendant la période des semences, des récoltes et pendant la maturité des grains sous des peines assez fortes pour les contraindre à l'observation de cette loi.*

3) *Une observation qui serait très utile et qui pourrait frapper ceux qui composeront l'assemblée de l'Etat serait d'exposer avec énergie l'abus qui résulte pour les vassaux d'un seigneur de voir porter par devant son juge les contestations qui s'élèvent à l'occasion des droits qu'il leur réclame en cette qualité. Il est incontestable que la plupart de ces juges de campagne sont vendus aux seigneurs de qui ils tiennent leur institution, et qu'en conséquence ils sont en quelque sorte forcés de confirmer par leurs jugements des prétentions qui ne sont quelquefois fondées que sur la cupidité et sur la timidité pour ne pas dire la bêtise de leurs vassaux. Il serait donc important de voir réformer cet abus et de demander qu'il fût fait défense aux juges des seigneurs de connaître d'aucune cause où ils seraient intéressés ainsi que leurs fermiers pour raison des droits seigneuriaux qu'ils se croiraient fondés à réclamer.*

4) *Tout le monde connait combien il est intéressant pour la tranquillité des familles et le maintien des fortunes, de conserver la paix parmi les citoyens et d'empêcher une multitude de procès qui n'ont souvent pour objet que des choses de très peu de conséquences et qui n'opèrent pas moins la ruine totale des individus par les différents degrés de juridiction où il faut passer avant d'obtenir une décision qui puisse fixer le sort du plaideur ; ne serait-il pas avantageux de demander que dans toutes les causes où il ne s'agirait que d'une chose de peu de conséquences la sentence du juge des lieux où la plupart des causes se portent en première instance seraient sans appel et aurait irrévocablement son effet jusqu'à concurrence de cette somme. On n'ignore pas qu'il pourrait résulter des abus d'une autorité semblable accordée à un juge subalterne qui n'a souvent en partage qu'une fade suffisance, une ignorance crasse et un fond de cupidité qui le mettrait difficilement en garde contre la séduction que pourrait tenter un plaideur de mauvaise foi, mais il serait facile de parer à cet inconvénient en forçant le juge d'appeler à l'audience deux ou trois personnes des plus instruites du village dont il serait obligé de recueillir les suffrages avant de porter son jugement. On pourrait d'ailleurs faire des arrondissements de plusieurs villages dont les affaires se porteraient à un lieu indiqué et où il ne manquerait pas de se trouver des praticiens en assez grand nombre, et dont les suffrages réunis en faveur d'une des parties formeraient une décision invariable dans les cas fixés par la loi.'*

Le second complément au cahier liste toutes les charges relevant des droits seigneuriaux qui avaient cours à Boux :

*'Droit de dot. Il est dû au dit seigneur vingt deniers par Livre
Droit de paisson et regain. Il n'est loisible aux dits habitants d'y laisser aller aucun bestiaux quoiqu'il ne soit clot en aucune manière sous peine d'amende
Droit d'épousailles. C'est-à-dire que toute personne qui se marie doit au dit seigneur trois livres sous peine d'amende.
Droit de langue de bœuf et de vache. C'est-à-dire que tous les bœufs et vaches que l'on tue il est dû au dit seigneur la langue vingt-quatre heures après sous peine d'amende*

Droit de banvin. Il est dû au dit seigneur vingt sols par queue[25] sous peine d'amende.'

Quelques jours après la rédaction du cahier communal de Boux, le 19 mars, les députés du Tiers des communes de la Montagne qui se sont réunis à Châtillon ont installé parmi eux un comité de rédaction des cahiers du baillage. En principe la communauté de Boux comprenant plus de 100 feux a dû envoyer 2 députés au chef-lieu, nous n'en connaissons pas les noms. Le comité de rédaction des cahiers du Tiers du baillage était composé de 33 personnes sous la présidence de Pierre Hilaire Joseph de Bruère, lieutenant général du baillage, tous sont avocats ou notaires à l'exception de 5 marchands ou bourgeois, les paysans ont disparu, on y trouve cependant un représentant de la campagne de Boux et ses environs en la personne de Louis Beleurgey, notaire royal à Salmaise âgé de 33ans.

Comme l'a bien relaté le professeur Jean Bart [1] la phase de collecte des cahiers de doléances s'est déroulé dans un climat d'opposition intense entre les privilégiés de l'Ancien Régime et le Tiers appuyé par une partie du clergé, principalement les curés de campagne, et quelques rares nobles (tel le comte Louis de Chastenay-Lanty [9]) ouverts à une remise en cause des rouages d'une société féodale déphasée face aux réalités économiques de cette fin de siècle. Ce furent des avocats du Parlement dijonnais qui furent à la manœuvre et structurèrent les adresses du Tiers Etat au Roi telles qu'elles fleurirent dans les campagnes bourguignonnes. Dans l'Auxois Semur, et à ce moment-là Flavigny avec son très actif maire Gautherin, se distinguèrent par la force des revendications du Tiers. Traditionnellement les Etats Généraux réunissaient des députés des 3 ordres, Noblesse, Clergé et Tiers qui s'assemblaient et votaient en 3 chambres séparées fournissant au final un vote par ordre, ce procédé aboutissait à étouffer les vœux du Tiers-Etat structurellement mis en minorité. Sous la pression Louis XVI avait accepté en décembre le doublement du nombre de députés du Tiers mais il refusait le vote par tête dans une assemblée commune. Cette revendication cruciale et révolutionnaire cristallisait l'opposition de la Noblesse et du haut Clergé avec le Tiers.

D'assemblées de baillages en assemblée provinciale le tumulte des débats ne fit que refléter l'inconciliabilité des positions des 3 ordres et au final il ne

---

[25] Mesure de 456 litres de vin, soit 2 pièces ou fûts.

sera pas possible de rédiger un cahier de doléances unique pour la Province. Une partie des bourgeois et gens de robe du Tiers restaient acquis aux positions conservatrices et la lutte fut rude pour les choix des représentants du Tiers.
Les cahiers du baillage de la Montagne [11] dressent une image finalement assez attendue de l'opposition des 3 ordres sur ce territoire. L'assemblée du Clergé de la Montagne composée d'une majorité de curés déclare renoncer à toute exemption d'imposition, ne dit mot sur une suppression de la dîme, se limitant sous la pression des curés desservants à demander une hausse de la portion congrue[26], se dit favorable au vote par tête malgré l'opposition de son président l'abbé de Luzines[27]. Ce fut pourtant sans doute l'influence de l'abbé qui porta Jacob Couturier[28] à la députation, ce curé de Salives était un fervent opposant aux idées nouvelles et en 1791 il refusa d'agréer le serment constitutionnel.

L'assemblée de la Noblesse de la Montagne se déclare opposée au vote par tête mais ajoute que si telle devait être la décision finale elle n'entraverait pas la poursuite des délibérations, elle renonce à ses privilèges en matière d'imposition à raison seulement de ses propriétés, elle refuse toute mise en cause des droits et privilèges seigneuriaux et s'oppose à toute idée de rachat. Elle enverra finalement un modéré, Chastenay-Lanty, comte d'Essarois comme député[29].

L'assemblée du Tiers de la Montagne rédige un cahier qui revendique le vote par tête sans distinction d'ordre, l'imposition sans distinction d'ordre sur un même rôle en proportion des propriétés et facultés de chacun, la possibilité pour tout citoyen d'en avoir connaissance dans chaque paroisse et sans frais. Le cahier revendique également l'élection libre de l'administration municipale pour 3 ans sans ingérence royale ou seigneuriale, l'abolition des corvées en nature, des banalités et la possibilité de rachat des droits seigneuriaux. Vingt

---

[26] La part de la dîme que le haut clergé devait au minimum reverser aux prélats de terrain. Elle avait été fixée à 700 Livres par an par un édit royal.
[27] Commendataire de l'abbaye de Saint-Seine, plus tard il émigrera.
[28] Le curé Couturier siégea à l'Assemblée Nationale jusqu'en janvier 1791, date à laquelle il demanda et obtint un congé de 3 mois pour retourner dans sa paroisse. A l'Assemblée il se distingua par des propos virulents contre la loi instituant la constitution civile du clergé. Réfractaire et revenu à Salives il mena un combat politique contre le serment et les institutions, continuant à dire la messe, y compris chez lui, profitant, alors que le maire tentait d'interdire ses prêches, d'une certaine passivité des élus du district d'Is sur Tille.
[29] Il participera à la Constituante en se réunissant au Tiers puis revint en Côte d'Or, arrêté sous la Terreur mais acquitté il devint député sous l'Empire en 1811. Il mourra à Paris à l'âge de 82 ans.

et une demandes particulières de communes furent ajoutées et parmi elles figure celle de Salmaise demandant au Roi la démolition des restes du Château, alors en très mauvais état et menaçant la sécurité de certaines maisons du village. Les députés envoyés par le Tiers du baillage au niveau provincial furent Nicolas Benoit Frochot, avocat à la Cour et prévôt royal d'Aigney le Duc[30], et Pierre Benoist un conservateur, avocat à la Cour et notaire à Frolois[31].

La lutte fut intense pour désigner les représentants du baillage de l'Auxois aux Etats Généraux et ce furent finalement Florent Guiot[32], Semurois, jeune avocat et patriote, ainsi qu'un autre avocat plus modéré, Antoine Guiot, d'Arnay le Duc[33] qui, tous deux désignés pour le Tiers, se rendirent à Versailles.

Après un report en partie dû au retard des opérations électives à Paris la date d'ouverture des Etats est fixée au 4 mai 1789. Ce jour-là, au milieu d'une foule nombreuse, le cortège des 1200 députés accompagné de la famille royale et de toute la Cour traverse Versailles après avoir entendu le Veni Creator en l'église Notre Dame et se rend à celle de Saint Louis. Michelet relate que les députés du Tiers, tout de noir vêtus, furent chaleureusement applaudis. On perd ensuite plus d'un mois pendant lequel les débats ne peuvent avoir lieu, la Noblesse et le Clergé, s'arcboutant sur le vote par ordre et soutenus par le Roi, refusent de siéger dans la même chambre que le Tiers. Pendant ce temps misère et famine échauffent les esprits. Pour rompre l'obstruction les députés du Tiers se déclarent Assemblée Nationale le 17 juin et commencent à délibérer, trois jours plus tard Louis XVI fait fermer la salle des débats et le Tiers s'en va se réunir dans la salle du Jeu de Paume....

En ce début d'été où la paralysie menace les Etats Généraux les esprits s'échauffent fortement dans les villes et campagnes de Bourgogne sur la question des subsistances, l'hiver précédent a été rigoureux et maintenu un

---

[30] il devint [30]exécuteur testamentaire de Mirabeau, auteur du titre VII de la Constitution il fut emprisonné sous la Terreur et sauvé par la chute de Robespierre, il devint le premier Préfet de la Seine sous l'Empire.
[31] Il rentra en Côte d'Or à la séparation de la Constituante et retrouva ensuite un premier rôle éphémère en germinal an V lors de la poussée royaliste
[32] De son vrai nom Guiot de Saint-Florent. Il fut ensuite élu à la Convention en 1792, montagnard il fut à plusieurs reprises envoyé en mission dans le département du nord. Constamment en contact avec les jacobins de Semur il échappa à l'épuration thermidorienne et devint même ministre puis député sous le consulat.
[33] Il mourut en 1790 à Paris d'une attaque de goutte

temps sec met à mal les récoltes, on dénonce des spéculations sur le prix du grain dont la cherté ne fait qu'augmenter alors même que les récoltes difficiles de l'année ne sont pas encore disponibles. Des troubles éclatent à Tonnerre, Saulieu, les plus graves donnant lieux à des attaques de châteaux par les paysans dans le Mâconnais, la réponse du pouvoir fut sans nuance : 32 pendaisons.

Le 15 juillet à Dijon, apprenant la disgrâce de Necker et sans encore connaître la prise de la Bastille et les évènements parisiens, on fait sonner le tocsin ; "les citoyens ont pris les armes, ils se sont emparés de la Tour St Nicolas, du château[34] et de toutes les munitions de guerre qui y étaient enfermées, depuis ce temps ils se gardent eux-mêmes. Ils observent la même régularité & la même décence qu'à Paris. On n'a jamais vu dans la ville tant d'ordre & tant d'exactitude : tout semble respirer la liberté" (Journal de Bourgogne du 21 juillet 1789 [4]).

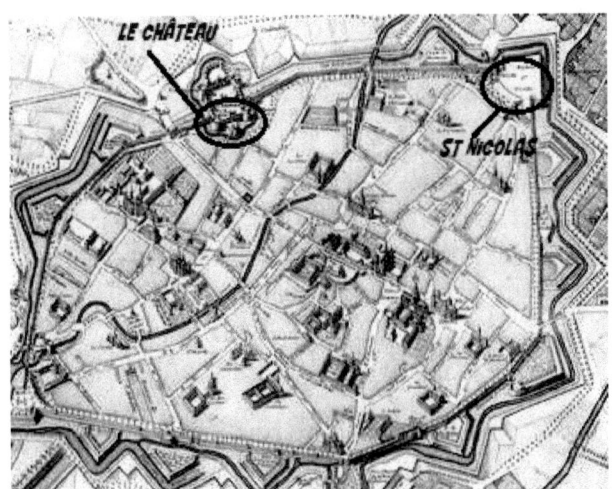

Figure 2: Extrait du Plan de Dijon en 1770 par Jean Beaurain
(BNF/Gallica)

C'est alors, suite à la jacquerie dans le Mâconnais, l'Alsace et quelques autres régions, que jusque vers la fin août apparait l'épisode connu sous le terme de la Grande Peur. Les diverses insurrections ont fait naître un sentiment

---

[34] Le pendant de la Bastille à Dijon

d'insécurité dans les villes et les campagnes, et toutes sortes de rumeurs parcourent le pays, prospérant sur une anxiété généralisée, où il est question de bandes organisées de brigands s'attaquant aux propriétés, de châteaux brulés. [35]

Les paroisses montent la garde pour se prémunir contre ces agressions annoncées, les bourgeois s'arment pour se protéger des excès de la populace, ces milices formeront les premiers éléments des Gardes Nationales qui vont essaimer dans tout le pays à la suite de Paris. Dans le même temps les organes administratifs discrédités des communes sont un peu partout doublés par des comités bourgeois provisoires travaillant en liaison avec les milices pour assurer l'ordre. Le lit de la révolution municipale est prêt.

La révolution administrative de 1789

Au moment où arrive la Révolution l'organisation administrative du pays est extrêmement compliquée et variable suivant les Provinces, le vocabulaire pour la désigner localement n'est même pas unifié. Cependant d'une manière générale la plus petite unité administrative est la paroisse où le clergé, qui tient l'état civil, joue un grand rôle comme courroie de transmission entre la population et le pouvoir royal. En 1789 Boux (dénomination de la commune jusqu'en 1801, où il devient Boux sous Salmaise) est membre de la paroisse de Salmaise et la communauté villageoise est administrée civilement par 5 syndics. Les administrateurs civils des paroisses, nommés par le pouvoir royal, étaient placés sous l'autorité étroite des intendants généraux qui représentaient le Roi dans les Provinces.

A l'automne la Convention décide une réorganisation politique du territoire mettant à bas la géographie de l'Ancien Régime et la remplaçant par une vision unifiée des administrations conforme au nouveau régime de monarchie constitutionnelle.

---

[35] Plus tard, rumeurs et fausses nouvelles ont accompagné le processus révolutionnaire et même quelques fois ont été à l'origine d'évènements décisifs. A chaque problème d'approvisionnement, à chaque alarme sur le front militaire la crainte des complots contre-révolutionnaires a donné lieu à des bouffées d'anxiété collective à l'origine d'un flot incessant de nouvelles relevant de la panique et le plus souvent infondées.[16]

La loi votée le 14 décembre 1789 par l'assemblée nationale entraîna la dissolution de toutes les organisations de gouvernement local des communes pour instituer dans tout le pays un système unique de municipalités avec à leurs têtes un premier magistrat, le maire. Une liste complémentaire d'officiers dont le nombre dépend de la taille de la commune forme avec le maire le corps municipal. A cette époque Boux comptait plus de 600 âmes en y incluant les hameaux les plus proches et le corps municipal devait donc être constitué de 5 personnes, plus le maire. Un poste de procureur de la commune (représentant du gouvernement national) est institué, sans voix délibérative dans les affaires traitées par le corps municipal mais il est accusateur public dans les affaires de simple police. Le maire, les officiers et le procureur sont élus par le suffrage direct des citoyens actifs[36] du village. Au niveau des villes et villages, la loi institue également un corps de notables élu au scrutin direct des citoyens actifs pour aider le corps municipal sur des questions importantes, leur nombre est double de celui du corps municipal, à Boux il est donc composé de 12 membres.

L'ensemble du corps municipal et de ces notables constitue le Conseil Général de la commune. La municipalité de Boux allait avoir à couvrir le village de Boux proprement dit et 3 hameaux peu éloignés : Présilly, Les Bordes et Bouzot (qui jusque-là était resté une petite entité indépendante [8]).

La loi du 15 février 1790 créa les départements (au nombre de 83), eux-mêmes divisés en districts. Le département de la Côte d'Or nouvellement créé comptait 7 districts, le district de Semur était composé de 14 cantons regroupant 147 paroisses.

A partir de ce moment la commune de Boux ne dépend plus de Châtillon (chef-lieu du ci-devant Baillage de la Montagne) et rejoint le district de Semur et le canton de Salmaise qui regroupe 12 villages.

Contrairement aux districts et départements qui sont des entités judiciaires et administratives, les cantons ne sont que des circonscriptions électorales. Le canton est le lieu des assemblées primaires qui choisissent parmi les citoyens éligibles les grands électeurs, ces derniers lors d'assemblées électorales de district choisiront les membres de l'administration du district et lors d'assemblées départementales choisiront les membres de l'administration du

---

[36] Le citoyen actif est une notion promue par l'abbé Sieyès, député du tiers état aux Etats Généraux, et adoptée dès 1789 pour définir le corps électoral. L'ensemble des citoyens était donc divisé en deux composantes, les actifs et les passifs. Les passifs étaient toutes les personnes de moins de 25 ans, les femmes, les domestiques et tous ceux n'acquittant pas le paiement d'une contribution directe au moins égale à 3 journées de travail (soit 3 livres, la journée de travail étant évaluée à 20 sous).

département ainsi que les membres qui devront représenter le département à l'Assemblée Nationale, ces dernières élections ne sont donc pas le résultat d'un suffrage direct des citoyens actifs mais celui d'un choix au second degré.

Cette organisation[37] perdurera jusqu'en 1795, comment elle fut vécue à Boux est l'objet du récit qui va suivre.

.

---

[37] En appendice détail sur districts et villes

1790, les villageois prennent leurs affaires en main

Jean ARBEY, maire.

Election municipale

Le dimanche 7 février 1790 les syndics en activité (Jean Arbey tanneur, Jean Bernard cultivateur à Boux, Vincent Cariot cultivateur à Présilly, Jacques Thibault cultivateur aux Bordes, Bernard Robin cultivateur à Bouzot) mettent à exécution la loi du 14 décembre. Les citoyens actifs sont appelés à se réunir dans l'église paroissiale Saint-Sulpice en tout début d'après-midi pour élire le maire du village, il ne s'agit pas d'une assemblée générale des villageois car en 1790 la qualité d'électeur, de citoyen actif, est réservée à *celui* (les femmes sont exclues) qui est autonome financièrement et donc en pratique propriétaire et qui paie au minimum 3 livres d'impôt, les domestiques par exemple ne peuvent donc pas voter. A cette date il y a 115 citoyens actifs à Boux, un gros tiers des individus adultes[38], parmi eux 85 sont éligibles[39] et les électeurs présents en ce 7 février sont au nombre impressionnant de 99[40], une participation électorale de 86% ; ils débattent avec les candidats déclarés en leur sein qui sont 9 dont le curé du village, Antoine Benoit, qui participe à cette assemblée et en établit d'ailleurs le procès-verbal. Les présents désignent parmi eux trois personnes qui seront responsables de l'organisation et de la régularité du scrutin, ce seront les 3 personnes les plus âgées. Après vote la présidence du bureau de vote est confiée à Antoine Benoit, prêtre de la paroisse.

Paroles du président : 'Faites votre choix sur ceux qui ont respecté vos propriétés, sur ceux assez fermes et vigoureux qui sont à l'abri de la séduction, sur ceux qui se sont montrés dans tous les temps le soutien du pauvre, de la veuve et de l'orphelin, les amis de l'ordre et de la sagesse…'
Les préparatifs et les premiers débats s'étant poursuivis jusqu'à une heure tardive le vote pour désigner le maire est reporté au lendemain.

---

[38] Il y avait environ 160 hommes de plus de 21 ans dont une douzaine de domestiques mâles et environ 180 femmes de plus de 21 ans.
[39] Acquittant un impôt au moins égal à 10 livres.
[40] Liste partielle en appendice

Le lendemain lundi 8 février à 8 heures du matin commencent les opérations de vote. Un premier tour donne 45 voix à Jean Arbey, 33 en faveur de Claude Pignot (chirurgien) et 10 en faveur du curé, la majorité absolue étant de 50 voix un second tour est nécessaire. Au tour suivant, un peu avant midi, le scrutin désigne **Jean Arbey**, alors âgé de 30 ans, comme maire de Boux, il accepte le mandat. Sur 99 votants *Jean Arbey* a obtenu 59 voix, tandis que Claude Pignot en a eu 25 et le curé 10. Il y avait 5 autres candidats qui n'obtiennent qu'une seule voix chacun, la leur sans doute : Charles Arbey (cultivateur à Boux), André Arbey (cultivateur à Bouzot), Jean Baptiste Versey (avocat à la cour), Claude Belin (cultivateur à Boux) et François Perrot (notaire). Cette élection est un choix de continuité mais aussi de confiance dans le changement politique en cours puisque Jean Arbey était syndic dans l'administration précédente et aussi une personne ayant activement participé à la rédaction des cahiers de doléances un an plus tôt. Jean Arbey est, en dehors des nobles, un des plus gros propriétaires fonciers de la commune, il est né à Boux le 12 juillet 1759 où il décédera le 20 janvier 1828, il est tanneur et est marié à Marie Lombard, fille de Nicolas Lombard, le riche marchand de Jailly les Moulins

Les électeurs s'en vont déjeuner puis reviennent à 13 heures pour nommer les 5 officiers qui assisteront le maire dans la conduite des affaires de la municipalité. Le scrutin désigne **Jacques Lombard**, âgé de 32 ans, cultivateur du hameau de Bouzot (90 voix), **Jacques Thibault**, âgé de 67 ans, du hameau des Bordes (80 voix), **Claude Thibault**, âgé de 67 ans, cultivateur à Boux (60 voix), **Charles Richard**, âgé de 55 ans, du hameau de Presilly (58 voix) et **Charles Arbey**, âgé de 35 ans (57 voix).

A l'exception de Jacques Lombard ce premier conseil municipal est constitué de personnes dont les revenus sont tous situés au-dessus de la moyenne du village.

Pour se conformer au décret de l'Assemblée Nationale il faut maintenant élire celui qui, comme procureur de la commune, sera chargé de défendre les intérêts de la communauté villageoise. Ce vote pour des raisons d'horaire est reporté au lendemain matin. Claude Belin l'aîné fut élu au premier tour mais il refusa la charge prétendant n'être pas capable de l'assumer. Il fallut ensuite 3 tours de scrutin pour finalement élire **Bernard Belin** (cultivateur aux Bordes âgé de 57 ans) procureur de la commune. Là encore c'est un notable plutôt aisé qui est choisi, un gros propriétaire foncier, cependant Bernard Belin fut un révolutionnaire rural actif, notamment au sein du Comité de Surveillance.

Le scrutin pour choisir les notables devant former le Conseil Général eut lieu le dimanche 14 février. Furent élus Nicolas Guignard (74 voix), Nicolas Personnier (71 voix) vigneron à Boux, François Michard (66 voix) menuisier à Boux, Vincent Cariot (59 voix) cultivateur à Présilly, Charles Robin (59 voix) charpentier à Boux, Jacques Culmet (54 voix), Claude Verrier (53 voix) cultivateur à Présilly, Jean Baptiste Lacoste (50 voix), Denis Cariot (46 voix) tailleur de pierres à Présilly, Jacques Fournier (44 voix) cultivateur à Boux, Jean Baptiste Versey (34 voix), Jean Bizot (34 voix) cultivateur à Présilly. Au final toutes les entités territoriales composant la commune étaient correctement représentées dans les instances municipales.

Le Conseil Général se réunit pour la première fois le dimanche 28 février et décide de deux nominations : *Jacques Arbey* est nommé Trésorier de la commune et Jacques Vallerot (jardinier) sera sergent de police (garde champêtre).

Un formidable pas politique vient de s'accomplir, une incroyable nouveauté démocratique vient de porter les citoyens de Boux, en toute indépendance, à l'administration de leur commune. La Révolution qui commence est à créditer de ce geste fondateur de la démocratie locale.

Les semaines suivantes le tout nouveau corps municipal prend ses marques et s'occupe de sujets ayant traits à la gestion du patrimoine et à l'économie du village : réparations sur l'église[41], entretien et police des bois, date et organisation de la fauchaison.... Toutes ces tâches d'administration locale sont en fait semblables à celles opérées précédemment par les syndics de la communauté, mais maintenant sans la tutelle de l'intendant [42] ni les contraintes de la seigneurie.

Le 1 mai se tint à Salmaise l'assemblée primaire devant choisir les électeurs du canton qui seraient envoyés à Dijon pour procéder aux élections

---

[41] Ces réparations, décidées en septembre 1789, furent exécutées par trois artisans du village, Berthelemot, Cariot et Guedeney. Elles furent achevées pendant l'été 1790 mais, dû sans doute à la mise en place des administrations du district et du département, les adjudicataires durent attendre plus de deux ans avant d'être payés pour ces travaux. Ce n'est qu'en novembre 1792 qu'un arrêté du directoire dijonnais jugea que le règlement de 1530 livres pouvait intervenir s'appuyant sur le rapport de trois experts dépêchés par le district en juin 1792 concluant à la bonne fin des réalisations. La provision du coût des travaux avait donné lieu à un surcroît d'imposition locale par la commune, le district décidant par ailleurs que 398 livres seraient à la charge de l'ancien décimateur.

[42] Les intendants dont le rôle fut supprimé la nuit du 4 août devaient en principe poursuivre leur tâche jusqu'à la mise en place des nouvelles administrations mais beaucoup abandonnèrent leurs fonctions rapidement par peur de la colère populaire. A Dijon Amelot de Chaillou s'était enfui à Paris dès l'été 89 [1].

administratives du tout nouveau département de la Côte d'Or. Pendant les opérations les perturbations provoquées par un certain Belin[43] conduisirent à une courte incarcération de cette personne à la prison de Saint-Seine. Le canton de Salmaise comptait 785 citoyens actifs ce qui l'autorisait à envoyer 8 électeurs à Dijon. Le vote désigna les personnes suivantes : Jean Arbey, maire de Boux ; Louis Beleurgey, notaire royal à Salmaise ; Nicolas Lombard, marchand à Jailly ; Claude Lamarche, marchand à Darcey ; Jean Pasqui, maire de Champrenault ; Pierre Berille fils, marchand à Verrey ; François Guedenay, maire de Villeberny ; Michel Ménétrier, marchand à Villy.

En ce début d'année 1790 l'instauration des Gardes nationales par la Constituante pour maintenir la sécurité publique remplace peu à peu les milices citoyennes ou bourgeoises créées l'année précédente. Il faut être citoyen actif pour être admis dans la Garde nationale. Chaque canton doit disposer d'une compagnie dont les membres doivent prêter serment de fidélité à la Nation, à la Loi et au Roi au cours de cérémonies de fêtes. Il n'est pas sûr qu'une telle cérémonie se soit tenue à Salmaise ou à Boux, elle ne nous a pas été rapportée et il semble que l'organisation de la Garde du canton de Salmaise ait vu le jour plus tardivement puisqu'elle ne participa pas à la Fédération de Bourgogne au mois de mai [19]. A Flavigny le maire Bernard Gautherin était également colonel commandant de la Garde nationale de la commune. Gueneau de Montbeillard (fils du naturaliste ami de Buffon) était colonel de la Garde nationale du canton de Semur. La Côte d'Or comptait alors 57000 Gardes nationaux dont l'encadrement était à ce moment-là essentiellement assuré par des aristocrates et d'anciens militaires de l'armée royale.

Pendant plusieurs mois, en l'absence des échelons administratifs intermédiaires [44] les municipalités furent les seuls relais de l'Assemblée Constituante dont elles recevaient presque quotidiennement tous les arrêtés, avis et lois votées ; on peut imaginer que ce fut là un travail considérable pour les nouveaux édiles municipaux de lire et rendre compte de cette masse de nouveautés législatives. Les arrêts de la municipalité sont publiés à l'issue de la messe paroissiale, la sortie de la messe constituait alors le lieu assurant toute information de la plus large diffusion. La mise en place de la municipalité

---

[43] Il s'agit du tout nouveau procureur de Boux
[44] Les élections de district et départementales eurent lieu au printemps 1790 mais ces administrations ne furent vraiment actives qu'au début de l'été.

s'est faite sans local, il n'y a pas d'hôtel de ville, et les assemblées se tiennent au domicile du maire[45].

Au printemps 1790 la Garde Nationale fédérée de Côte d'Or finalise son organisation. Le général de cette force armée est alors le Comte Georges Louis Marie de Buffon, fils du naturaliste et précédemment commandant de la Garde nationale de Montbard (il sera guillotiné en l'an II, quelques jours avant la chute de Robespierre).

Les premiers pas

Le 11 juillet le Conseil Général est réuni et reçoit lecture par le procureur d'une lettre du maire de Salmaise. Par sa voix le district de Semur demande des précisions sur la composition des élus de la commune et requiert qu'on lui verse les revenus des banalités ecclésiastiques.
L'administration du département, ici le district, qui est maintenant constituée va petit à petit mettre en place son autorité, en juillet et pour la première fois elle intervient dans les affaires communales. Le Conseil délibère et à l'unanimité, en réponse, indique qu'il ne dispose d'aucune ressource. Il n'y avait pas à Boux de banalité proprement ecclésiastique mais il existait dans la commune 4 fours banaux, anciennes propriétés des seigneurs qui en tiraient des revenus par les taxes payées par les utilisateurs, mais qui ne rapportaient rien à la commune. Les élus demandent donc premièrement la possibilité de vendre les emplacements de certains des anciens fours banaux (ceux situés à Bouzot, Presilly et aux Bordes) afin de disposer d'un fond permettant la construction d'un Hôtel de Ville sur l'emplacement du four banal de Boux, cette maison commune pourrait également servir à loger un maître d'école.
La réponse du district viendra en septembre et elle sera positive[46].

---

[45] La salle utilisée pour les assemblées est louée, ce qui donne lieu au paiement d'un loyer annuel de 15 livres en 1791, les charges communales s'élevant cette année-là à 161 livres ; en 1792 le loyer est augmenté à 18 livres pour des charges de 225 livres.
[46] Le four banal de Boux fut restitué à la famille Lestrade après la Révolution. En 1834 les héritiers qui résidaient alternativement à Paris et en Dordogne le vendirent à Jean Guedeney, maçon à Presilly, qui le céda à son tour à la commune, ce qui permit plus tard à la commune de faire édifier sa maison d'école.

Boux ne disposant pas de bois communaux[47] suffisants le Conseil demande à Semur la permission d'organiser les coupes de bois dans les bois domaniaux pour faire cesser les dégradations dues aux coupes sauvages. Sur ce point le district ne sera pas favorable immédiatement. A cette date le district est tenu par des personnalités très modérées et plutôt conservatrices, certaines même contre-révolutionnaires, et d'ailleurs jusqu'à la fin de l'année il existera à Dijon une importante agitation contre-révolutionnaire.

Dans l'esprit des élus l'ensemble de la vente du four et du bois devait permettre de commencer la construction de la mairie, le four seul étant insuffisant. En 1792 la commune réitéra sa demande pour le bois mais cette fois ce fut pour pouvoir armer et équiper sa garde nationale, la maison commune ne vit pas le jour pendant la période révolutionnaire.

Le 12 juillet 1790, l'Assemblée Constituante vote la Constitution Civile du Clergé, Louis XVI sera contraint de la valider en août. Les ecclésiastiques deviennent salariés de l'Etat et ils doivent prêter serment de fidélité à la Nation, à la Loi et au Roi.

Le 14 juillet, la première fête de la Fédération se déroule sur le Champ de Mars à Paris dans un climat de joie et d'optimisme, elle rassemble des délégations des fédérations de Gardes nationales de tous les départements, cette délégation fut de 285 députés pour la Côte d'Or dont 33 issus du district de Semur (dont aucun représentant de Boux) [19]. A Boux les membres de la municipalité, revêtus de leurs écharpes et suivis des habitants, se rendent à l'église, au son des cloches, pour y prêter le serment de fidélité à la Nation, à la Loi et au Roi. Ils sont reçus par le prêtre Antoine Benoist qui entonne le Veni Creator puis chante la messe. Après un discours du maire, les officiers en corps prononcent le serment de fidélité. [8]

Le 22 août la municipalité vend un terrain et des droits d'utilisation, le 29 elle décide d'une garde renforcée autour des vignes dont le raisin arrive à maturité et qui font l'objet de vols pendant la nuit.

L'affouage est une pratique très ancienne, elle était vitale sous l'Ancien Régime le bois constituant l'unique moyen de chauffage, il offrait donc aux villageois le moyen de se chauffer grâce à des coupes effectuées dans les bois communaux. Il était parfois remis en cause ou contrarié par la volonté du seigneur local souhaitant tirer un bénéfice de cette production. Avec la Révolution l'affouage se perpétua évidemment en se libérant des éventuelles

---

[47] Un relevé de 1776 indique une superficie de 245 arpents (environ 105 hectares) pour les bois communaux de Boux dont une partie de simples broussailles.

contraintes seigneuriales et sous la seule responsabilité des élus municipaux. En septembre 1790 la municipalité de Boux organise donc les coupes de bois, répartit les cantons de bois entre les habitants de sorte que personne ne se sente lésé.

Septembre est aussi la saison des rosés des prés et il faut croire que leur collecte gourmande était très appréciée déjà, la municipalité reçoit les doléances de propriétaires habitants le long de la rivière se plaignant de ramassage sauvage de champignons sur leurs propriétés.

Sous l'Ancien Régime nul ne pouvait voyager en France sans passeport sous peine d'être considéré comme vagabond, il faudra attendre septembre 1791 pour que les passeports soient supprimés puis rétablis quelques mois plus tard et définitivement abandonnés pour les mouvements intérieurs sous le second Empire. Dans les campagnes les vagabonds sont regardés comme dangereux et potentiellement criminels et sont rejetés par les villageois. Le 20 septembre dans l'après-midi, au retour d'une réunion avec le Procureur, Jean Arbey est interpellé par la fille de Charles Laureau qui lui déclare que des vagabonds sont couchés sous un chêne près des Bordes. Les 2 vagabonds sont pourchassés puis rattrapés, ils n'ont pas de passeports, on les enferme dans une cave gardée par 6 personnes pour interrogatoire, ils sont fouillés, doivent justifier de ce qu'ils possèdent et après quoi en est dressé un procès-verbal. Le lendemain 21 le Bureau de la municipalité se réunit pour examiner le cas des personnes arrêtées, elles sont soupçonnées de vols à Jailly les Moulins et d'une agression à Boux. Il est décidé de les conduire sous bonne garde à la prison de Vitteaux en attendant que les soupçons soient vérifiés.

Le 10 octobre le Bureau de la Municipalité décrète l'ouverture des vendanges pour le mardi 12 et fait afficher cette ordonnance à la sortie de la messe.
Le 31 octobre la Municipalité reçoit l'accord du Département pour la vente aux enchères des fours banaux, antérieurement ils étaient une source de revenus pour les seigneurs et après qu'ils aient perdus ce privilège leur fonctionnement ne participait pas au financement de la commune.

En novembre 1789 un décret de l'Assemblée a mis les biens de l'Eglise à la disposition de la nation, ils vont constituer les premiers biens nationaux dont la vente doit permettre de rembourser la dette de l'Etat. En septembre-octobre 1790 le maire Jean Arbey, à titre personnel, se porte acquéreur sur les finages de Boux et Salmaise de 28 journaux de terres labourables, 2 ouvrées de vignes et 4 soitures de prés qui étaient auparavant la propriété de la cure de

Salmaise ; l'évaluation de ces biens avait été confiée par le district à Jean Baptiste Gérard de Salmaise et Claude Aubert de Hauteroche.

Ces 9 premiers mois de municipalité démocratique se sont déroulés sans grand changement dans la vie laborieuse du village et la transition politique qui s'est déroulée sans conflit n'a pas encore beaucoup bousculé le personnel municipal.

Selon la loi de décembre 1789 les officiers municipaux et les notables sont élus pour deux ans, et renouvelés par moitié chaque année et tous les votes municipaux ont lieu en France le même jour, celui de la saint Martin. Pour cette première mandature la mission de certains, élus en février, aura donc été écourtée à 9 mois. Le 14 novembre, par le moyen d'un tirage au sort, sont choisis 3 officiers et 6 notables à remplacer pour renouvellement annuel du corps municipal conformément à la loi de décembre 1789. Les 3 officiers sortant furent Claude et Jacques Thibault ainsi que Jacques Lombard, 78 citoyens actifs participèrent au scrutin et les 3 nouveaux officiers élus furent **Pierre Cariot** de Presilly, **Pierre Lambert** (chirurgien, voir sa fiche descriptive en appendice) et **Nicolas Guignard** (laboureur, élu au troisième tour), tous trois faisaient antérieurement partie du corps des notables. Le lendemain seront élus les 6 nouveaux notables : André Arbey (cultivateur à Bouzot), Nicolas Belin, Jean Pignot, Jean Mosson (cultivateur à Bouzot), Jean Malardot (vigneron à Boux) et Claude Malardot (cabaretier à Boux).

Le 27 novembre, réunie en conseil général, la municipalité entend le procureur à propos des bois communaux. Le baron d'Arcelot, seigneur engagiste[48] de Boux, les Bordes et Presilly, par un acte datant de février 1640 s'est fait donner un *triage* de 80 arpents (environ 35 hectares) dans le bois de la Fortelle. Le *triage* désignait des cantons de bois destinés à une exploitation par coupes, c'était un privilège par lequel un seigneur pouvait accaparer jusqu'à 1/3 des bois communaux.
Le seigneur de Boux avait exploité, ainsi que ses descendants, le bois de la Fortelle jusqu'à la Révolution et madame de Lestrade venait tout récemment de relever ses coupes, en contradiction avec les décisions prises par la commune en septembre concernant les coupes de bois. Au 18è siècle la Côte

---

[48] Il a acquis sa seigneurie par engagement, c'est-à-dire qu'il a payé pour en avoir la jouissance mais la Couronne reste juridiquement propriétaire

d'Or est en France une des principales régions de fabrication du fer[49], il fallait du charbon de bois pour alimenter les hauts fourneaux et une certaine rareté poussait les prix à la hausse ; nombre de seigneurs trouvaient là une source de revenus non négligeable[50]. S'appuyant sur l'abolition des privilèges (nuit du 4 août 1789) le Procureur estime que tous les bois appartiennent à la commune[51] et demande à la municipalité de délibérer sur cette matière. A l'unanimité le Conseil décide :
1) de borner immédiatement l'ensemble des bois communaux
2) de procéder comme prévu le 31 octobre à la vente des fours banaux, la banalité féodale ayant été abolie
3) décide que le Procureur se rendra au bureau de Maitre Perrot (notaire à Flavigny) pour obtenir l'acte de 1640 (ce qui lui coûtera 6 Livres enregistrées par le Bureau) et ensuite ira voir madame de Lestrade, veuve du seigneur de Boux, pour savoir si elle accepte de renoncer au bois de la Fortelle. Si la réponse n'est pas positive le Procureur consultera deux avocats et sera autorisé à lancer des poursuites en justice.

Le Pouvoir révolutionnaire se met en place, premiers conflits

Durant cette période (1790-1791) les villes de Côte d'Or (Dijon, Semur, puis Flavigny, Chatillon, Vitteaux, Montbard...) virent fleurir des sociétés patriotiques qui s'affilièrent à celle de Paris dont le lieu de réunion était le couvent des Jacobins. Au début du phénomène leur dénomination commune fut d'abord celle de « société patriotique » puis de « Société des Amis de la Constitution », elles furent ensuite désignées sous le terme de « sociétés populaires » lorsque leur nombre s'accrut à plusieurs centaines, particulièrement à partir de l'été 1791. La société populaire de Semur, affiliée aux Jacobins de Paris, fut établie dès mars 1790 [3] à la suite de Dijon par huit patriotes menés par Guényot, elle joua un rôle déterminant par l'action de ses membres présents dans diverses instances du district et même du département. Pendant l'été 1794 au moment où tomba Robespierre, après

---

[49] La troisième en importance, le Chatillonais à lui seul assurait la fabrication de 3000 tonnes d'acier par an à la fin du siècle, ce qui représentait 3 à 4% de la production française [15]. Chastenay Lanty était un de ces nobles qui exploitait une fonderie à Essarois.
[50] Le développement du flottage et de l'industrie du fer fit monter le prix du bois de manière considérable dans la seconde partie du XVIIIème siècle.
[51] La surface des bois communaux était alors estimée à 245 arpents, soit une centaine d'hectares. La récupération des bois du seigneur engagiste permettait donc d'augmenter d'1/3 cette superficie.

deux épurations, la société semuroise comptait encore 113 membres. Une société se créa à Vitteaux le 2 février 1791 avec 9 citoyens, dès la fin de l'année elle en eut 40 et près de cent en l'an II, regroupant des ressortissants de plusieurs communes alentour. La société populaire de Flavigny fut créée en mai 1791 et compta rapidement 50 membres et une centaine à la fin de 1792, sa composition basée sur une grande majorité d'artisans et propriétaires la classe dans la catégorie des sociétés urbaines. La création des sociétés populaires était le plus souvent à l'initiative de personnes appartenant aux professions libérales (avocats, notaires...) ou intellectuelles[52]. Boux n'eut pas de société populaire mais il s'en créa une tardivement pour le canton de Salmaise le 1 nivôse de l'an II (21 décembre 1793), sa vie fut courte puisqu'elle s'auto-dissoudra un an plus tard alors que la réaction thermidorienne faisait craindre d'éventuelles représailles. La société de Salmaise regroupa jusqu'à 41 citoyens, majoritairement cultivateurs, vivant à Salmaise ou à Verrey et aussi trois habitants de Boux : deux membres du comité de surveillance, le chirurgien Pierre Lambert et le cultivateur Bernard Belin ainsi que le menuisier François Michard. Le président de la société fut le maire de Salmaise Louis Beleurgey et les agents nationaux de Salmaise (Claude Versey) et de Verrey (Claude Berille) en étaient membres ; par la présence de Beleurgey elle fut tenue en suspicion par la société de Semur qui lui refusera son affiliation. Au printemps 1794 une épuration des sociétés, voulue au niveau du département par le représentant Pioche Bernard, élimina 7 personnes par défaut d'activité, parmi lesquels Belin et Michard.

Entravée par les contraintes et la justice seigneuriales, ployant sous le poids injuste des impôts royaux, la population rurale de Boux s'était engagée avec espoir dans la Révolution et les premières mesures de la Constituante lui donnaient satisfaction, les débats politiques qui enfiévraient les villes étaient assez éloignés des préoccupations des travailleurs de la terre. Même influencées par l'activité politique qui régnait dans les clubs et sociétés populaires qui les entouraient, les autorités locales de Boux se sont plutôt tenues à l'écart des joutes qui s'y déroulaient, l'opposition royaliste étant restée finalement très minoritaire dans cette commune rurale, ce qui n'était pas le cas dans certaines villes du département comme Semur ou Dijon.

Au printemps 1790, au sortir des élections des assemblées de district et du département, les majorités furent entre les mains les moins favorables à la

---

[52] A Vitteaux elle fut créée par les membres de la loge maçonnique de Saint-Jean. (Durandeau, cité par M. Henriot)

Révolution. Cependant le jacobin Guényot de Semur fut élu à l'administration du département. [3]

Par un décret du 19 octobre 1790, l'Assemblée Nationale a décidé la fermeture de tous les tribunaux d'Ancien Régime et la mise en place dans chaque district d'un tribunal et d'un juge élu. Il est requis que tous les greffes des tribunaux fermés soient inventoriés et mis sous scellés.
Le juge de Semur devant être installé le 10 décembre, les officiers de Boux et dépendances, accompagnés du Procureur et du Secrétaire, se rendent en corps le 9 décembre chez Simon Tartevelle afin d'apposer les scellés sur les armoires contenant les minutes et divers documents qu'il détient. Tartevelle, recteur des écoles sous l'ancien régime et toujours en poste [53] était auparavant également greffier de la justice seigneuriale. Simon Tartevelle présente un coffre fermant à clé mais déclare que les minutes antérieures à sa prise de fonction (1762) sont pour la plupart encore entre les mains du marquis de Lestrade et que certaines pourraient se trouver chez maître Perrot, avocat et notaire à Boux. Les scellés sont apposés sur le coffre.

Le 1 janvier 1791 la Municipalité réunie en Conseil Général prend connaissance d'une requête de la Municipalité de Salmaise qui lui demande de s'associer à sa pétition pour demander de pouvoir exploiter les bois nationaux (Salmaise se souvient de la demande émise par Boux le 11 juillet). Le Conseil général décide sans problème de s'associer à la pétition de Salmaise.

En novembre 1790 l'Assemblée Nationale avait voté le décret sur la prise de serment des ecclésiastiques, faisant suite au décret du mois d'août sur la constitution civile du Clergé, un événement qui aura plus tard dans le pays de grandes conséquences sur le déroulement de la Révolution. Le 9 janvier, à l'issue de la messe, Antoine Benoit, prêtre de la paroisse, prête serment à la Constitution devant l'ensemble du Conseil Général, il devient ainsi fonctionnaire de la nation. Il semble que cette prise de serment se soit faite naturellement et dans le calme, ce qui nous permet de penser que la

---

[53] Simon Tartevelle restera recteur d'école, fonction désormais désignée sous le vocable d'instituteur, jusqu'à son décès. En germinal de l'an 5, âgé de 68 ans, il fut reconduit 'provisoirement' avec mise en observation par l'administration départementale car il lui était reproché un penchant pour l'alcool et un état d'ivresse fréquent. Pour l'année 1793 et les 3 premiers mois de 1794 il reçut un salaire de 208 francs et un supplément de 291 francs pour absence de logement de fonction, ces sommes étant acquises par la commune au marc la livre sur la contribution foncière.

population de Boux était alors très majoritairement favorable aux nouvelles institutions et en particulier à leur nouveau rapport au Clergé. Cette atmosphère était loin d'être générale dans le district et nombre de prêtres réfractaires (à Flavigny, à Semur par exemple) avaient une activité contre-révolutionnaire, sur l'ensemble de la Côte d'Or environ 30% des prêtres refusèrent de prêter serment.
En mars 1791 le pape Pie VI condamnera ces prises de serment et déclarera hérétique la Déclaration des Droits, ce qui encouragea l'opposition ecclésiastique aux décisions de la Convention. Les tensions furent vives tout au long de l'année 1791, ce qui amena le directoire du département à publier le 11 mars 1792 un arrêté qui interdisait toute activité ecclésiastique dans les lieux de culte aux prêtres insermentés sauf accord du district mais en ce début de l'année 1791 et jusqu'en 1793 le district de Semur était pour sa part majoritairement tenu par des élus très complaisants avec les réfractaires qui, bien que légèrement entravés, purent souvent poursuivre leurs activités religieuses en critiquant la législation révolutionnaire.

Le 30 janvier le Bureau de la commune reçoit en délégation l'ensemble des habitants de Bouzot. Ceux-ci viennent porteur d'une pétition pour se plaindre du fait qu'un certain Perrot (sic) (il s'agit en fait du notaire) a usurpé depuis 8 ans un canton de bois alors qu'ils le considèrent comme communal et en ont besoin pour mener divers travaux de construction. La question est délicate car il faudrait montrer que Perrot n'est pas légalement propriétaire du canton car s'il l'est, n'étant pas de la caste aristocratique on ne peut pas accaparer son bien. Cette difficulté gêne visiblement le Bureau de la commune et elle évacue le problème en prétendant qu'il s'agirait d'une question particulière à Bouzot alors même que le hameau est partie intégrante de la commune, il demande aux habitants de Bouzot de délibérer entre eux sur la meilleure solution pour ramener le canton dans la propriété communale. Les habitants décident de nommer parmi eux un procureur, ce sera Jean Mosson (laboureur) à qui ils promettent de payer tous les frais et avances qu'il pourrait avoir à engager pour cette tâche.
Le 6 février le Bureau décide de payer cent livres comme arriéré des gages d'une année à Claude Baudot, garde des bois communaux, lequel réclame d'être payé.

Sectorisation de la commune

Le 20 février le corps municipal se réunit pour définir le plan de division de la commune et nommer les différents secteurs composant Boux et

dépendances, c'est la mise en application de ce qui est demandé par l'Assemblée Nationale dans le décret, définissant la contribution foncière, du 20-23 novembre 1790 à l'article 1 du titre 2[54]. La contribution foncière se veut assise sur un état objectif des propriétés, mais en l'absence de cadastre la connaissance de cet état est difficile et pour y pallier il est demandé aux municipalités de faire un inventaire complet des parcelles et de leurs propriétaires. En 1789 les députés, voulant marquer la différence entre l'impôt, imposé et collecté de manière coercitive par le souverain Roi et des taxes librement choisies par le Peuple souverain, bannissent le terme 'impôt' et le remplace par celui de 'contribution' ; d'où cette citation anonyme 'un peuple libre n'acquitte que des contributions, un peuple esclave paie des impôts' sur laquelle on peut encore débattre de nos jours.
Les impôts indirects (sel, tabac, ...) sont supprimés, ils ne réapparaitront que sous l'Empire lorsque leur contribution au budget de l'Etat semblera l'exiger.

Pour s'acquitter de la demande de l'Assemblée, les officiers municipaux divisent donc la commune en 24 sections, chacune clairement délimitée (chemin, rivière,...), dans l'ordre: Champ de buis, la Fortelle, Beauregard, Fratey-bas, sept-grives, Les Planches, grands-champs, champs-Berthauld, sous fourneaux, champ des bras, comme-maison, le grand-Lâret, le carreau, les charmes, sur Grissey, la campagne, Comme Beuche, de César, la vigne Martin, le Lâret du Seur, des Losmeles, du Lâret de Bouzot, des Varennes, de la maison Baudot. Cette liste est envoyée au district et affichée dans le village pour que nul ne l'ignore.

---

[54] Assiette de la contribution foncière pour 1791.
Art. 1er.
« Aussitôt que les municipalités auront reçu le présent décret, et sans attendre le mandement du directoire du district, elles formeront un tableau indicatif du nom des différentes divisions de leur territoire s'il y en a déjà d'existantes, ou de celles qu'elles détermineront S'il n'en existé pas déjà, et ces divisions s'appelleront sections, soit dans les Villes, soit dans les campagnes.
Art. 2.
« Le conseil municipal choisira, parmi ses membres, des commissaires qui seront assistés d'un nombre au moins égal d'autres commissaires nommés par le conseil général de la commune, dans une assemblée qui sera indiquée huit jours à l'avance, et à laquelle les propriétaires, même forains, pourront assister à être élus, pourvu néanmoins qu'ils soient citoyens actifs.
Art. 3.
« Ces commissaires se transporteront sur les différentes sections, et y formeront un état indicatif des différentes propriétés qui sont renfermées dans chacune ; il y joindront le nom de leur propriétaire, en y comprenant les biens appartenant aux communautés elles-mêmes.
« Les états ainsi formés seront déposés au secrétariat de la municipalité, pour que tous les contribuables puissent en prendre communication.

Le dimanche 27 février le Bureau préside les enchères pour le poste de gardien du troupeau de moutons de la commune. Son contrat stipule que le gardien n'est pas responsable des pertes dues aux loups sauf en cas de négligence patente. Deux candidats se présentent, le premier demande une livre de pain pour six bêtes, le second surenchérit à une livre pour sept bêtes et le premier, un certain Jean Gagniet, manouvrier, l'emporte finalement en proposant une livre pour huit bêtes.

En février Mesdames les tantes du Roi, Adélaïde et Victoire de Bourbon, se décident à émigrer. Sur leur chemin plusieurs tentatives pour les arrêter échouent, notamment à Saulieu. Arrivées à Arnay le Duc la municipalité, aidée des jacobins et de la Garde nationale de Semur menée par Gueneau de Montbeillard, décide de les bloquer. Après 12 jours et de nombreux échanges avec le Directoire du département et Paris l'Assemblée Nationale enjoint le 4 mars les patriotes locaux de les laisser poursuivre leur route vers l'Italie tout en promettant une loi pour punir l'émigration (ce qui sera fait par un décret en novembre 1791) [3].

Le 10 avril se réunit le Conseil Général. Il reçoit deux députés des habitants de Bouzot, Jacques Lombard et Bernard Robin. Suite à leur réunion avec le Bureau le 30 janvier dernier les habitants, sans doute insatisfaits de l'issue suggérée alors par les officiers qui les avaient reçus, se sont tournés vers le Directoire du district. Le Directoire constatant que les habitants de Bouzot sont d'un point de vue communal rattachés à Boux leur a signifié que c'est d'évidence à la municipalité de Boux et non aux habitants de Bouzot eux-mêmes de traiter leur réclamation. Le Conseil réitère son soutien aux habitants en déclarant que leur réclamation est juste, mais il n'entend pas engager de frais sur cette affaire et répète que ce sont aux habitants eux-mêmes de les assumer (frais d'une action en justice et prise en charge des indemnités pour le sieur Mosson).

L'affaire se poursuivra encore l'année suivante et son issue n'est pas connue mais il est probable que le notaire soit resté propriétaire du canton de bois et que cela fera partie des sujets d'animosité contre lui qui vont aller croissants l'année suivante.

Au XVIIIème siècle la rage était un fléau qui faisait de nombreuses victimes, Le Bureau de la municipalité ordonne le 26 avril à tous les propriétaires de chiens l'abattage de leurs animaux s'ils sont suspectés d'avoir été mordus par un chien enragé ayant couru à travers le village.

Le 17 mai, le Bureau prend un arrêté interdisant la pâture dans les bois communaux aménagés depuis moins de 5 ans.

L'arrestation du roi à Varennes

Depuis le début de l'année la vie rurale s'était poursuivie sous les auspices d'une municipalité finalement peu bousculée par les problèmes tant locaux que nationaux, les remous de la Révolution semblaient bien loin de cette vallée sous Salmaise. Mais en juin, coup de tonnerre, le Roi qui s'enfuyait est arrêté à Varennes le 21. La nouvelle fut connue à Montbard et Semur dès le 22, elle créa la stupeur dans tout le pays craignant pour l'avenir de la Constitution. A cette date personne ne parlait encore de République et même les révolutionnaires les plus actifs défendaient l'idée d'une monarchie constitutionnelle. Pour éviter des troubles l'Assemblée Constituante tenta d'accréditer une fable, celle de « l'enlèvement du roi », qui eut un succès tout relatif.
Le 26 juin le conseil Général de Boux est réuni et entend une déclaration du procureur de la commune Bernard Belin, de toute évidence il semble ignorer, ou peut-être refuser, la fable :
"Messieurs, les actions du Roi nous allaient plonger dans des malheurs affreux. Déjà les villes voisines se préparaient à faire couler le sang. Les troupes nationales s'étaient réunies et ne pensaient qu'à détruire les ennemis de la Constitution et à purger la patrie de tout ce que nous appelons aristocratie, déjà dans les villages voisins on ne parlait que de mettre le feu aux châteaux. Heureusement que l'Etre Suprême auteur de la Révolution, et qui veille sur nous, a permis que le Roi fût arrêté sur la frontière de Longwy. Nos illustres représentants se sont empressés de nous instruire de l'arrestation du Roi et a rappelé parmi nous le calme et la tranquillité. Vous devez messieurs pour un si grand bienfait de Dieu vous empresser à lui et marquer votre reconnaissance en priant notre digne pasteur à chanter et faire chanter aujourd'hui à l'heure des vêpres, un Te Deum en action de Grâce accompagné des prières que notre pasteur jugera convenable".
Ainsi sera fait et décidé par le Conseil et le soir des prières et des chants menés par le curé seront les remerciements des villageois pour l'arrestation du Roi. Curieuse déclaration du procureur qui à la fois condamne l'attitude royale et exprime sa crainte d'une montée de la violence révolutionnaire.

'L'enlèvement' du Roi conduisit à une méfiance accrue envers les aristocrates, considérés comme les ennemis de la Constitution, mais en même temps cette manœuvre, ce travestissement bien que peu crédible de l'histoire permit à Louis XVI d'éviter temporairement la déchéance. Si à Boux l'émoi fut grand il donna aussi lieu à des scènes de violence et de pillage dans plusieurs villages de l'Auxois comme Commarin ou Grosbois.

Une des conséquences de la crise provoquée par la fuite du Roi fut la dissidence de l'aile droite du club parisien des Amis de la Constitution. Les partants qui souhaitaient voir se terminer au plus vite la Révolution et l'instauration d'une monarchie constitutionnelle s'installèrent au couvent des Feuillants tout proche de l'Assemblée. Il y eut dès lors les Jacobins et les Feuillants. La fuite du Roi commençait à radicaliser le peuple de Paris, le 17 juillet des milliers de pétitionnaires se rassemblèrent sur le Champ de Mars réclamant la déchéance du Roi et une nouvelle constitution. La commune de Paris avec l'accord de la majorité modérée de l'Assemblée fit intervenir la Garde Nationale de Lafayette, il y eut des dizaines de morts, des centaines de victimes. C'est un véritable tournant dans le cours de la Révolution.

Le 7 août 1791 le corps municipal se réunit, il est face à une difficulté pour l'application du décret d'Allarde (loi du mois de mars 1791) qui a mis fin aux corporations et sera renforcé en juin par la loi le Chapelier. Désormais les corporations sont interdites et la libre entreprise est sanctifiée par une loi qui fait obligation à toute personne désirant exercer quelque profession que ce soit d'obtenir préalablement une patente associée à une taxation dont la valeur est attachée aux bénéfices commerciaux et qui varie suivant l'activité. Devant l'assemblée du village réunie à la sortie de la messe, dans le cimetière, le procureur Bernard Belin explique les obligations nouvelles. François Lacoste, marchand de laine et cabaretier, s'emporte violemment contre le procureur et le traite d'incapable. Le motif de cette altercation aurait été que François Lacoste se serait contenté d'une déclaration professionnelle sur papier libre et aurait déclaré qu'il paierait la patente "quand il serait temps" quand le procureur lui rappelait que la déclaration devait être réalisée sur un papier officiel et la patente payée au plus tard en octobre et qu'il fallait qu'il se conforme à la loi sous peine que lui soit exigé le quadruple du prix normal de la patente.

En fait, la patente semble avoir été un prétexte permettant à François Lacoste de chercher à déstabiliser le procureur à qui il reproche son attitude lors de l'assemblée primaire du 1 mai 1790, il se moque de lui en rappelant qu'il avait dû se réfugier dans une soue à porcs pour échapper à ses poursuivants. Bernard Belin met en avant son engagement au service de la Patrie, il parle d'une cabale organisée contre lui à Salmaise, les détails ne sont pas connus mais il semble que des violences se soient déroulées l'année précédente lors de l'assemblée primaire préparatoire à l'élection de la nouvelle Assemblée législative à laquelle il assistait et son implication avait occasionné son incarcération à Saint-Seine, mais il fut rapidement blanchi avec l'aide du conseil municipal de Boux. Ces violences dans lesquelles le procureur, à Salmaise, aurait prétendument failli perdre la vie, étaient mises en parallèle dans la dispute avec celles qui avaient eu lieu presque en même temps à Vitteaux où Mr. de Sainte Colombe avait perdu la sienne.

Cette affaire de Vitteaux s'était déroulée le 28 avril 1790, lors de la réunion des électeurs du canton pour les élections départementales, aucun citoyen de Boux ne devait donc y assister mais elle avait marqué les esprits et restait un évènement significatif du climat régnant dans la campagne bourguignonne dans les premières années de la Révolution. A Vitteaux, Jean-Charles-François Filsjean de Sainte Colombe, ci-devant seigneur local âgé de 75 ans s'était présenté à la réunion malgré la détestation dont il faisait l'objet, souhaitant même être membre du bureau. Sainte Colombe porte une réputation d'accapareur acquise à Dijon en 1775 au cours de troubles liés à l'approvisionnement et à la cherté du prix du grain, pendant lesquels sa maison dijonnaise avait été dévastée [9]. Au cours de la séance il est pris au collet par un vigneron de Villeferry porté par une colère générale contre l'aristocrate. Il est chassé, se cache, est poursuivi dans les rues et finalement rattrapé puis lynché et achevé sur le pont de l'Horloge [1].

Les assemblées primaires rurales étaient rarement un lieu de débat calme et serein, ils s'y exprimaient bien souvent de manière violente les intérêts divergents des partis et la rancœur du peuple paysan accumulée au cours de décennies de servitude féodale. Ce même 28 avril une autre assemblée primaire tenue à Semur avait chassé à coups de pierres et de bâtons trois aristocrates et le curé de Massingy que l'on crut mort pendant quelques temps [6].

Face aux attaques de François Lacoste le corps municipal se solidarise avec le procureur qui semble bien victime d'une cabale et retient le principe d'insulte à officier municipal, laquelle est punissable dans le cadre de la loi du 28 février 1791 qui réprime toute violence exercée ou tout mouvement populaire excité contre des officiers municipaux dans le cadre de leur fonction d'application des lois. Le conseil est désireux de ne pas être entravé dans le futur dans l'exécution des lois, pour cela il ne faut pas que l'incident reste impuni et il est décidé de faire traduire Lacoste devant le tribunal du district, dans ce but la délibération est envoyée au commissaire du tribunal.

Le secrétaire greffier Claude Belin ayant démissionné il est procédé le 14 août à l'élection d'un remplaçant, Jacques Arbey sera élu à cette fonction. Le même jour le conseil municipal examine les plaintes de cultivateurs de Presilly et Bouzot qui ont subi des vols de socs de charrue, le conseil décide de mener des recherches en impliquant les municipalités voisines.

Elue en septembre l'Assemblée législative succède à la Constituante après adoption de la première Constitution et se réunit pour la première fois le 1er octobre. Elle est composée de nouveaux députés, ceux de la Constituante ne pouvant pas se présenter à nouveau. La députation de Côte d'Or fut majoritairement jacobine mais la sensibilité des Feuillants fut la plus nombreuse dans la nouvelle Assemblée.

Les vendanges, la Constitution, l'affaire de la Fabrique

Le 22 septembre la municipalité désigne 9 prud'hommes qui auront la charge de décider de la date d'ouverture des vendanges. Le 25 ils rendent leur verdict et les vendanges commenceront les 29 et 30 septembre suivant les lieux.
Le 2 octobre le Bureau de la municipalité inflige une amende à Pierre Bougond, vivandier habitant de Villecomte (à plus de 40 km de Boux) possédant des arbres fruitiers à Bouzot. Cette personne est coupable d'avoir travaillé un dimanche en cueillant des fruits "avant, pendant et après la messe" ! En cette fin d'année 1791 le respect des règles religieuses est toujours extrêmement fort à Boux comme dans beaucoup de campagnes, pourtant prochainement après deux ans de radicalisation révolutionnaire au milieu de l'an II, de messe il n'y aura alors plus et le dimanche sera théoriquement remplacé par le décadi.
Le 6 octobre Jean Arbey réunit le Conseil Général et lui dévoile un paquet qu'il vient de recevoir. Ce paquet contient le texte de la nouvelle Constitution approuvée par le Roi et une adresse du Département qui demande aux municipalités de célébrer l'avènement de cette première Constitution. Bernard Belin va se charger de l'annonce et de la publication par voie d'affiches, à la sortie de la messe paroissiale, faisant savoir à la population qu'une fête sera organisée pour le mardi suivant (le 11) qui est aussi le jour de la fête patronale. Une procession sera organisée après les vêpres, elle sera suivie d'un grand feu de joie allumé la nuit tombée vers 8h du soir, près du pont, et après le tir d'une salve par la Garde Nationale les habitants illumineront les rues avec des chandeliers disposés sur les fenêtres. Pour organiser le feu de joie l'annonce du procureur précise que chaque citoyen devra fournir un minimum de 2 fagots sous peine d'amende.

Le 21 octobre, en l'absence du maire, suppléé par Charles Richard, et du procureur, suppléé par Charles Arbey, le conseil général, sur proposition du procureur suppléant, reconnait qu'une évaluation, réalisée le jour précédent, des terres et vignes de la commune est en décalage par rapport aux revenus nets qu'elles procurent et décide d'en doubler la valeur. Il s'agit de la valeur locative des terres et vignes, nous n'avons pas connaissance de cette évaluation de 1791[55] nécessairement réalisée dans le cadre de la nouvelle contribution foncière ; par des décrets des 21 août et 23 septembre les députés demandaient aux communes un inventaire parcellaire précis afin de pallier à l'absence de cadastre. La réévaluation votée va donc conduire à une augmentation de l'imposition.

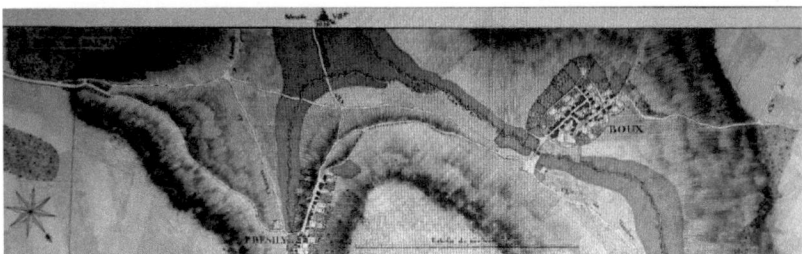

Figure 3 : Presilly et Boux - Atlas général des routes de la Province de Bourgogne - Archives départementales de la Côte d'Or FRAD021_7NUM_C3882_3883_0002927 C 3883-3 - Feuille n°158 1759 - [1780]

Le 22 octobre devant le Conseil Général le procureur annonce qu'il vient d'apprendre 'qu'on' a mis en vente par affichage un terrain désigné comme bien de la Fabrique[56]. De quoi s'agit-il ? La fabrique est un conseil de personnes composé du curé et de deux notables qui, au sein de la paroisse, s'occupe de l'administration et de la collecte de fonds (quêtes, dons…) nécessaires à l'entretien des biens et édifices religieux ; en tant qu'organisations laïques les fabriques, dans un premier temps[57], n'ont pas été

---

[55] Seules ont été archivées les contributions de l'an III et de l'an V
[56] La fabrique est l'organe administratif et financier des biens de l'église dans une ville ou un village. Par une décision royale du 13 juillet 1789 toutes les fabriques de France étaient couvertes par un règlement commun. C'est en novembre 1789 que ce règlement fut adopté à Boux et enregistré par le notaire Perrot. Selon ce règlement, dans un village le curé était membre de droit de la fabrique et il était entouré de deux notables élus chaque année par leurs pairs (trois dans une ville), les marguilliers, ils utilisent les services d'un secrétaire choisi par eux. Pour être considéré comme notable il fallait payer au moins 15 livres de taille, non comprise la capitation.
[57] Le 13 brumaire an II un décret fit des actifs des fabriques une propriété nationale

concernées par la nationalisation des biens du clergé, elles poursuivent donc leurs activités en gérant leur patrimoine.

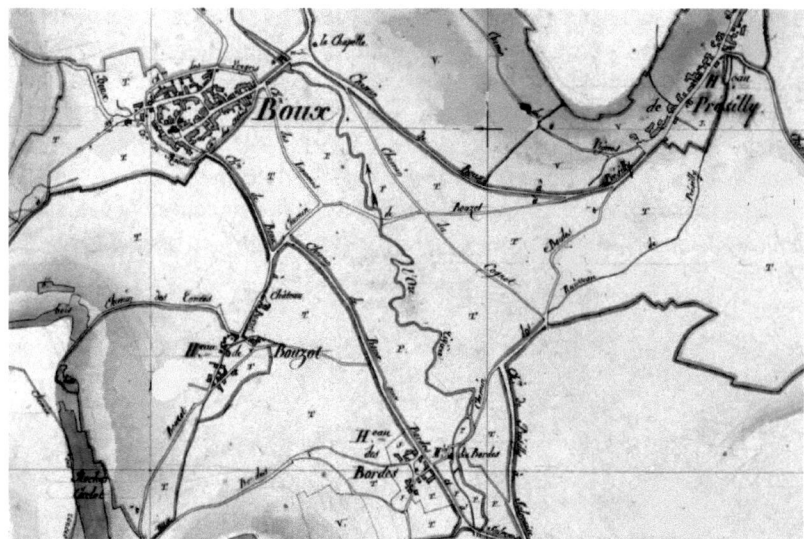

Figure 4 : Plan de Boux – A.D Côte d'Or FRAD021 3P_PLAN_101_001 – plans du cadastre napoléonien– 1835

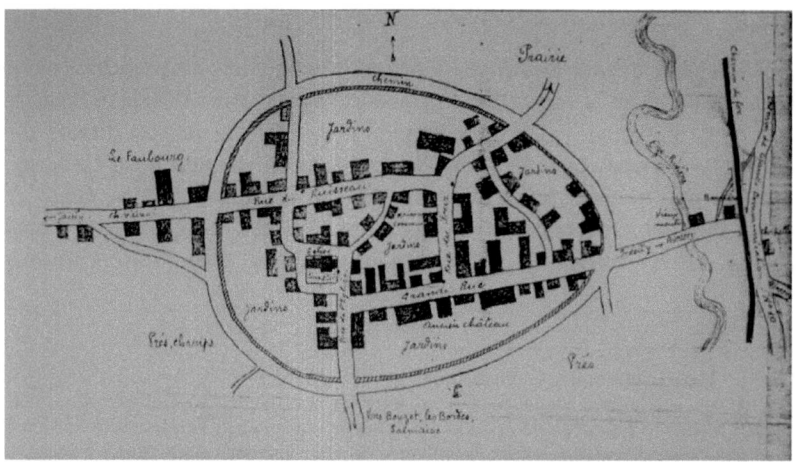

Figure 5 : Plan de Boux à la fin du 19è siècle (Simon)

Le terrain dont il est question est un pâtis d'environ 2 journaux ½ (moins d'un demi hectare) où se trouve en son milieu la chapelle Saint Blaise. Cet édifice, disparu aujourd'hui, était situé approximativement au croisement des lignes formées par la route départementale D10 et la continuation du chemin enjambant le pont de l'Oze (donc de l'autre côté des actuelles voies de chemin de fer), Blaise est honoré par les villageois comme étant protecteur du bétail, la chapelle est entretenue par les offrandes faites dans le tronc qui s'y trouve

La prairie entourant la chapelle a été défrichée puis sa mise en vente affichée. La commune estime être la propriétaire de ce terrain depuis plus d'un siècle. La prairie a été peu à peu accaparée par la fabrique profitant depuis longtemps de l'insouciance, 'de l'imbécilité' dit le procureur, ou de la complicité tacite des anciennes autorités qui lui en laissait l'affermage, pratique alors stoppée depuis 1 an par la présente municipalité. Depuis novembre 1789 les biens ecclésiastiques ont été mis à la disposition de la nation, la dîme a été supprimée et l'Etat doit subvenir aux besoins du clergé catholique, cependant les fabriques gardent l'administration des biens de l'Eglise.
En novembre 1790 l'Assemblée Constituante a décidé la vente des biens du clergé selon une procédure de vente aux enchères publiques mais les possessions des fabriques n'étaient pas visées. En faisant de la prairie une propriété de la fabrique il s'agit pour les fabriciens promoteurs de la vente (un ou des notables de la fabrique, 'un ambitieux citoyen' dénonce le procureur sans donner son nom), de détourner et monétiser un bien communal peu contrôlé en le cédant aux enchères à un gros propriétaire, privant alors la commune d'une partie de son patrimoine revendiqué mais jusqu'alors un peu délaissé.

L'affichage de la mise en vente provoque un grand émoi dans le village. Après un virulent exposé de Bernard Belin le Conseil Général, à l'unanimité, décide par tous les moyens de s'opposer à la vente de la prairie et à cette dépossession communale d'un bien qui lui paraît être une propriété immuable. Cependant dans le cas où ses droits ne pourraient pas être officiellement reconnus, la municipalité décide qu'elle se portera adjudicataire lors de la vente pour récupérer son bien. Une raison majeure de s'opposer à cette dépossession est que la prairie de St. Blaise est le seul endroit où le bétail puisse être déposé lors d'une foire dans le village[58], or redonner du lustre à la foire de Boux est un des objectifs de la nouvelle commune (il y en avait eu

---

[58] En 1789 lors de l'estimation du rôle de taille on comptait, sur le village central de Boux, hors hameaux, 63 vaches, une vingtaine de veaux, 2 taureaux et près de 600 moutons. Les plus gros propriétaires ont 3 ou 4 vaches au maximum. Le cheptel de la seigneurie n'était alors pas comptabilisé.

anciennement quatre par an mais elles étaient tombées en désuétude du fait de la concurrence de foires voisines à des dates trop proches).
La municipalité informe donc les administrateurs du Directoire de Semur de son opposition argumentée à la vente[59]. La réponse du district sera de faire sursoir à la vente en attendant qu'un titre de propriété puisse être produit et vérifié par la commune... et cela semble avoir été difficile.
Dans ce premier gros conflit qu'elle doit gérer on peut s'interroger pour savoir si la nouvelle municipalité de Boux se trouve en opposition avec le clan ecclésiastique et royaliste de la paroisse ou si elle est visée par la voracité de certains accapareurs de biens nationaux qui sévissaient alors mais c'est cette dernière hypothèse qu'il faut retenir comme l'épilogue de cette vente le montrera. En fait, Louis Beleurgey notaire à Salmaise et élu du district est en train de finaliser son achat des biens de la fabrique de Boux et cherche simplement à mettre la main sur un terrain qui l'intéresse au motif qu'il abrite une chapelle, il le présente donc faussement comme appartenant à la fabrique.
Qu'advint-il finalement ? Le terrain entourant Saint Blaise ne fut pas vendu pendant la période révolutionnaire mais le 21 nivôse an V (10 janvier 1797),

---

[59] Aux administrateurs du Directoire du District de Semur : 'Expose la commune de Boux, qu'il lui appartient, un pâturage, un emplacement, situé au bout du village près le pont. Que depuis nombre d'années, un nommé Blaise Viot, demanda à la commune la permission d'y bâtir une chapelle, sous le vocable de St Blaise, ce qui lui fut accordé. Cette chapelle est le seul oratoire qui existe, elle est d'une très petite étendue, le peuple a une dévotion singulière à Saint Blaise qu'on invoque pour la conservation du bétail et il a paru une grande émotion, lorsqu'on apprit la vente en unique affiche qui annonce la vente du terrain au milieu duquel est cette chapelle. Ce terrain a été défiché depuis peu, on en laissait le produit ci-devant à la fabrique mais la commune ayant reconnu son erreur l'a affermé au profit de la commune qui est rentrée en jouissance de son produit et de son emplacement. La chapelle Saint Blaise n'a jamais été dotée : elle n'a jamais eu d'autres revenus que le produit du tronc qu'on y a mis et qui sert à son entretien. Où a-t-on pris que le sol qui entoure cette chapelle soit un fond qui lui appartienne ? Tout dit qu'il ne faut que voir le local pour être convaincu du contraire. Cet emplacement est si utile à la commune qu'elle ne peut absolument s'en passer, tant par rapport au passage, qu'à cause de la foire qu'on veut rétablir. C'est le seul et unique emplacement qu'elle ait pour déposer le bétail pendant les foires. L'affiche annonce cet emplacement dans la contrée des grands champs, c'est une énonciation fausse cet emplacement s'aligne d'un chemin à un autre et est situé devant le pont et s'appelle le pâquis du pont. La commune n'a pas besoin de titre pour justifier sa propriété : elle jouit, et pour la déposséder, il faudrait lui opposer au moins un titre quelconque et on ne peut la déposséder régulièrement par une vente. Les propriétés sont inviolables et sacrées, on ne pense pas que la commune puisse être dépossédée sur la simple soumission d'un citoyen peu zélé pour sa patrie. Pour toutes ces raisons et autres, à suppléer de droit la commune recourt à ce qu'il vous plaise messieurs, la recevoir opposante à la vente du chemin, du pâturage, de l'emplacement dont il s'agit, et dans le cas où il ne vous plairait de décider de la sorte, ordonner et avec force droit qu'il sera sursit à la vente et délivrance du dit emplacement pendant lequel temps la commune sera autorisée à se rendre elle-même adjudicataire de cet emplacement duquel elle ne peut se passer, on justifiera par les titres des propriétaires voisins qui prouvent par leurs confins sa propriété et ferez justice ' Signé Belin, procureur.

alors que la municipalité de Boux avait disparu au profit de Salmaise, c'est l'ensemble de la chapelle et du terrain qui fut vendue comme bien national au citoyen Louis Beleurgey[60], à cette date juge de paix à Salmaise, qui l'acquit pour la somme de 394 Francs et il en fit plus tard une remise agricole [8]. Les fabriques seront interdites par la loi en novembre 1793 puis reparaîtront sous une autre forme en 1801 après le concordat.

Le 23 octobre le Conseil Général assemblé lors de la messe paroissiale assiste à l'intronisation et au serment constitutionnel du nouveau curé de Boux, Pierre Jean Baptiste Rossin, il a été nommé par la cure de Salmaise. Antoine Benoit avait cessé d'exercer son sacerdoce dans la commune depuis le mois d'avril à la suite d'une mutation dont on peut supposer qu'elle n'était pas étrangère au nouveau cours politique national envers le clergé.

La période des coupes de bois étant proche, le 6 novembre le conseil municipal organise la procédure de paiement au trésorier communal des taxes afférentes à chaque canton de bois tel qu'attribué 1 an auparavant pour l'hiver 90-91. Pour chaque canton la somme de 56 livres doit être payée. La feuille de distribution (liste des bénéficiaires) d'un des cantons ayant été perdue par le trésorier il n'a pas été possible de l'enregistrer et il devra en rendre compte à la Saint Martin (c'est-à-dire lors de la prochaine réorganisation municipale) !

Election municipale partielle à l'automne 1791

A la fin de 1791, avec la nouvelle Assemblée Législative à Paris s'ouvre une étape de radicalisation, contre l'émigration et les prêtres réfractaires, entretenue par la menace extérieure. Boux au fil du temps sera peu à peu impacté.

Après les évènements dramatiques de Paris et la scission des Patriotes, la radicalisation du pays va aussi lentement s'insinuer dans la vie communale. L'épisode de la Fabrique, le remplacement du curé, seront suivis par une suspicion grandissante envers ceux qui étaient au cœur du système seigneurial.

---

[60] On verra plus tard que ses nombreuses acquisitions jugées douteuses de biens nationaux lui vaudront quelques ennuis avec le district en 1793.

Le dimanche 13 novembre, à l'issue de la messe paroissiale, le maire Jean Arbey convoque l'assemblée générale de la commune dans l'église afin de procéder au remplacement des officiers municipaux arrivés au terme de leur mandat. 59 citoyens actifs viendront participer au scrutin. Ils désignent par vote un président de séance, ce sera le maire, et un secrétaire, ce sera Jacques Lombard, ainsi que trois scrutateurs qui seront Pierre Lambert, Jacques Arbey Brusley[61] et Charles Lucotte. Par ancienneté les sortants sont le maire Jean Arbey, Charles Richard et Charles Arbey. Seront élus **Pierre Lambert, Jacques Arbey** Brusley (bourgeois) et **réélu Jean Arbey** avec la quasi-totalité des voix, ils prêteront de suite serment. Ensuite on procédera au remplacement de 7 notables choisis par ancienneté et seront élus Jacques Lombard, Jean Bernard (cultivateur à Boux), Jean Berthelemot (tailleur de pierres à Présilly), Claude Beuche (cordier aux Bordes), Jacques Vallerot, Jean Sopotte (charpentier) et Jacques Culnet (vigneron à Présilly).

Le nouveau Bureau est mis en place le 20 novembre, il est composé de **Jean Arbey (maire), Pierre Lambert et Denis Cariot** qui avait été choisi comme procureur en remplacement de Bernard Belin.

Le 26 novembre, le Bureau de la commune accompagné de quelques notables se rend à Bouzot pour reconnaître l'emplacement du four banal car, chose peu croyable, personne ne sait exactement où il se situe. On peut donc penser qu'il n'était plus en usage depuis longtemps. Après enquête infructueuse sur place, les élus décident de solliciter les habitants les plus anciens pour déterminer l'emplacement du four et de temporairement surseoir à l'adjudication du four banal de Bouzot en attendant des précisions sur son emplacement !

Le 27 novembre le conseil municipal réunit sous la halle[62] procède au tirage au sort dans un chapeau des dizaines (10 personnes pour chacune des onze dizaines de la commune) pour l'exploitation des cantons de bois. Le Trésorier de la commune se sert ensuite de cette liste pour récupérer les charges, dont 24 sous par habitant répertorié dans chacun des cantons, les sommes récoltées entrant dans la rémunération du garde forestier.

---

[61] Jacques Arbey, fils de Charles, avait un frère aîné prénommé Jacques également. D'abord cité comme le jeune ou puiné pour se démarquer il accole ensuite à son nom celui de sa seconde épouse, Marie Anne Brusley (épousée le 8 mai 1777 à Gretigny-Sainte-Reine), la première Nazaire (ou Lazarette) Lombard étant décédé en 1776 en donnant naissance à une fille qui ne survivra pas.

[62] La halle était l'emplacement du four banal de Boux

Au cœur d'un hiver humide, pas trop froid mais qui sera long l'activité municipale a sans doute été faible ou n'a pas été l'objet de procès-verbaux officiels jusqu'en février 1792. Le 10 février un passeport sera remis à François Honoré Camille de Ligny (que nous retrouverons plus tard sous le nom de Ligny), ci-devant capitaine dans le régiment Dauphin et actuellement bourgeois habitant Boux, c'est un petit noble de province âgé de 38 ans, originaire d'Origny, qui est affilié à la famille Lestrade par sa femme Marie Madeleine, fille de feu Jacques Joseph de Lestrade, qu'il a épousé en 1786 [63] ; il veut se rendre à Verdun, probablement pour s'y occuper d'intérêts familiaux (Françoise Daubigné est née et habitait à Verdun) alors que l'on se bat dans cette région[64]. Ce voyage coûta à Ligny d'être soupçonné d'une tentative d'émigration et ses biens dans le village furent mis sous séquestre[65]. C'est la première fois que l'on voit apparaître dans les procès-verbaux de la municipalité une demande de passeport, on peut donc supposer que les habitants de Boux sortaient rarement de leur territoire.

Le 12 février 1792 les élus décident de faire le lendemain la tournée des bois communaux, en compagnie du garde forestier Baudot et du garde champêtre Vallerot, pour prendre acte d'éventuels délits[66]. A l'issue de cette tournée le garde forestier pourra recevoir ses gages auprès du Trésorier de la commune (91 livres 15 sols pour onze mois de gages). En conclusion de leur tournée

---

[63] Le dernier mariage qui à Boux aura réuni la noblesse locale dont Marie Charlotte Alexandrine Delanoix, marquise de Clugny, Dame de Thenissey.

[64] Verdun sera investie par les armées prussiennes et autrichiennes en août 1792, puis libérée en octobre.

[65] Les administrateurs du Département, suivant un avis du district, le lavèrent de ce soupçon dans une décision du 15 avril 1792 levant les scellés.

[66] Avec la disparition en août 1789 des droits féodaux, droits de chasse exclusifs et justice seigneuriale, l'environnement juridique sur lequel reposait l'action des gardes champêtres disparaissait et cela occasionna de nombreux abus et du désordre dans les campagnes. Le décret du 23 septembre 1791 définit les missions d'une police des campagnes placée sous la juridiction des juges de paix et des officiers municipaux.
L'article 1 du décret indique : 'Pour assurer les propriétés et conserver les récoltes, il pourra être établi des gardes champêtres dans les municipalités, sous la juridiction des juges de paix, et sous la surveillance des officiers municipaux, ils seront nommés par le conseil général de la commune, et ne pourront être changés ou destitués que dans la même forme'
L'article 4 : ' Dans l'exercice de leurs fonctions, les gardes champêtres pourront porter toutes sortes d'armes qui seront jugées leur être nécessaires par le directoire du département. Ils auront sur le bras une plaque de métal ou d'étoffe, où seront inscrits ces mots, LA LOI, le nom de la municipalité, celui du garde'.
L'article 7 : 'Ils seront responsables des dommages, dans le cas où ils négligeront de faire, dans les vingt-quatre heures, les rapports des délits'

les élus noteront le très mauvais état du bois de la Fortelle mais ne relèveront aucune trace de délit sur l'ensemble du domaine.

L'intérieur de l'église est à cette époque vide de sièges et la population se fatigue à être debout pendant les offices, seuls les fabriciens disposent de bancs particuliers. Le 3 mars le nouveau procureur, Denis Cariot, se fait le porte-voix de la majorité de la population demandant que des bancs soient disposés dans l'église. Il s'agirait d'une dépense d'environ 60 livres pour laquelle le Conseil Général est d'accord mais qui nécessite une validation départementale pour l'utilisation de fonds à destination d'un bien en principe administré par la fabrique.

Le 12 mars on se plaint de la forte dégradation du grand chemin qui va de Salmaise à Dijon, dégradation qui est attribuée aux habitants de Salmaise et qui semble être très préjudiciable au commerce des villages alentour. Le conseil municipal décide de faire une adresse aux officiers municipaux de Salmaise, qu'ils comprennent le tort considérable que le très mauvais état du chemin fait aux autres villages et demandent rapide réparation à ceux qui sont coupables de la dégradation de la voirie.

Le 18 mars le maire, Jean Arbey, lors du conseil municipal déplore la légèreté et l'inexactitude avec lesquelles a été levé l'impôt foncier[67]. Il demande la plus grande vigilance pour l'impôt mobilière, considérant que l'impôt est le plus sûr soutien à la Constitution. Il est décidé d'avancer la tournée pour réceptionner l'impôt au dimanche suivant (le 24 mars) à 5h du matin (!) en commençant par Presilly. Le même jour le maire convoque le conseil général à la demande du Département et du District. L'ordre du jour concerne les dépenses communales, le conseil général officialise sa demande d'achat de bancs pour l'église, dépense de 60 livres à porter dans "la colonne réservée" de la commune.

Comme on l'a vu précédemment sous l'Ancien Régime la noblesse et le clergé payaient peu d'impôts alors que la roture y était totalement et lourdement soumise, la dîme était versée au clergé, le cens et les banalités au seigneur, la gabelle (impôt indirect sur le sel) et la taille royale allaient au pouvoir monarchique, 'l'inégalité légale faisait partie de la structure de l'impôt, non

---

[67] L'assemblée administrative du Département, inquiète de la levée de l'impôt en 1791 prend un arrêté en décembre 1792 relatif au recouvrement des contributions foncière et mobilière. Un arrêté précédé d'une instruction sur lesdites contributions, la manière pour chacun de les évaluer, leur légitimité en comparaison des impôts abolis. L'arrêté porte que les municipalités procéderont dans la quinzaine à la confection des rôles en retard, à peine de poursuites, et que les citoyens seront tenus de faire les déclarations prescrites par la loi.

seulement verticalement à mesure qu'on se déplaçait le long de l'échelle sociale, mais aussi territorialement' [7]. A ces taxations lourdes et fluctuantes suivant les Provinces la Révolution substitua un ensemble d'impôts directs payables par tout le monde : la contribution foncière, la contribution personnelle et mobilière ainsi que la patente furent décrétées par la Constituante et installées dès 1791 puis, sous le Directoire, s'ajouta la contribution sur les portes et fenêtres. Une bonne partie des anciennes taxes, en particulier la dîme, était prélevée directement en nature sur la production agricole, le bétail.

Depuis 1791 la contribution foncière est calculée sur le revenu net et perçue uniquement en argent, la contribution en nature ayant, suivant les termes de la loi, 'le double inconvénient d'une répartition moins exacte et d'une perception plus embarrassante'. Cependant à partir de l'an 3, pour à la fois faciliter l'approvisionnement critique des armées et soulager un peu le monde paysan il sera à nouveau possible de payer pour moitié en grains. Pour les terres le revenu net est évalué sur une moyenne de quinze années pour lisser bonnes et mauvaises années, pour les maisons la contribution est calculée sur leur loyer réel ou potentiel en fonction de ceux couramment observés dans la commune.

Jusqu'en 1795 l'implication directe des citoyens, au travers de leurs administrations locales, est la règle pour la perception de ces contributions nouvelles. Les règles, évaluations et exemptions sont complexes et cela donnera lieu à de nombreuses contestations conduisant à une certaine difficulté pour assurer avec régularité la rentrée des sommes attendues par les finances publiques de la nation[68].Si le maire, faisant écho au Département, s'alarme des conditions de levée de l'impôt foncier c'est que la révolution fiscale, à Boux comme pratiquement partout en France, fut loin de faire l'unanimité et se heurta souvent à des temps de recouvrement (parfois plusieurs années) dommageables pour le budget de l'Etat et qui étaient une des conséquences de l'absence de sanctions par des autorités locales incapables d'assumer cette charge.

Le 25 mars 1792 le conseil général examine une délibération de la commune voisine de Thenissey ainsi que sa requête auprès du Département. Thenissey demande une diminution de 2148 livres de sa contribution foncière

---

[68] Sur les revenus de 1790 la contribution foncière attendue au niveau national était de 240 millions de Livres, la contribution mobilière de 60 millions. Pour la Côte d'Or l'estimation de contribution foncière était de 3 387 400 Livres, celle de contribution mobilière de 721 800 Livres. Les mêmes sommes seront reportées sur l'année suivante. Considérée comme assez riche la Côte d'Or, contrairement à 17 autres départements, n'obtiendra pas de dégrèvement en cours d'année.

considérant avoir trop payé en 1791 et ne devoir être imposé au maximum que du 1/6 du revenu net de la commune conformément à la loi. Le Directoire du District invite les communes du District à répondre à la pétition de Thenissey. Le conseil comprend la requête mais ne se solidarise pas estimant que sa voisine a sans doute exagéré son revenu net. Pour le procureur il est cependant certain que les terres de Thenissey sont d'un meilleur rapport que celles de Boux qui englobent la montagne pour les 2/3 de sa surface et une terre ingrate pour la culture. L'évaluation des revenus potentiels des terres, validée par des commissaires du district et du département, est évidemment un motif sans fin de récriminations. Le conseil s'inquiète également que l'éventuelle surcharge de Thenissey soit reprise sur les communes voisines, Boux considérait déjà difficile de supporter l'étendue de ses charges, c'est à dire 6272 livres d'impôt foncier, 1293 livres d'impôt mobilière et 1513 livres de réparations pour l'église. Pour sa part la commune ne s'était pas plainte se reposant sur la promesse d'une plus juste imposition l'année suivante. En vérité et in fine Boux ne se solidarise pas avec une demande de sa voisine car elle risque de lui coûter une charge supplémentaire.

Ce même 25 mars il est procédé à l'adjudication, au moins demandant, du poste de percepteur. Le tarif de départ pour la perception de la contribution foncière a été fixé au taux de 6 deniers par livre (soit 2,5% puisqu'une livre vaut 240 deniers), l'impôt mobilière et le droit de patente à 3 deniers par livre. Les levées se font chaque mois et à la fin de chaque mois les recettes doivent être apportées par le receveur communal, ou envoyées à ses risques et périls, à la Caisse du District. La loi du 2 octobre 1791 prévoit des peines sévères à l'encontre du percepteur en cas de retard de paiement ou pire de falsifications. Pour se présenter un cautionnement au moins égal au 1/3 de tous les impôts à recouvrir est exigé, soit un patrimoine d'environ 2700 livres, évidemment cela n'ouvre pas la compétition à un grand nombre d'enchérisseurs. Le Conseil Général est responsable devant le receveur du district de la solvabilité du receveur communal et du versement de ses recettes.

André Arbey, laboureur à Bouzot enchérit à 6 deniers pour le foncier et 3 deniers pour le mobilière, tel que porté par l'arrêté du département, avec la caution de Charles Arbey (officier communal). A sa suite Jacques Arbey enchérit à 5 deniers pour l'impôt foncier avec la caution de Jacques Thibault laboureur aux Bordes. Nul autre candidat se présentant c'est donc **Jacques Arbey** qui devient percepteur, comme il détenait le poste de secrétaire communal il est aussitôt remplacé dans cette fonction par **Pierre Lambert**. Jacques Arbey, laboureur aisé à Boux, recevra pour prix de son travail de perception une somme d'environ 140 Livres, en partant d'une contribution foncière de la commune d'environ 6500 Livres, ce qui n'est pas extravagant (le garde champêtre est payé 100 Livres) mais bien au-dessus des revenus annuels de la frange la plus pauvre des habitants, notons que cela lui permettra d'annuler, et même un peu plus, sa propre contribution foncière.

Pendant le mois d'avril c'est le calme plat dans la municipalité alors que les débats sont intenses à Paris, le 28 avril la France déclare la guerre à l'Autriche et rapidement parviendront les nouvelles des premières défaites sur la frontière nord. Louis XVI a renvoyé les ministres patriotes et un peu partout s'exacerbent les conflits entre partisans et adversaires de la poursuite de la Révolution. Dans le pays angoissé se fortifie l'idée qu'il existe un complot intérieur contre la Révolution ourdi par la Cour, les aristocrates et les réfractaires préparant un massacre des patriotes et l'ouverture aux armées émigrées et autrichiennes. Des troubles importants éclateront à Dijon le 18 juin et la municipalité se verra dans l'obligation de cantonner les prêtres réfractaires dans l'enceinte du séminaire pour assurer leur sécurité [4].

Denis Cariot, procureur de la commune, tombe malade et le 6 mai, à sa demande, il est procédé à son remplacement temporaire par Pierre Cariot.
A Boux on est aux prises avec les intempéries, un hiver qui n'en finit pas et va fragiliser l'économie locale. Après le 10 mai une vague de froid forte et tardive détruit la vigne en croissance de printemps et met à mal les semences de blé.
Le 17 mai le conseil municipal se réunit pour examiner les conséquences des destructions dues au gel. Il apparaît nécessaire de demander au Département et au District une réduction de l'impôt foncier car il ne paraît pas possible de payer 6272 livres au vu des dégâts causés. Pour appuyer sa démarche le conseil municipal décide de nommer deux "honnêtes hommes" de Salmaise et Thenissey pour visiter les vignes et champs et évaluer les pertes.
Le 18 mai Jacques Dumont, propriétaire cultivateur de Thenissey, ainsi que Bernard Drouhot, propriétaire cultivateur de Salmaise ont fait la visite avec les officiers municipaux. La meilleure vigne (500 ouvrées soit 21 hectares puisque 1 ouvrée=4,28 ares en Bourgogne) est déclarée perdue à moitié par la gelée, la vigne ordinaire (500 ouvrées également) est perdue au 1/3 et les récoltes de blé sur les terres de la Montagne sont totalement perdues[69].

Le 3 juin Jean Malardot, receveur municipal, reçoit le montant de l'imposition décidée par la commune pour les travaux destinés à l'église[70].

---

[69] En l'an 3 la contribution foncière recensera en tout 790 ouvrées de vigne, les inspecteurs ont arrondi les chiffres.
[70] Mais comme on l'a vu les artisans ne seront payés que 18 mois plus tard.

62   Les années révolutionnaires à Boux sous Salmaise

En 1791 la Convention a décidé la réquisition des cloches des églises afin de les envoyer en fonderie, par exemple au Creusot pour la Bourgogne, pour couvrir les besoins de frappe de la monnaie[71]. Le directoire du district a donc adressé une demande à la commune afin qu'elle se défasse de ses cloches, le conseil général est réuni le 17 juin par le maire sur cette question mais le refus de se séparer des cloches est général. L'argument développé par les conseillers généraux est que les 3 cloches de l'église du village sont utilisées par une horloge ayant coûté fort cher à la commune, elle permet la connaissance auditive des heures à tous les hameaux environnants. Dans l'immédiat elles vont rester en place mais ce n'est cependant qu'un sursis pour les cloches de Boux.

Considérant le clocher et sa sonnerie comme un élément de l'identité communale de nombreux villages résistèrent à cette réquisition, donnant lieu à de nombreuses pétitions voire des manifestations.

La sous-évaluation des terres agricoles est une pratique commune dans les campagnes et pèse sur le volume des contributions, le 19 juin le conseil municipal procède à un nouvel inventaire des terres de la commune en remplissant les tableaux ad hoc émis par le département de la Côte d'Or.

En ce début d'été 1792 Boux semble figé, cherchant sans doute à réparer les dégâts importants du froid tardif du mois de mai. C'est probablement en juin que fut planté *l'arbre de la liberté* près du four banal de Boux, cette date n'est pas certaine mais elle est en cohérence avec la mise en place de ce symbole partout dans le pays.

Dans le même temps à Paris, en parallèle d'une situation militaire incertaine, se joue un tournant décisif dans la Révolution avec l'exacerbation des rivalités entre les différents clubs et leur positionnement par rapport au trône. Les bruits de contre-révolution alimentent la colère du peuple qui le 20 juin, en insurrection, pénètre aux Tuileries et envahit les appartements royaux.

Le dimanche 22 juillet le conseil municipal décide de convoquer le mercredi 25 juillet à 5h du matin toutes les personnes possédant des voitures et des chevaux pour réparer les chemins communaux. Les élus désignent également les prud'hommes qui choisiront la date de début de la moisson

---

[71] Décret de loi du 22 avril 1792, relatif à la fabrication de la monnaie à partir du métal des cloches A partir de 1793 la mise en œuvre du décret sera durcie pour servir les Armées et leurs besoins en canons.

La patrie en danger

Le 5 août le maire convoque le conseil général. "La Patrie est en danger" (déclaration de l'Assemblée Nationale du 22 juillet), en juillet-août Autrichiens et Prussiens gagnent sur tous les fronts[72] et il faudrait que la commune fasse l'acquisition de fusils pour défendre la Constitution contre les ennemis de la Patrie. La difficulté pour la municipalité est qu'elle ne dispose pas des fonds permettant l'achat d'un nombre suffisant de fusils pour équiper les citoyens pauvres. Les élus et notables réunis ont l'idée de présenter une requête aux administrateurs du Département pour être autorisés à vendre la réserve des bois communaux et éventuellement à taxer la distribution des cantons de bois afin d'acquérir 50 à 60 fusils avec leurs baïonnettes et munitions, ils dressent un tableau très noir concernant la pauvreté de la commune et suggèrent aussi qu'une autre solution serait que le département répartisse des fusils dans les différents cantons et qu'ils puissent ensuite être acquis par les municipalités. Semur tergiverse et demande que les élus lui fassent parvenir aussi sa délibération de juillet 1790 sur sa demande de vente de bois.

C'est à cette date que le maire et les officiers municipaux mettent en place un **Tribunal de la Police municipale**. Deux officiers municipaux sont choisis pour y occuper les fonctions de juges : **Pierre Lambert et Charles Robin.**

A Paris, le 10 août, le peuple et les gardes nationaux renforcés par les premiers fédérés arrivés des départements s'emparent des Tuileries au prix de centaines de victimes. Le Roi se réfugie dans l'Assemblée toute proche. La royauté est tombée, la République est proclamée le 21 septembre 1792 par la nouvelle Convention Nationale qui est élue pour la première fois au suffrage universel des hommes à partir de 21 ans. Dans cette nouvelle assemblée législative se trouvent 10 députés Côte d'Oriens qui tous siègeront avec les Montagnards, parmi eux un ancien Constituant, Florent Guiot, du district de Semur qui appartient au club local des Jacobins. Florent Guiot joua un rôle important pour le club de Semur en l'informant quasi quotidiennement des évènements parisiens, il fut constamment réélu dans les assemblées nationales jusqu'à la mise en place de l'Empire napoléonien et resta un républicain convaincu.
Comme le Champ de Mars avait créé la scission des Feuillants, le 10 août suivi des massacres de septembre dans les prisons de Paris qui ont fait des centaines de victimes, puis les élections à la Convention (favorables à la

---

[72] Verdun sera pris le 30 août. La victoire de Valmy retournera la situation le 20 septembre

sensibilité girondine) vont amener une scission de la société du couvent des Jacobins. A la suite d'une épuration voulue par Robespierre la société patriotique va se diviser en octobre et il s'ensuivra une lutte à mort entre Girondins et Montagnards. Pendant les 10 mois suivants les Girondins seront aux principales commandes du gouvernement... jusqu'à leur chute finale.
A Dijon, la statue équestre en bronze de Louis XIV qui trônait place Royale (actuelle place de la Libération) est détruite et un grand nombre de suspects arrêtés ; on installe la guillotine sur la place du Morimont (place Emile Zola).

Figure 6 : Gravure extraite de l'ouvrage de Sadi Carnot [20]

Les Volontaires

Après la fuite avortée du Roi les monarchies européennes prirent d'avantage conscience de la menace que faisaient peser les idées révolutionnaires désormais bien installées en France, sous la pression de la noblesse émigrée qui rassemblait une armée elles se préparèrent à intervenir. En France, des idées généreuses et pacifistes des débuts on en vint à craindre l'invasion étrangère et à comprendre qu'il faudrait défendre les acquis de 1789 par la lutte armée. L'influence de la guerre contre les coalitions européennes fut décisive dans le déroulement de la Révolution et sur son épilogue dans le bonapartisme, elle marqua profondément le monde rural par l'ampleur des mobilisations en hommes, autant de bras en moins pour le travail des terres, et en fournitures agricoles.

L'organisation de l'armée révolutionnaire prit du temps, avant son quasi-achèvement en l'an II elle passa par plusieurs stades dont celui de l'épisode des bataillons de volontaires qui nous occupe ici et qui vit la coexistence temporaire des troupes de soldats citoyens avec l'armée de ligne de la ci-devant armée royale, les bleus et les blancs en référence à la couleur dominante de leurs uniformes.

Depuis 1789, de manière spontanée, puis règlementaire, des Gardes Nationales s'étaient formées et mobilisées dans tout le pays, dans les villes d'abord puis dans les campagnes également comme dans le canton de Salmaise où il existait un bataillon de campagne sédentaire (incluant Boux)[73].

Il s'agissait d'une troupe à usage intérieur pour assurer l'ordre et sécuriser les acquis contre toute menée contre-révolutionnaire. En 1790 leur effectif total dans le pays comprenait plus de 2 500 000 hommes mais il composait un ensemble très hétéroclite tant par son armement largement insuffisant que par sa faible formation militaire. A Boux l'effectif de la garde nationale fut de 26 hommes et **Claude Belin**, cultivateur[74] âgé de 45 ans, en fut le premier capitaine, élu comme le voulait la loi.

Les engagements dans l'armée régulière ou encore les changements de domicile entraînaient des réajustements fréquents des effectifs et/ou de l'encadrement des gardes nationaux sédentaires ; un exemple nous est fourni le 21 août 1792 lorsque deux jeunes gens se présentent au secrétaire de la municipalité, Pierre Cariot fils et Guillaume Laureau fils, tous deux caporaux dans le bataillon de Salmaise. L'objet de leur démarche est le remplacement de deux grenadiers, Jacques Arbey fils[75] actuellement sur les frontières comme volontaire et Honoré François Camille de Ligny demeurant maintenant à Châtillon, afin de maintenir à 26 le nombre de grenadiers de Boux. Pour les

---

[73] La formation de la Garde nationale de Boux semble être intervenue tardivement, pendant l'été 1791. Comme un certain nombre de petites communes de la campagne, Boux, en l'absence de troubles intérieurs et de danger extérieur, n'en avait pas vu l'utilité.

[74] Il habitait Boux centre, rue de l'église

[75] Il peut s'agir de Jacques Sulpice, né en 1763, fils de Jacques Arbey (Arbey Brusley après son second mariage), marchand tanneur, et de Nazaire Lombard. Il se serait engagé volontaire au moment du renforcement du second bataillon de la Côte d'Or lors de la levée de juillet 1792 à la suite de la sanglante bataille de la Gliswelle. Le second bataillon vécut la pénible reddition de Longwy fin août 92 qui échauffa fort les esprits en Côte d'Or et conduisit à de nombreuses arrestations arbitraires à Dijon [20].

remplacer il est procédé à une élection avec les 21 grenadiers présents qui conduira à intégrer au bataillon Jean Personnier et Claude Beuche.

Dès l'été 1789 et en dehors des Gardes nationales, réservées alors aux citoyens actifs et nés dans la commune, s'étaient formées dans certaines villes des compagnies additionnelles composées pour l'essentiel de la jeunesse patriote exaltée par la défense de la Liberté. Pour la Côte d'Or ce mouvement partit de Dijon au mois d'août. Ces compagnies qui prirent le nom de Volontaires obtinrent un armement, s'organisèrent avec leur drapeau et leur propre état-major et participèrent, à la limite de la légalité, au maintien de l'ordre dans la ville. Ils étaient encouragés par les clubs patriotiques qui y voyaient un contre-poids à des Gardes nationales sous l'influence et l'autorité des franges de la bourgeoisie et de la noblesse modérées. Dans plusieurs autres cités de Côte d'Or la dualité concurrente des Gardes et des Volontaires conduisit à de nombreux incidents, comme à Vitteaux ou Semur. Les Volontaires de Flavigny se firent remarquer et acclamer à la fête de la Fédération de 1790 tenue à Dijon en défilant derrière leur drapeau tricolore et sa devise « Vaincre ou mourir » [19].

L'enrôlement dans les Gardes Nationales avait eu comme effet de bord de tarir l'afflux de nouveaux engagés dans l'armée régulière[76] qui était cependant la seule à pouvoir mener campagne et réellement être en mesure de défendre le territoire. Aussi bien les Gardes nationales que les compagnies spontanées de jeunes volontaires n'étaient pas capables d'aller à la bataille et il était vital de renforcer la force armée. La loi de Lameth adoptée en février 1791 va finalement donner un cadre légal aux Volontaires pour les former et les assigner à une défense active du territoire.

Cette loi institue une armée auxiliaire de 100 000 hommes qui s'engagent pour 3 ans, reçoivent une solde dès le temps de paix et sont mobilisables par décret à la veille d'une campagne [19]. En Côte d'Or cette décision déchaîne l'enthousiasme et des milliers d'hommes des compagnies de Volontaires et des Gardes nationales se déclarent prêts à servir ; pendant deux mois Dijon voit des défilés continuels de ces éléments venant de tout le Département. Plusieurs milliers de volontaires se déclarèrent à Dijon mais nous ne connaissons pas le nombre réel d'inscriptions auquel la loi avait donné lieu et il était par ailleurs encore trop tôt pour que ces nouveaux Volontaires soient sérieusement pris en charge et appelés à combattre. Boux s'associa-t-il à cette effervescence ? Il ne le semble pas mais nous n'en avons pas trace.

---

[76] A ce moment elle était encore, avec peu de changements, celle de l'Ancien Régime et largement sous commandement aristocratique bien que des milliers d'officiers aient peu à peu rejoint l'émigration.

L'armée auxiliaire n'eut pas le temps de voir le jour car les évènements se précipitèrent et en juin suite à la tentative de fuite du Roi, devant la menace qui se précisait à nos frontières, l'Assemblée Nationale ouvrit la conscription libre aux Gardes nationaux[77] à raison de 1 pour 20 avec l'objectif d'enrôler 101000 hommes dans 169 bataillons[78], ces volontaires s'engageaient alors pour le temps de la campagne avec une solde de 15 sols par jour.

Pour la conscription on divisa les départements en arrondissements où l'enrôlement était confié à des commissaires, le district de Semur comportait quatre arrondissements et celui dont dépendait Boux fut, pendant l'été 1791, géré par le notaire Potier de Flavigny.

Les historiens divisent généralement l'histoire des volontaires nationaux en trois périodes : la première, celle de 1791, fut celle de l'enthousiasme patriotique en réponse à la fuite du Roi, la seconde en 1792 fut celle de la Patrie en danger et la dernière, celle de la levée en masse de l'été 93 qui donna naissance à l'armée de l'an II, une armée réorganisée et au commandement centralisé sous la coupe du Comité de Salut Public. Pour les deux premières périodes la levée des bataillons était entièrement à la charge des départements. Jusqu'à l'été 1793 les bataillons levés sont pleinement formés de jeunes gens librement désireux de défendre les acquis de la Révolution, ce sont, au sens propre, des Volontaires, des citoyens qui se font soldats pour empêcher tout retour en arrière à l'Ancien Régime. Avec la levée en masse de l'été 1793 gérée non plus par les départements mais au niveau national s'ouvrira l'ère des réquisitionnaires[79] des brigades de l'an II. La réquisition fut parfois mal vécue et apporta un changement indéniable dans l'état d'esprit des troupes levées mais ceux qui chercheront à s'en affranchir seront traités durement, ainsi le 29 septembre 1793 le département de Côte d'Or publiera un arrêté assimilant tout réfractaire à un émigré, à Boux comme dans tous les villages il sera affiché.

Entre l'été 1791 et l'été 1793 une vingtaine de bataillons d'environ 800 hommes furent levés en Côte d'Or mais certains, parmi les derniers, n'eurent qu'une existence éphémère[80]. Pour sa part le district de Semur participa aux levées des second, troisième (partiellement), quatrième, cinquième, sixième, huitième et onzième bataillon ainsi qu'à celles des chasseurs à cheval et des Grenadiers de la Côte d'Or ; il est donc probable que des jeunes gens de Boux

---

[77] Cette restriction sera ensuite abandonnée et la conscription ouverte à tous les citoyens aptes à porter les armes

[78] Il y en aura près de 800, à l'effectif approximatif de 800 hommes, trois ans plus tard.

[79] La conscription obligatoire de tous les hommes célibataires de 18 à 25 ans

[80] Voir tableau en annexe

furent incorporés dans presque tous ces bataillons [81] sans cependant qu'aucun ne figure dans la composition des différents états-majors où la majorité des officiers qui furent élus[82] étaient d'anciens soldats ou citoyens des villes. A partir de la fin de 1793 les bataillons de Côte d'Or perdront leur identité départementale en se fondant dans des demi-brigades composées de 2 bataillons de volontaires et d'un bataillon de ligne de la ci-devant armée royale.

En juillet 1791 on demanda à la Côte d'Or de fournir deux bataillons de Volontaires de 574 hommes chacun et dès fin août les premier et deuxième bataillon des Volontaires de la Côte d'Or étaient levés et prêts à servir. Le premier bataillon était issu des districts de Dijon et du sud du département, les volontaires du district de Semur, donc de Boux, appartenaient au second bataillon. Chaque bataillon était composé de 9 compagnies de fusiliers et d'une de grenadiers laquelle était formée par sélection des hommes les plus grands. Le mouvement des volontaires fut dans un premier temps essentiellement urbain, la mobilisation des campagnes arriva avec retard ; selon Jean-Pierre Bertaud |24] les campagnes, où vivait 90% de la population, ne fournirent que 15% des volontaires en 1791 mais ils furent 69% en 1792.
Nous ne savons d'ailleurs pas dans quelle mesure le village participa, ou pas, à la première conscription de 1791[83] mais à l'été 1792[84], alors que la guerre battait son plein sur les frontières du nord et de l'est, lorsqu'il fallut compléter le second bataillon de Côte d'Or et en lever trois nouveaux le district de Semur enregistra 417 engagements et apporta plus de 100 volontaires en renfort du second bataillon, les jeunes gens de Boux répondirent à l'appel.
Le dimanche 12 août 1792, à l'issue de la messe, se tint à Salmaise une assemblée des citoyens du canton pour l'enrôlement dans le deuxième

---

[81] Nous n'avons pas connaissance de la répartition précise dans les différents bataillons. L'administration des bataillons de Côte d'Or fut pour le moins erratique. S'il est assez facile de retrouver les compositions des états-majors les registres de recensement de la troupe sont très rares et ne fournissent pas d'informations sur l'origine des soldats [23]. Il est tout aussi difficile de connaître la liste des tués, celles des blessés et des déserteurs sont inexistantes. On s'est donc appuyé ici sur les archives communales et départementales d'enrôlements qui ne fournissent que des données parcellaires.

[82] Les officiers et sous-officiers des bataillons et des compagnies étaient élus par les assemblées générales des soldats au moment de leur formation. Cette application à l'armée du principe démocratique était toutefois encadrée par la loi qui recommandait de désigner les cadres parmi les officiers de la garde Nationale ou parmi les anciens militaires.

[83] Il est possible qu'Etienne Baudot, fils de Jean Baudot de Bouzot, répertorié dans le second bataillon de volontaires de la Côte d'Or se soit engagé en 1791.

[84] Le 6 mai 1792 l'Assemblée Nationale décida d'augmenter les effectifs des bataillons de volontaires, les passant de 574 hommes à 800.

bataillon de la Côte d'Or et ce jour-là 25 jeunes hommes ayant les qualités physiques requises répondirent à l'appel de la Patrie et s'enrôlèrent, dont 9, proportion importante, étaient originaires de Boux. Les jeunes volontaires de Boux qui ce dimanche s'engagèrent pour trois ans étaient les suivants :
Jean Baptiste Arbey, fils de Jacques Arbey Brusley, âgé de 21 ans et mesurant 5 pieds (1,62m),
Claude Arbey, fils de Jacques Arbey Brusley, âgé de 18 ans et mesurant 5 pieds (1,62m)[85],
Claude Malardot, fils de Denis Malardot et de Jeanne Picamelot, âgé de 27 ans et mesurant 5 pieds et 1 pouce, 6 lignes (1,66m),
Pierre Gaulon, fils de Nicolas Gaulon et Sulpice Galimard, âgé de 21 ans et mesurant 5 pieds, 3 pouces (1,76m)[86],
Jean Malardot, fils de Denis Malardot et Jeanne Picamelot, âgé de 22 ans et mesurant 4 pieds, 11 pouces (1,59m),
Claude Berthelemot, fils de Jean Berthelemot et Jeanne Cariot de Presilly, âgé de 22 ans et mesurant 5 pieds (1,62m),
Denis Cariot, fils de Denis Cariot et Marthe Bouy de Presilly, âgé de 20 ans et mesurant 5 pieds, 1 pouce (1,65m),
Claude Cariot, fils de Claude Cariot et Anne Cariot de Presilly, âgé de 18 ans et mesurant 5 pieds, 1 pouce (1,65m),
Denis Guedeney, fils de Jean Guedeney et Anne Fleurot, âgé de 26 ans et mesurant 5 pieds, 1 pouce (1,65m).
A cette date le second bataillon de la Côte d'Or était occupé à la défense de Longwy qui malheureusement allait bientôt se rendre et ce qui restait du bataillon arriva déguenillé à Dijon le 15 septembre [20], c'est là que nos volontaires bouxois durent se rendre avec 3 livres 11 sols d'indemnité pour ensuite incorporer le bataillon ainsi renforcé, mais aussi réarmé et revêtu, et se diriger vers Belfort début octobre.

Le 17 août l'assemblée administrative du département relaie la réquisition du général Biron pour la formation complémentaire d'un bataillon de 800 grenadiers dont les membres devaient être choisis parmi les gardes

---

[85] Beaucoup pensent ne s'engager que pour une campagne mais certains poursuivront une carrière militaire, ainsi Claude Arbey s'engagera finalement comme caporal dans le cinquième bataillon de Côte d'Or (et non le deuxième) le 16 septembre 1792 à l'âge de 19 ans et il finira chef de bataillon à la fin des guerres napoléoniennes qui l'ont mené un peu partout en Europe, il fut décoré par l'Empereur chevalier de la légion d'honneur (documents en annexe).

[86] Quelques mois après cet engagement sa taille et probablement ses capacités physiques le firent verser dans la marine nationale comme 'bombardier' (artillerie), peut-être au moment du siège de Toulon.

nationales sédentaires. Le canton de Salmaise devait fournir 8 volontaires, parmi ceux qui furent enrôlés après visite du chirurgien figure Jean Personnier, garde national à Boux, qui semble avoir eu quelques difficultés à s'intégrer à la vie militaire. On le retrouve dès le 23 octobre dans les rues de Boux ce qui provoque sa convocation devant les élus. A-t-il un congé ou a-t-il déserté ? Comme il n'a pas présenté son congé, on envoie 4 fusiliers le chercher pour qu'il se présente devant le conseil municipal. Jean Personnier explique alors qu'il n'a pas de congé mais que s'il a quitté l'armée temporairement c'est sur permission accordée par le général Dumouriez[87], lequel l'a autorisé à prendre ses quartiers d'hiver et qu'il serait rappelé si nécessaire. L'explication laisse les élus dubitatifs et ainsi accusé Personnier demande qu'il soit écrit à son lieutenant-colonel pour savoir la vérité, c'est ce qui est accepté et décidé[88].

Découverte des conditions de vie très rudes des militaires, nécessités des travaux agricoles, sentiment de ne s'être engagé que pour la durée d'une campagne, le phénomène des désertions toucha principalement les campagnes et atteignit jusqu'à 25% des effectifs dans certains bataillons. Les premiers volontaires n'étaient effectivement engagés que pour la durée d'une campagne mais pour éviter les départs et désertions au moment des quartiers d'hiver le ministère de la guerre fit pression en novembre 1792 pour maintenir les effectifs. Telle semble être encore la situation à gérer par la municipalité le 21 décembre 1792, ce jour-là Étienne Baudot, fils de Jean Baudot vigneron à Bouzot, est interrogé par les élus municipaux. Ils demandent à ce volontaire au second bataillon de Côte d'Or de présenter son congé et devant l'incapacité de Baudot de le fournir ils lui signifient alors qu'il doit repartir et réintégrer son corps en vertu d'un arrêté du directoire départemental. Le jeune homme répond qu'il n'y est pas décidé et les élus rédigent un procès-verbal de cet interrogatoire pour l'expédier au Département.

A Boux, après la déclaration de guerre puis le péril aux frontières et l'appel de la PATRIE EN DANGER, la loi de levée générale en juillet 1792 sonna la mobilisation comme on l'a vu, puis pour participer à la formation du quatrième et du cinquième bataillon de Côte d'Or[89] on attendit début septembre et la fin des moissons, alors qu'une partie du quatrième bataillon était déjà partie fin août pour Belfort. Une assemblée générale de la commune se tint le mercredi

---

[87] La référence à Dumouriez est plus que douteuse puisqu'à cette date le bataillon des grenadiers est en région parisienne et n'est pas encore engagé dans les opérations du général.

[88] Sur le registre du bataillon de grenadiers établi le 26 pluviôse an II (14 février 1794) à l'armée des Alpes, Personnier ne figure pas ni d'ailleurs aucun autre jeune de Boux. [23]

[89] Le troisième avait été formé presque exclusivement avec les volontaires du district de Dijon

12 septembre autour de l'arbre de la Liberté pour enregistrer les volontaires. Qui sont ceux qui s'engagent alors pour 3 ans et une prime d'engagement de 83 livres au secours de la Patrie en danger ? Parmi les noms qui nous sont parvenus :

Jacques Drioton citoyen vigneron de Presilly mais natif de Verrey, '5 pieds 4 pouces de haut (environ 1,78m), âgé de 35 ans et les caractéristiques physiques suivantes : cheveux châtains, yeux cendrés châtains, nez marqué par la petite vérole, une cicatrice de brûlure près de l'œil gauche, menton mou, front bien fait, bouche médiocre, visage mou". Il déclare n'avoir aucune infirmité et être prêt à partir sur le champ au secours de la Patrie ;

Claude Robin citoyen de Bouzot et natif de Bouzot, fils de Bernard Robin, 'âgé de 30 ans, 4 pieds 10 pouces (1,57m), cheveux châtains, le nez grand, la bouche moyenne, la lèvre supérieure un peu élevée, le menton rond moyen, aucune cicatrice au visage' qui déclare n'avoir aucune infirmité et prêt à partir sur le champ pour voler au secours de la Patrie ;

François Bizot, citoyen de Boux et natif de Boux, fils de Jean Bizot et Anne Personnier, âgé de 27 ans ;

François Baudot habitant de Bouzot, fils de Claude Baudot (vigneron), âgé de 26 ans ;

Jacques Bernot, habitant Bouzot, fils de Benigne Bernot, âgé de 23 ans.

Dans tout le pays l'appel de la Patrie en danger fut couronné de succès, il permit d'arrêter l'invasion étrangère à Valmy puis en novembre il autorisa la victoire de Jemmapes et l'envahissement de la Belgique. L'enthousiasme patriotique palliait les carences alors nombreuses de nos armées, les bataillons de volontaires encore mal vêtus et mal armés se battaient en entonnant La Marseillaise, le 'Cà ira' et ils concluaient par 'La victoire, en chantant, nous ouvre la barrière...', le Chant du Départ. Mais la coalition contre la France se vit alors renforcée par l'Angleterre et dans l'intérieur de la jeune République la Vendée va se soulever pour un retour à la monarchie, il est nécessaire une nouvelle fois de renforcer les troupes.

Pour satisfaire à la loi du 24 février 1793 décrétant la levée de 300 000 hommes supplémentaires dont 4149 pour la Côte d'Or[90]. Dans le département

---

[90] Cette nouvelle levée, nécessitée par le renforcement de la coalition et les pertes importantes de nos troupes (nombreux tués, blessés, des ' retours à la maison' de certains volontaires et aussi de la désertion) fut l'étincelle qui mit le feu à la Vendée. Le principe du volontariat était maintenu mais des quotas étaient fixés pour chaque département, en l'absence d'un nombre suffisant de volontaires dans une commune il fallait désigner les requis complémentaires parmi les hommes célibataires ou veufs sans enfant âgés de 18 à 40 ans, selon les moyens qu'elle avait la liberté de

le nombre de volontaires fut tel 'qu'il n'y eut pas à faire appel à la réquisition comme dans d'autres parties du territoire[91] [20], la mobilisation n'avait pas faibli. Une assemblée générale de la population de Boux se tint le jeudi 14 mars pour enregistrer les volontaires. Le district de Semur va enregistrer 494 nouvelles recrues dont 4 proviendront de Boux :
Claude Robin, fils de Bernard Robin laboureur à Bouzot :
Henri Popon, fils de Jean Popon, domestique chez le citoyen Belin, propriétaire aux Bordes ;
Jean Baudot aîné, fils de Jean Baudot demeurant à Bouzot, domestique chez Charles Arbey propriétaire cultivateur à Boux
Jacques Bernot, fils de Benigne Bernot, domestique de Jacques Thibault propriétaire cultivateur aux Bordes.
On relève que Claude Robin et Jacques Bernot s'étaient déjà déclarés 6 mois plus tôt, ils avaient probablement été inclus dans l'effectif de réserve.
Ces nouveaux volontaires du district sont en principe destinés à renforcer les bataillons existants et les armées du Rhin et du Nord (1er et 5e bataillon).
Le 7 mai les Représentants du Peuple Bourdon et Prost écrivirent à la Convention que la loi de levée des 300 000 hommes était totalement exécutée en Côte d'Or.

En août 1793 l'alarme est à son paroxysme, le décret de la levée en masse sonna la fin du volontariat pour la défense de la Patrie, à l'aube de la Terreur il s'agissait d'un effort formidable pour bousculer, par le nombre, les armées européennes coalisées, ce fut une réquisition de tous les hommes non mariés et âgés de 18 à 25 ans. La nouvelle fut un coup très dur pour les campagnes qui allaient voir disparaître une grande partie de leur force de travail la plus productive, l'insoumission fut importante dans de nombreux villages, nous n'en avons pas trace à Boux. En principe la loi n'admettait plus les remplacements, en pratique il y en eut, au profit de la population la plus aisée. Coïncidant avec la révolte dite 'fédéraliste' cela provoqua donc aussi des remous dans plusieurs villes de province alors que la guerre civile était déjà à l'œuvre en Vendée. Chez les réquisitionnaires le nombre de désertions fut considérable[92]. Le gouvernement se montra intransigeant et dur contre les rebellions mais il sut aussi parfois accorder des congés temporaires pour

---

choisir (par exemple le tirage au sort). Ceux qui étaient choisis ainsi étaient autorisés à payer un remplaçant, ce qui amena nombre de jeunes bourgeois à se soustraire à la conscription.
[91] Les estimations les plus optimistes donnent le chiffre de 150 000 nouvelles recrues au début de l'été, 4 mois après le décret.
[92] Selon JP Bertaud il y eut 8% de déserteurs en 1793, 4% en 1794 puis le chiffre repartit fortement à la hausse au moment des amalgames.

l'agriculture. En fait la réquisition n'a pas doublé comme espéré la force armée qui était évaluée par Saint-Just en juillet 1793 à près de 500000 hommes. La levée en masse dut amener dans les camps environ 300 000 nouveaux combattants. C'est l'estimation à laquelle Jean-Pierre Bertaud parvient en enquêtant dans les registres de contrôle de troupes. Les deux tiers des requis arrivèrent de septembre 1793 à janvier 1794[93]. C'est pendant cette période que fut également créé un régiment départemental de chasseurs à cheval de 300 cavaliers commandé par Marc Antoine Sirugue de Vitteaux et où Claude Sopotte, fils de Bernard alors âgé de 27 ans, s'engagea[94].
'A partir de l'été 1794, la crise politique et la moisson qui retint les requis avec l'accord plus ou moins déguisé des autorités municipales se conjuguèrent : les contingents furent moins nombreux.' [24]

Si nous avons la plupart des noms de la vingtaine de volontaires bouxois des bataillons de la Côte d'Or, nous ignorons les identités exactes de la plupart des réquisitionnaires et volontaires nationaux de l'an II, mais sur les listes de noms des familles pouvant bénéficier de l'aide pour les soldats de l'an II on recense une quinzaine de nouveaux patronymes[95] permettant une estimation probable autour de 40 à 50 jeunes gens de Boux engagés dans les armées de la République entre 1791 et 1795. La population la plus pauvre (les domestiques par exemple) du fait du mode de recrutement indirectement censitaire des volontaires était quasiment absente des conscriptions jusqu''à la fin 1792. La réquisition qui s'adressait à tous enrôla aussi, à leur tour, les jeunes des familles les plus défavorisées qui en compensation recevront quelques subsides gérés par la commune.
Les pertes furent énormes. Les historiens varient dans leurs estimations mais on peut retenir une fourchette de 300 à 400 000 disparus entre 1791 et 1795. Le chiffre des tués est légèrement inférieur car dans les disparus sont compris aussi des prisonniers de guerre non identifiés et des soldats qui avaient été rayés des registres quand on avait perdu leurs traces après la bataille. Plus souvent que pendant la bataille le soldat mourrait à l'hôpital de campagne ou d'intérieur qui le recueillait dans des conditions lamentables (hygiène, froid, faim), ceux qui y entraient mourraient dans au moins la moitié des cas.
Et à Boux combien ne sont pas revenus des champs de bataille ? On ne le sait pas car toutes les évaluations sont obtenues par recoupements et de

---

[93] A Boux les réquisitionnaires furent désignés en octobre 1793, ils étaient 8 (voir Appendice Les volontaires)

[94] Il est classé professionnellement comme 'militaire Dragon' sur la contribution foncière de l'an III et cette mention figure sur son acte de décès en l'an XIII.

[95] Liste en annexe

manière statistique, les noms des tués sont rarement répertoriés, dans la mêlée de la bataille et dans les mouvements de troupes incessants les quartiers-maitres, même lorsqu'ils faisaient correctement leur travail, n'avaient tout simplement pas la possibilité d'en tenir les écritures ou même les perdaient. Dans son ouvrage [20] Sadi Carnot donne les pertes nominativement pour les états-majors mais très rarement pour les soldats[96], faute d'archives, et on n'y trouve pas de natifs de Boux.

Que trouve-t-on dans les revues d'effectifs ? Prenons l'exemple du 4eme bataillon de Côte d'Or que nous avons vu se former en août-septembre 1792 et dans lequel plusieurs volontaires de Boux avaient été versés. Sa revue est effectuée par Rougemont, le représentant du peuple auprès de l'armée du Rhin, à Landau le 29 prairial an II (17 juin 1794) [23] en préparation de son amalgame dans la 159ème demi-brigade de bataille. Ce jour-là 26 officiers sont présents et 133 sous-officiers, le bataillon vient d'accueillir 273 recrues, des réquisitionnaires, portant l'effectif total théorique à 1019 combattants mais au moins 200[97] manquent à l'appel dont 116 qui sont à l'hôpital. Dans la compagnie de grenadiers à l'effectif de 78 hommes il en manque 11 dont 7 à l'hôpital, la première compagnie a un effectif théorique de 107 hommes mais il en manque 37 dont 11 à l'hôpital, la deuxième compagnie a un effectif de 112 hommes et il en manque 35 dont 14 à l'hôpital, la troisième compagnie a un effectif de 107 hommes et il en manque 28 dont 10 à l'hôpital, la quatrième compagnie[98] a un effectif de 117 hommes et il en manque 25 dont 19 à l'hôpital, la cinquième compagnie a un effectif de 120 hommes et il en manque 25 dont 15 à l'hôpital, la septième compagnie a un effectif de 104 hommes et il en manque 40 dont 19 à l'hôpital, la huitième compagnie a un effectif de 120 hommes et il en manque 20 dont 13 à l'hôpital, la compagnie de canonniers a un effectif de 30 et il en manque 2 qui sont hospitalisés. Les pertes du bataillon sont évaluées à 102 hommes dont 11 morts, 43 déserteurs, 37 rayés des contrôles (tués non retrouvés, prisonniers ou déserteurs), 8 sont passés dans d'autres corps, 1 a été réformé, 1 a été congédié et 1 blessé renvoyé chez lui avec une pension[99]. Le représentant du peuple ajoute que 'la

---

[96] Le 1er bataillon et celui des grenadiers sont les mieux renseignés, on y dénombre 65 tués pour le premier et 78 pour le second, états-majors et troupes confondus mais pour la troupe la majorité est ignorée.

[97] L'effectif global des absents est donné à 170, sans mentionner les absences injustifiées.

[98] Les capitaines qui se sont succédés dans cette compagnie étaient très jeunes et tous natifs de Vitteaux.

[99] Il est difficile de savoir à quelle période s'appliquent ces chiffres, sachant que la seule bataille perdue de tentative de passage du Rhin à Niffer en septembre 1793 avait vu la disparition de 106 volontaires, tués (dont 3 officiers), blessés ou emmenés comme prisonniers en Bavière (dont le chef du bataillon, le lieutenant-colonel Coste [20]).

comptabilité de ce corps n'a pu être vérifiée attendu le chaos dans lequel elle s'est trouvée' et aussi 'le quartier-maître trésorier n'a pas la plus petite notion de la fonction de ce grade' ! Le Ministère de la Guerre constatant que 'l'administration (du bataillon) est mauvaise sous tous les rapports' demandera des améliorations et des états nominatifs qu'il ne semble pas avoir obtenues. Cette situation n'était pas propre à ce bataillon et c'est une des raisons qui hâta le processus des amalgames.

Puisque les registres de l'armée ne nous permettent pas de trouver un état des blessés et éventuels tués chez les volontaires de Boux, c'est alors vers les archives municipales que l'on a essayé d'en trouver la trace. L'information sur la grave blessure de Claude Sopotte se trouve dans les procès-verbaux municipaux de 1795, sans doute sérieusement handicapé par sa blessure il mourra à Boux à 38 ans en 1804. L'examen du registre des décès de l'Etat Civil de la commune[100] permet de retrouver la trace de 9 volontaires[101] parmi les vingt totalement identifiés (en excluant Claude Arbey). Les 11 autres ne sont pas tous morts à la guerre, ce peut être comme dans le cas de Claude Arbey parce qu'un long séjour dans l'armée ou une opportunité au gré d'une campagne militaire les auront amenés à s'installer dans une autre région, ce peut être que quelques-uns après leurs retours s'établirent dans une autre localité de Côte d'Or ou d'ailleurs, cependant il est fort possible [102] que quelques, jeunes volontaires et réquisitionnaires[103] ne soient pas revenus car victimes des conflits, y ayant perdu la vie sur le champ de bataille ou à l'hôpital. En ces temps meurtriers l'administration des bataillons était tellement défaillante qu'il était rare qu'une note officielle de disparition puisse être portée à la connaissance des familles et des autorités communales.

---

[100] Ignorant leurs prénoms une recherche sur les réquisitionnaires n'était pas possible. Pour la période postrévolutionnaire on trouve la trace de deux jeunes gens de Boux nés la même année et décédés tous deux de manière similaire. Etienne Thibault, né en 1786, fils d'André Thibault et Marie Belin, qui fut caporal dans l'armée d'Espagne, 120eme régiment, et mourut à l'hôpital de Santander des suites de fièvres. Jean Gaulon né également en 1786, fils de Jacques Gaulon et de Catherine Sausseret, engagé en 1806, passe 4 ans dans les prisons anglaises de 1810 à 1814, obtient le titre de chevalier de la légion d'honneur en 1824 et décède de fièvres à l'hôpital d'Oran dans le grade de sous-lieutenant au 11ième régiment de ligne [22]

[101] Jean Baptiste Arbey, Pierre Gaulon, Claude Cariot, Denis Guedeney, Claude Robin, François Baudot, Claude Sopotte, Etienne Sopotte, Jacques Drioton.

[102] Le niveau des secours apportés en messidor an II à Jean Guedeney et Jacques Culnet (408 Livres trimestriellement) peut être l'indice d'un enfant mort à la guerre suivant le titre 4 du décret.

[103] Sur les 15 réquisitionnaires dont le nom est connu il est difficile, ne connaissant pas leur parenté exacte, de faire une recherche dans l'état civil de la commune. Il semble que André Arbey, Claude Beuche, Jacques Popon (plus incertain) et Jean Voisin soient rentrés à Boux indemnes de leur enrôlement, ce sont les seuls ayant une trace assez probable dans l'état civil.

Fin de la monarchie

Dans les premiers jours de septembre 1792 se déroule le vote pour élire les députés à la Convention, la destitution du Roi nécessitant l'écriture d'une nouvelle Constitution. Pour la première fois on renonce au principe du vote réservé aux citoyens actifs et on met en place un système de suffrage universel des hommes âgé de 21 ans au moins, vivant de leur revenu et de leur travail et n'étant pas domestique. Malgré l'élargissement important du corps électoral la participation fut faible sur l'ensemble du territoire (environ 11%) et dut l'être particulièrement à Boux mais nous n'en avons pas la trace. Dans les territoires ruraux le scrutin à plusieurs étages (cantons, districts, départements) excluait de fait les paysans des mandats électifs nationaux et n'encourageait pas l'implication citoyenne. La Convention fut à majorité girondine mais le district de Semur envoya une nouvelle fois le jacobin et montagnard Florent Guiot à Paris. Le lendemain de la victoire de Valmy, le 21 septembre, la Convention proclama officiellement l'abolition de la monarchie.

Le 11 septembre 1792 le conseil général entend une délibération du district de Semur, relayant une délibération parisienne qui lui fut portée par Jean Marie Martin et François Daujon officiers municipaux parisiens revêtus des pleins pouvoirs, suite à la désignation le 28 août du Comité Exécutif provisoire formé de Clavière, Monge, Lebrun, Danton, Servan et Rolland. Pour sauver la Patrie la décision d'un ordre de levée générale a été prise par le Comité Exécutif, la municipalité va le publier et afficher la délibération au son du tambour. Dans le même temps on décide de convoquer tous les citoyens le lendemain 12 septembre à 15h précises (cf. chap. Les Volontaires). Cinq commissaires sont alors nommés afin de faire l'inventaire des armes, des chevaux, des uniformes et de la poudre. Le lendemain, après le rassemblement général de la commune, les commissaires, avec le maire, sont envoyés à Salmaise le chef-lieu de canton pour prendre les arrangements nécessaires à la défense, notamment en termes d'effectifs disponibles.

Le 13 septembre les commissaires ont rendu compte de leur mission, Boux et Salmaise ont décidé afin de réunir le plus grand nombre possible d'hommes de communément lever une compagnie de Volontaires.

Mais le bruit du canon amène d'autres à quitter le village, les demandes de passeports pleuvent pour ceux qui préfèrent s'éloigner et chercher du travail à Dijon ou aux environs : Jacques Coultrus, Jacques Vallerot (fils de Jacques Vallerot), Jacques Picamelot, Jean Claude Baudot, Jean Voisin (bourrelier), presque tous manouvriers.

La République a été proclamée le 21 septembre à Paris, le 23 à Boux le conseil municipal publie et affiche l'arrêté du directoire du district de Semur qui demande que leurs fusils soient remis aux citoyens de la commune. Pour sa part la municipalité fait en même temps afficher que tous les citoyens peuvent venir chercher les armes qu'elle s'est procurée, qu'elle leur demande de réparer si nécessaire et de tenir en bon état. Il semble bien, compte tenu de l'inventaire qui sera fait plus tard, que bien peu d'armes furent en fait distribuées et par ailleurs la victoire de Valmy évitera aux villageois d'avoir à utiliser leurs armes contre l'ennemi extérieur.

Le 7 octobre le conseil municipal revient à des travaux plus habituels, choisir les personnes qui décideront du début des vendanges (on se souvient que les vignes avaient été très sévèrement endommagées au printemps). Le 11 ils donneront le résultat de leur mission : ce sera le 15 octobre.

Le 20 octobre le maire fait publier le texte de loi du 15 août concernant la prise de serment des fonctionnaires, à laquelle tous les citoyens sont conviés d'assister.
Le 21 octobre se déroule une séance solennelle au cours de laquelle le maire, les officiers municipaux et les notables du conseil général prêtent serment en jurant " d'être fidèle à la Nation, de maintenir la liberté et l'égalité, de mourir à leur poste en la défendant". Dans les jours suivants plusieurs élus absents ainsi que des personnes occupant des emplois publics (y compris le prêtre Rossin et le notaire Perrot) viendront également prêter ce serment.

Pour se conformer à la loi d'août 1792 sur la publicité des délibérations municipales la commune fait afficher le mercredi 31 octobre que la municipalité se réunira tous les dimanches après-midi de 13h à 18h et que les comptes-rendus des débats seront publiés.

Le 4 novembre le conseil général prend connaissance de la loi du 10 septembre demandant aux communes un inventaire de tous les articles religieux en or et argents détenus dans les édifices religieux dépendants de leur administration. Font exceptions les soleils, ciboires et autres vases sacrés.

Le tirage au sort des dizaines par canton de bois est réalisé le 11 novembre sous l'arbre de la liberté. Comme l'année précédente douze dizaines de personnes sont ainsi répertoriées.

Le 15 novembre Pierre Lambert préside une séance du conseil municipal en l'absence du maire. Marie Lombard, femme du maire qui est maître tanneur, vient déclarer le vol la nuit précédente d'une pièce de toile importante oubliée par la servante de la maison sur le mur d'un verger. Personne dans le village n'ayant déclaré avoir trouvé cette pièce, il s'agit probablement d'un vol et le conseil décide de lancer la garde nationale à sa recherche.

Election d'une nouvelle municipalité, fin 1792

Après le 10 août et la prise insurrectionnelle des Tuileries la monarchie est tombée. Girondins et Jacobins forment deux groupes d'influence en concurrence pour le pouvoir. S'ouvre le procès du Roi et son exécution en janvier 1793. Commence alors une période de mobilisation un peu plus radicale pour la commune de Boux, mais elle reste éloignée des fureurs partisanes qui se nouent à Paris ou même à Dijon.

En décembre 1792 des troubles éclatent à Dijon sur la question des subsistances. Marc Antoine de Montigny était trésorier des Etats de Bourgogne avant la Révolution, un familier des Condé. Aux élections dijonnaises de 1790 il fut élu maire, ce qui reflétait la confiance alors maintenue par les bourgeois de la ville pour l'aristocratie. Il fut remplacé en novembre 1791 à la faveur d'une élection partielle qui vit entrer plusieurs patriotes dans la Municipalité et en 1792 il était à la tête d'une faction active des contre-révolutionnaires de Dijon. Emprisonné en décembre par les patriotes et sans-culottes au cours des émeutes sur les subsistances il fut ensuite expédié par l'administration du département à Paris pour être retenu à la prison de l'Abbaye afin de contrarier la poursuite de l'activité factieuse dans la ville[104].

L'élection de décembre porta le jacobin Pierre Sauvageot, chapelier de son état, à la tête de la mairie dijonnaise.

---

[104] Il meurt à Paris en 1795

Jacques LOMBARD, maire.

Une élection moins mobilisatrice

A Boux, le dimanche 2 décembre, Jean Arbey convoque une assemblée générale des citoyens dans l'église paroissiale, après la messe. En septembre la Convention a décidé du renouvellement de tous les corps administratifs et conformément à l'article 12 du décret du 19 octobre il s'agit de procéder au renouvellement complet de la Municipalité.

Ils ne sont que 43 citoyens à être présents[105], une participation d'environ 30% très éloignée du score de l'élection de la première municipalité au début de 1790, alors même que le corps électoral était plus restreint. On procède d'abord à l'élection du bureau de vote, les procédures sont maintenant bien rodées et sont plus rondement menées qu'auparavant, Pierre Lombard est élu président du bureau de vote et le curé Rossin secrétaire. Le vote réunit 38 bulletins et dès le premier tour il donne Claude Belin, cultivateur à Boux, vainqueur pour le poste de maire, il a obtenu 31 voix soit plus que la majorité absolue. Mais Claude Belin qui n'est même pas présent n'avait pas envisagé son élection ; après qu'on l'eut contacté en son domicile, rue de l'église, il déclare qu'en fait il ne souhaite pas prendre la responsabilité qui lui est proposée, il faut donc procéder à un nouveau scrutin. C'est la deuxième fois que Claude Belin qui était semble-t-il estimé de ses concitoyens refuse une responsabilité municipale.

Au second tour il y a 34 votants et **Jacques Lombard**[106], petit propriétaire et cultivateur à Bouzot, recueillant 29 voix, est déclaré maire de Boux et, lui, il accepte le mandat.

Le premier conseil municipal avait été dominé par les principaux propriétaires de la commune, avec Jacques Lombard la charge de premier magistrat sera tenue par un citoyen aux revenus modestes, beaucoup plus représentatif de la population moyenne de la commune, alors que la Révolution vient d'entrer dans une phase où les antagonismes seront de plus en plus aigus. L'administration toujours plus chronophage du village et ses rapports incessants avec les échelons supérieurs du district et du département fit que l'influence et l'implication des premiers élus se poursuivront, assises sur leur position sociale et leurs connaissances. On peut ajouter aussi que le nombre

---

[105] De même que pour la Convention nationale cette élection ne distingue plus citoyens actifs ou passifs. Liste en annexe
[106] Jacques Lombard, fils de Claude Lombard, habite Bouzot où il est né le 19 mai 1757, il a 35 ans et est marié à Brigitte Laureau, il décédera dans la commune le 26 avril 1836

de citoyens en mesure de prendre des responsabilités nécessitant une bonne élocution et surtout la maîtrise de l'écriture était également assez limité dans le village.
A la suite du maire sont élus ensuite 5 nouveaux officiers municipaux ; au premier tour : **Jacques Thibault**, **Vincent Cariot**, **André Belin** (cultivateur à Boux) ; au second tour : **Jean Mosson** et **Jean Vallier** (maréchal-ferrant à Boux).

Denis Cariot est réélu procureur de la commune. Puis vient l'élection de 12 notables pour finaliser le conseil général avec seulement 22 votants, seront élus : Jean Personnier, Pierre Cariot, Jean Arbey le maire sortant, Charles Robin, André Arbey, Nicolas Gueniard, Claude Thibault, Nicolas Belin, Claude Mosson (vigneron à Boux), Antoine Burtey (sabotier), Jacques Culnet (vigneron à Présilly) et Jean Berthelemot (tailleur de pierres). Le nouveau maire, les officiers municipaux et les notables prêtent serment. L'élection du secrétaire réunit 55 votants mais elle doit finalement être reportée car aucun des candidats déclarés (Claude Belin et Jean Arbey) n'obtient la majorité absolue.

Le 8 décembre le conseil général, à l'unanimité, élit **Jacques Arbey le jeune** comme secrétaire. Celui-ci accepte à condition de toucher 24 livres de gages, le conseil accepte cette demande.
Jacques Thibault et André Belin forment avec le nouveau maire et Denis Cariot (procureur) le nouveau tribunal de la commune.

Pour l'administration des chemins communaux, le maire considérant qu'il ne lui était pas possible de s'occuper personnellement des 4 localisations du village décide de déléguer cette charge, un officier municipal est affecté à chaque hameau pour leurs problèmes particuliers.

La mairie remplace l'église pour l'état civil

Ce même 8 décembre et pour se conformer à la loi du 20 septembre Jean Arbey est nommé officier public en charge de recevoir officiellement les déclarations des naissances, mariages, divorces[107] et décès de la commune, toutes fonctions jusqu'alors tenue par le curé de Boux, les registres archivés

---

[107] La loi du 20 septembre 1792 légalise également le divorce

étant détenus à Salmaise qui était le siège de la paroisse (jusqu'en 1790 le prieur de Salmaise était le décimateur de Boux).

Le 17 décembre le maire, deux officiers municipaux et le secrétaire se rendent à Salmaise (chef-lieu de cure) pour rencontrer le curé Cagniard et faire avec lui une reconnaissance des actes passés concernant les naissances, mariages et décès de la commune. Neuf liasses d'actes, dont les premiers datent de mars 1640, sont remises aux élus qui les vérifient avant leur transfert au secrétariat de Boux.

Le 24 décembre sur proposition du procureur, estimant qu'une paroisse aussi considérable que Boux ne peut pas rester sans prêtre puisque Jean Baptiste Rossin[108] a été muté à Chanceaux, 2 élus sont nommés députés de la commune, le maire et un officier municipal (Jean Vallier), ils disposeront de 9 louis, c'est-à-dire environ 200 livres, pour aller chercher un nouveau desservant. La référence monétaire de l'Ancien Régime est curieuse et témoigne probablement de la méfiance très répandue vis à vis des assignats, la monnaie métal étant vu comme de valeur immuable. La députation fut couronnée de succès et dès le 26 décembre un nouveau prêtre, venu de Rougemont où il officia deux mois, s'installe à Boux ; le bénédictin Jean Baptiste Mariglier[109].

Le 27 décembre le conseil municipal décrète que tous les citoyens de Boux cultivant soit des prés, soit des terres labourables, vignes et vergers, devront en faire une déclaration précise d'ici le dimanche 6 janvier 1793 afin de définir une imposition juste permettant de rétribuer le travail du garde champêtre[110]. Une fois de plus la demande témoigne du flou persistant sur la connaissance des propriétés, pourtant nécessaire à l'évaluation de la contribution foncière.

---

[108] Pierre Jean Baptiste Rossin a été déplacé à Chanceaux le 15 décembre 1792 pour remplacer le curé Boiteux qui a émigré. Il renoncera à la prêtrise le 24 ventôse an 2 (mars 1794) en déclarant devant le conseil général du lieu ''…je ne veux plus exercer à l'avenir aucune fonction de ministère du culte catholique et je me retire dans le sein de ma famille, à Flavigny, pour y servir la République une et indivisible de tout mon pouvoir''

[109] Jean Baptiste Mariglier officiera à Boux, jusqu' en l'an 6, en dehors d'une éclipse d'un an à partir d'avril 1794 due à l'effervescence de la déchristianisation, après quoi il sera affecté à l'abbaye Saint Jean de Réome de Moutiers-Saint-Jean. Suivant la règle constitutionnelle ses émoluments seront de 700 livres par an.

[110] Article 3 du décret du 28 septembre 1791 : ' Les gardes champêtres seront payés par la communauté ou les communautés, suivant le prix déterminé par le conseil général ; les gages seront prélevés sur les amendes qui appartiendront en entier à la communauté. Dans le cas où elles ne suffiraient pas au salaire des gardes, la somme qui manquerait serait répartie au marc le livre de la contribution foncière, mais serait à la charge de l'exploitant : toutefois les gages des gardes des bois communaux seront prélevés sur le produit de ces bois, et séparés des gages de ceux qui conservent les autres propriétés rurales.'

Le 31 décembre, devant le conseil municipal l'année se termine sur la curieuse déposition d'une veuve volage. Marguerite Baroillot, veuve de Claude Drioton laboureur à Présilly, se présente accompagnée de plusieurs de ses oncles et elle déclare qu'elle est enceinte de 6 à 7 mois des œuvres d'un inconnu !

La Fortelle, le notaire, la défense nationale impacte durement la vie villageoise

La défense de la République mobilise de plus en plus de jeunes qui sont enrôlés comme volontaires et cela désorganise le travail local. L'année 1793 commence dès le 1 janvier par une demande de certificat de Jacques Arbey Brusley, marchand tanneur, qui a 3 fils aux armées dont 1 dans le second bataillon de la Côte d'Or et 2 dans le cinquième bataillon. Il explique ne pouvoir embaucher de domestiques puisque les jeunes gens partent aux armées et qu'il ne peut subvenir seul à l'âge de 55 ans aux charges de son entreprise, de ses terres et de ses vignes. Il espère avec ce certificat pouvoir récupérer ses enfants pour quelques travaux. Les élus acceptent d'appuyer la demande par un certificat mais il semble bien qu'elle n'ait pas été couverte de succès.

Le département a publié un arrêté pour demander à chaque commune la liste des personnes y possédant des fonds ou des rentes sur leur territoire sans y habiter. Le Conseil de Boux déclare ne connaître qu'une seule personne dans ce cas, Guillaume Jacques Versey, un habitant de Marcigny sur Loire.

Le 11 janvier 1793 le conseil général se penche sur la demande du notaire François Perrot d'obtention d'un certificat de civisme. François Perrot a besoin de ce certificat pour être confirmé comme notaire public. Une loi du 1er novembre 1792 ordonne que tous les notaires publics provisoirement maintenus ne peuvent continuer l'exercice de leurs fonctions qu'en produisant un certificat de civisme du conseil général de la commune du lieu de leur résidence vérifié et approuvé par le directoire du district et du département. Le procureur Cariot prend la parole pour juger que le citoyen Perrot n'a assisté à aucune assemblée de renouvellement de la commune et que ce manquement important devrait être mentionné sur son certificat mais qu'il n'avait pas d'autre reproche à lui faire.

Dans un premier temps les conseillers sont donc d'avis de fournir le certificat avec la mention voulue par le procureur mais finalement choisissent de reporter leur décision.

La volonté des conseillers dans ce premier épisode est que le mauvais exemple civique du notaire ne soit pas suivi par d'autres, 'un vrai citoyen ami de la Constitution doit assister à toutes les assemblées', cependant quelques jours plus tard (le 14 janvier) le dossier du notaire va s'aggraver car d'autres faits lui sont maintenant reprochés.

Tout d'abord Pierre Lambert informera le Conseil du témoignage de François Michard[111], menuisier travaillant avec un compagnon chez le notaire, lesquels lui auraient déclaré qu'alors que la Patrie était en danger Perrot se réjouissait de ses malheurs. Jean Fournier compagnon menuisier demeurant à Blaisy-Bas viendra le 10 février devant le conseil municipal pour officialiser son témoignage à charge contre le notaire Perrot en confirmant les soupçons de mauvais citoyen à son encontre. Ledit Fournier qui semble être un révolutionnaire fervent terminera sa déposition en déclarant que les Français en tuant le roi ont tué un de leurs ennemis.

A toutes ces accusations le citoyen Jacques Arbey Brusley ajoutera le reproche d'un mur réalisé en empiétant sur la voie publique et aussi la révélation d'une malversation ancienne de 100 livres au bénéfice de Perrot et au préjudice du baillage. Dans ses fonctions antérieures de juge des terres de la seigneurie de Boux, Perrot sera également accusé d'abus et notamment d'avoir encaissé 109 livres d'amendes pour des délits dans les bois communaux au préjudice de la commune qui n'a pas vu la couleur de cette somme, ou encore d'avoir fait réaliser un chemin d'accès traversant les bois communaux vers une parcelle lui appartenant en menaçant les habitants qui s'y opposeraient d'une forte amende.

Toutes ces preuves d'improbité relevées dans ses fonctions notariales, ou antérieurement de juge, décideront finalement les conseillers à ne pas répondre favorablement à la requête de certificat, 'la Municipalité ne peut ni ne doit lui délivrer le certificat qu'il demande'. La délibération sera envoyée au district et au département.[112] Le notaire est en fait un contre-révolutionnaire

---

[111] Michard habite Grande Rue dans une maison mitoyenne de celle de Perrot, en l'an IV le notaire fera un procès au menuisier car celui-ci durant sa détention à Dijon avait réalisé, avec l'acquiescement de la commune, des travaux rendant plus difficile l'accès à son habitation. En l'an VI après de multiples expertises et appels le litige n'était toujours pas réglé.

[112] En date du 26 février 1793 sur un état du directoire de Dijon recensant les notaires confirmés dans leur office on constate également l'absence du notaire Louis Beleurgey de Salmaise. En novembre, sous la menace d'une inculpation par le Département, il tentera d'obtenir un certificat de civisme de la municipalité de Boux alors qu'il n'y réside pas.

avéré fréquentant des cercles hostiles à la Révolution et son opposition à la municipalité ne se démentira pas jusqu'en 1795.

Le 11 janvier avait vu également traité le litige avec Françoise Louise Daubigné, veuve de Jacques Madelaîn de Lestrade, comte de la Cousse d'Arcelot, ci-devant seigneur de Boux et dépendances.
 Les terres de Boux, Présilly et Les Bordes avaient été une dépendance de la châtellenie de Salmaise jusqu''en 1706, date à laquelle le roi Louis XIV la démantela confiant (à titre d'engagement pour 3300 livres) ces 3 terres au baron d'Arcelot, père de Jacques Madelain. En 1743 il devint également seigneur de Bouzot [8]. En ce 11 janvier Françoise Louise Daubigné fut sommée par le procureur de rendre 22 arpents de bois (environ 9 hectares) situés à la Fortelle, que s'était anciennement attribué le grand-père de son mari décédé, le seigneur engagiste Jacques de Lestrade, et ceci sans indemnité. Sur cette question de l'indemnité la loi n'était pas claire mais la municipalité avait le soutien de la population qui avait été réunie en assemblée générale le 6 janvier et avait opté très majoritairement pour le refus d'indemniser.

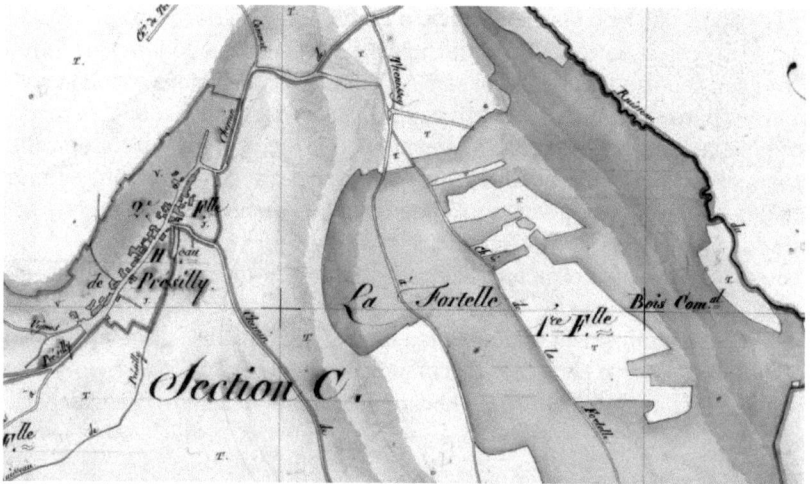

Figure 7 : La Fortelle – A.D Côte d'Or FRAD021 3P_PLAN_101_001 - plans du cadastre napoléonien – 1835 (vue partielle)

Louise Daubigné, en son nom et au nom de ses enfants, est prête à renoncer à la propriété du bois litigieux mais pour elle la question en suspens est celle d'éventuelles indemnités et elle s'appuie pour cela sur une interprétation du décret du 28 août 1792. Finalement le conseil se range à l'avis du procureur

mais l'affaire n'est pas vraiment tranchée et pour parer à ces hésitations le maire Jacques Lombard convoquera le 27 janvier une nouvelle assemblée générale des citoyens pour se prononcer à nouveau sur le cas du ci-devant seigneur de Boux et du bois de la Fortelle.
Les citoyens viendront nombreux à cette assemblée générale où il leur est demandé d'émettre un vœu général sur cette question de propriété. Une quasi-unanimité est trouvée sur le fait de ne pas engager de procès tout en confirmant la volonté du conseil général de récupérer ce bois pour la commune et ceci sans indemnité. La veuve Lestrade, contrainte et forcée semble avoir finalement accepté cette "expropriation"'. Une coupe peut être exécutée sur le champ.
Cette affaire faisait suite, en la complétant, à celle traitée par le conseil général du 27 novembre 1790 qui s'était intéressé alors à 80 arpents de bois qui avaient été confié par le roi au seigneur de Lestrade, comme engagiste, et qui devaient devenir propriété publique après avoir été propriété royale. Au terme de ces décisions madame de Lestrade ne possède plus de biens forestiers.

La décision ferme et décidée de la commune sur la question des indemnisations devance en fait le décret qui lui donnera raison 5 mois plus tard. La question des biens communaux et leur éventuel partage était un sujet brûlant pour le monde paysan, une première proposition de loi en août 1792 resta largement inappliquée mais en juin 1793 les Conventionnels décrètent par la loi que toutes les terres enlevées aux communes depuis deux siècles en vertu de la loi de *triage* de 1669 devaient leur être rendues, ainsi que toutes les terres vaines, vagues, de pacage, landes,... qui leur avaient été enlevées d'une façon quelconque par les particuliers. La loi autorisait également le partage des biens communaux entre tous les habitants (pas seulement les propriétaires, mais tous les hommes majeurs et, pour la première fois, toutes les femmes) si le tiers des habitants et des habitantes l'exigeait au cours d'une assemblée générale convoquée sur ce sujet. L'essentiel des communaux de Boux était composé de bois et il n'y eut pas de partage dans le village.

Le 13 janvier, sur proposition du procureur, le conseil municipal décide que tout officier ou notable ne participant pas aux assemblées où il a été convié se verrait infligé une amende de 20 sols, soit une livre.
Le 20 janvier un certificat de résidence est remis à Jacques Thibault, laboureur aux Bordes.
À la fin du mois des équipes sont à nouveau mises en place pour la réparation des chemins, avec une mise à l'amende pour ceux qui ne se présenteraient pas.

Le 24 février à lieu le tirage au sort des dizaines de citoyens pour la répartition des coupes de bois. Cette fois il y a même une treizième dizaine, incomplète, avec 5 personnes. La taxe du canton de bois est augmentée. Il est précisé que ceux qui se rendront responsables de bois mal coupé seront passibles d'une amende. (Liste des habitants en annexe)

En cette fin d'hiver 92-93 sur les fronts militaires, en Belgique, en Prusse et dans les Alpes, les revers se multiplient à nouveau. La coalition européenne contre la République dispose de forces numériquement près de 2 fois supérieures. Levée de 300000 hommes supplémentaires décrétée par la Convention le 24 février, la Côte d'Or doit fournir un contingent de 4149 combattants. Trahison de Dumouriez. Insurrection vendéenne. Comme un an auparavant la panique s'empare des esprits. Instauration du Tribunal Révolutionnaire, premier acte de la Terreur. Création du Comité de Salut Public. Envoi de commissaires aux armées.

La commune recevait habituellement les décrets de la Convention par l'administration départementale et en regrettait parfois les retards, ayant appris que le citoyen Gérard de Salmaise les délivraient déjà à Jailly les Moulins, le 3 mars le conseil décide de l'"approcher afin de les obtenir également plus rapidement et à meilleur marché.
La loi sur l'organisation des armées du 21 février 1793[113] parvient le vendredi 8 mars au conseil municipal de Boux qui décide de convoquer la population le dimanche suivant, devant l'arbre de la liberté, près du four, pour information générale sur cette loi. La réforme tend entre autres à gommer les différences entre régiments de métier et régiments de volontaires, en les dotant par exemple du même uniforme, mais surtout elle annonce l'amalgame des bataillons de volontaires départementaux avec les régiments de ligne au sein de demi-brigades.
Le 10 mars un passeport est délivré à la citoyenne Alexia Madeleine Gabrielle Prigny, habitante de Boux depuis décembre et veuve de Jacques Charles

---

[113] Art. Ier. A dater de la publication du présent décret, il n'y aura plus aucune distinction ni différence de régime entre les corps d'infanterie appelés régiments de ligne et les volontaires nationaux.
II L'infanterie que la république entretiendra à sa solde sera formée en demi-brigades, composées chacune d'un bataillon des ci-devant régiments de ligne, et de deux bataillons de volontaires. L'uniforme sera le même pour toute l'infanterie : il sera aux couleurs nationales, et ce changement se fera à fur et mesure que l'administration sera obligée de renouveler l'habillement. Chaque demi-brigade sera distinguée par un numéro sur le bouton et les drapeaux.

Daubigné, elle est la mère de Françoise Louise Daubigné/Lestrade. Cette 'bourgeoise' (ci-devant noble) doit se rendre près de Saint Dizier pour une succession. Cet acte, comme tous ceux de cette nature, sera affiché trois jours devant la salle de réunion communale. Ce même jour le conseil municipal après avoir entendu les commissaires chargés d'inspecter les bois décide de retenir 39 Livres sur les rémunérations des gardes forestiers Baudot et Beuche à cause des nombreux délits constatés (coupes de bois indûment soustraites).

Le 16 mars le conseil nomme un commissaire pour se rendre au district et trouver une solution à l'impossibilité constatée par la commune pour trouver des ouvriers en mesure de réaliser les uniformes des volontaires de Boux. Si la réalisation des souliers ne pose pas de problème car Boux dispose de cordonniers, la fabrication des habits ne semble pas être une compétence de ses habitants, 'les couturières perdraient l'étoffe attendu qu'elles n'entendent pas la taille'. André Belin sera le commissaire envoyé à l'administration du district.

Le 17 mars le conseil municipal débat d'un décret du 21 février qui demandait aux officiers municipaux de recenser tous les possesseurs de fusils issus d'arsenaux ou de salle d'armes. Après avoir fait le tour des habitants les élus ont constaté qu'il n'y avait dans la commune que des fusils de chasse impropres à une activité militaire. Les volontés d'armement de la population que l'on avait vu 6 mois auparavant, en septembre, ne s'étaient donc pas maintenues et en fait seule la garde nationale était un peu équipée.

Après les victoires de l'automne 1792 beaucoup de volontaires, pensant ne s'être engagés que pour une seule campagne avaient rejoints leurs foyers mais la nouvelle levée décrétée en février allait demander à ce qu'ils retournent aux armées. Le 22 mars le conseil municipal ayant reçu l'avis du capitaine Chaussey qu'il fallait que le nommé Étienne Baudot (procès-verbal du 21 décembre) rejoigne immédiatement son corps, et ledit Baudot n'en ayant pas l'intention les officiers municipaux requièrent Claude Belin, capitaine de la Garde Nationale, pour aller chercher Baudot et l'amener à Flavigny.

Le 2 avril, Nicolas Beuche qui est jardinier aux Bordes démissionne de sa fonction de garde champêtre et demande son solde de tout compte pour des motifs personnels qu'il n'indique pas mais on peut supposer que la pénalité récemment appliquée sur son salaire n'est pas étrangère à sa décision. Il sera un peu plus tard remplacé par Jean Lombard (vigneron à Boux).

En ce début d'avril la municipalité prend connaissance de la valeur de la contribution foncière nationale à valoir sur l'année 1792, elle vise à faire rentrer 240 millions dans les caisses de l'Etat. Pour la Côte d'Or la contribution attendue est de 3 487 400 livres. Le 12 février l'administration départementale a fixé le montant attendu de ses districts, pour le district de Semur la contribution à été évaluée à 639 390 livres, la deuxième en valeur après celle du district de Dijon qui lui était supérieure d'environ 30%. Pour Boux l'impôt foncier augmente fortement passant à 8000 livres quand la contribution mobilière baisse légèrement à 1069 livres[114].

Plusieurs délivrances de passeports témoignent d'une certaine activité commerciale pendant le printemps : Le 7 avril délivrance de deux passeports pour André Belin et Charles Richard (cultivateur à Présilly) pour leurs affaires dans le département de la Côte d'Or ; le 8 délivrance de deux passeports pour Claude Belin, le capitaine de la garde nationale est d'abord laboureur et marchand de bétail à Boux, et Jacques Richard (fils de Charles) qui est aussi laboureur et marchand de bétail à Présilly, tous deux vont aller participer à une foire ; le 14 délivrance de 3 passeports, d'une part pour Jean Arbey, marchand tanneur, et pour deux de ses domestiques, Denis Bizot et Jacques Popon ; le 19 un passeport pour Jean Lombard, le 20 un passeport pour Jacques Arbey Brusley.

Le 19 avril le conseil municipal se réunit pour répondre à l'arrêté départemental du 5 qui demande aux communes de dresser les listes des personnes pouvant être réquisitionnées par l'armée.

Le Comité de surveillance

Par un décret de la Convention Nationale du 21 mars chaque commune devait mettre en place un **comité de surveillance et de salut public** chargé de répertorier les étrangers résidents ou qui se présenteraient dans la communauté, la République attaquée de tous côtés vit dans la peur du complot de l'étranger. Le comité verra sa mission étendue, à partir de septembre, à la recherche et l'arrestation des gens suspects, ce qui est généralement considéré comme la véritable entrée dans la période de la Terreur dont les comités de surveillance seront les bras armés dans les

---

[114] Après cette forte hausse des contributions l'année suivante verra une diminution importante sans que l'on en connaisse la raison : 7687 livres pour la contribution foncière et seulement 438 pour la mobilière.

territoires, ils sont sous l'autorité du comité de sûreté générale de la Convention Nationale. A Boux, faute d'étrangers, le comité de surveillance s'occupera des suspects et de l'application des lois révolutionnaires avec une prérogative décisive qui sera celle de valider ou non les certificats de civisme ayant fait l'objet d'un avis positif par la municipalité, de réviser ceux ayant précédemment été délivrés. Le certificat de civisme est le brevet du patriote révolutionnaire et se le voir refuser vous range directement dans la catégorie des gens suspects avec comme conséquence la quasi-certitude d'une arrestation.

Le dimanche 19 mai une assemblée du village fut appelée à désigner 12 citoyens pour former ce comité, Jean Arbey l'ancien maire est élu pour présider les opérations de vote auxquelles 85 personnes participent. Furent élus, dans l'ordre du plus grand nombre de voix : Bernard Belin (75 voix), Pierre Lambert, Jacques Arbey Brusley, Aimé Dehey, Nicolas Beuche, Jacques Mosson vigneron à Boux, Claude Pignot, Jacques Fournier (cultivateur à Boux), François Lacoste (cabaretier à Boux), André Malardot, Charles Richard (cultivateur à Présilly) et Claude Robin fils (23 voix) cultivateur à Présilly.

Le comité de surveillance tient sa première séance le 26 mai 1793 pendant laquelle il élit son président (**Pierre Lambert**) et son secrétaire (**Jacques Arbey Brusley**). Dès la fin 1793 le gouvernement exigera une rotation rapide des responsabilités au sein des comités et les présidents sont en principe renouvelables tous les 15 jours. A Boux, en octobre, ce sera **Jacques Mosson** qui deviendra président, sans changement de secrétariat. En mars 1794 se conformant à la loi, mais avec retard, le bureau du comité est renouvelé après l'élection des nouveaux membres, le président est alors à nouveau Jacques Mosson et le secrétaire **Claude Pignot**. Il est procédé le 15 germinal (4 avril 1794) à une nouvelle élection. Le citoyen **Aimé Dehey** est élu président (à l'été il quittera le comité en déménageant à Saint-Seine) et **Bernard Belin** secrétaire. Le 1 messidor (19 juin 1794) le renouvellement du bureau du comité amène **Claude Robin** à la présidence et **Nicolas Beuche** au secrétariat.

L'action du comité sera très sporadique et commencera véritablement en octobre lorsqu'il se saisira du cas du notaire Perrot, le principal opposant local, assigné à résidence depuis 4 mois, pour le mettre en état d'arrestation et très vite l'envoyer en prison au château de Dijon par un arrêté pris le 18 octobre 1793[115].

Il décidera aussi que le citoyen Ligny, ci-devant noble, ne devra pas sortir des limites de la commune sous peine d'être incarcéré.

Le notaire fait l'objet de nombreuses dénonciations. En novembre 1793, accompagné du maire, le comité perquisitionne chez Perrot et y découvre diverses correspondances dont une, suivie, avec l'abbé François de Luzines[116] commendataire de l'abbaye de Saint-Seine qui est un émigré de l'entourage du prince Louis Joseph de Bourbon-Condé, le ci-devant gouverneur de la Province qui émigra à Turin avec sa famille dès l'été 1789 et fut un des principaux chefs militaires de l'émigration. Il envoie ces pièces à convictions au comité de sûreté général de la Convention.

Le 12 ventôse (2 mars 1794) en même temps que la municipalité, le comité s'étonnera auprès du représentant du peuple Bernard d'avoir vu réapparaître Perrot dans le village, libéré par lui[117] alors même qu'à sa demande tous les procès-verbaux et pièces à convictions concernant le notaire lui ont été envoyés.

En prairial (juin) 1794 le notaire Perrot qui est retourné en détention au château de Dijon après une brève libération fait l'objet d'une accusation supplémentaire pour refus de respecter la loi du maximum. Il a écrit à sa femme depuis sa prison pour lui interdire de vendre son vin à moins de 200 livres la pièce alors que le maximum en cours à Boux est de 80 livres, le comité expédie cette correspondance au comité de sûreté générale de la Convention ainsi qu'à l'agent national du district.

---

[115] ''Par arrêté du comité de surveillance du 18 du présent mois, François Perrot ci-devant notaire et agent du ci-devant seigneur a été mis en état d'arrestation en exécution de la loi du dix-sept septembres derniers comme suspect suivant l'article six, le commandant de la force publique le fera sans délai transférer, sous bonne et sure garde à Dijon au département pour y être déposé dans les bâtiments désignés par le département. Donné par nous président du comité de surveillance aujourd'hui dix-huit octobre 1793 l'an deux de la République une et indivisible'' signé Mosson président, Arbey Brusley secrétaire.
Le notaire sera conduit à Dijon sous la garde de trois citoyens, Claude Belin (capitaine de la garde nationale), Jean Voisin et Bernard Sopotte. Le coût de ce transfert, estimé à 60 livres sera payé par Perrot lui-même. Par ailleurs le directoire du département autorisera la commune à réclamer 34 livres au citoyen Perrot pour payer les sept personnes s'étant relayées jours et nuits pour le garder à vue avant sa translation au château de Dijon.
[116] Luzines après son rôle dirigeant dans l'établissement du cahier de doléances ecclésiastique de Chatillon ne tarda pas, au début de l'année 1791, à quitter Saint-Seine pour Paris puis Strasbourg pour rejoindre l'émigration. Le Directoire de la Côte d'Or contacta le maire de Strasbourg, Frédéric de Dietrich (ami de Lafayette, exécuté sous la Terreur), en mars 1791 pour tenter de l'appréhender.
[117] Cet épisode d'erreur administrative sera expliqué plus loin

Après la chute de Robespierre et l'affaiblissement des jacobins, en fructidor (août/septembre 94), Perrot par l'intermédiaire de sa femme s'activera pour faire reconnaître son innocence et obtenir tous les éléments de son dossier. Les pièces de l'accusation seront envoyées par le comité de surveillance à François Ligeret, l'accusateur public de Dijon, mais le pouvoir de Ligeret va bientôt s'évanouir et Perrot sera libre en octobre. Ce sera le dernier acte du comité de Boux, la Convention thermidorienne décidant dès septembre 1794 qu'il n'y aurait plus qu'un seul comité de surveillance par district.

Les comités de surveillance étaient des courroies de transmission du comité de salut public, en particulier pour traquer les suspects. C'est ainsi que le 8 floréal, faisant écho au comité de salut public, le comité de surveillance demande par affichage que la population apporte toute information nouvelle sur les détenus et suspects. Des dénonciations (non anonymes) le comité dès son intronisation en reçut évidemment, certaines envers des membres de la municipalité ou même du comité lui-même, c'est ainsi qu'en thermidor an II (juillet-août 1794) Jacques Arbey Brusley fut sommé sur une dénonciation du chirurgien Lambert de prouver que son fils Charles, disparu depuis 5 ans, n'avait pas émigré, tous deux sont membres du comité (Lambert est également membre de la société populaire du canton de Salmaise) et y furent même respectivement président et secrétaire dans les premières semaines, mais les inimitiés personnelles se poursuivent en son sein. Jacques Arbey Brusley avait quatre fils dont trois s'étaient engagés volontaires lorsque la patrie fut déclarée en danger mais le quatrième, Charles, avait eu de graves déboires financiers (une dette de mille livres auprès d'un créancier lyonnais). Un jugement à Dijon au cours de l'année 1788 avait entraîné la saisie d'une partie du patrimoine du père afin de rembourser les dettes. A la suite des jugements Charles disparut totalement et ne donna plus aucun signe de vie, il semblait s'être rendu à Paris pour trouver un emploi d'écrivain mais personne ne savait s'il était encore en vie. Le chirurgien Lambert qui avait des problèmes de voisinages continuels avec Arbey Brusley (celui-ci par un droit de passage accède à un verger en traversant la propriété du chirurgien) se saisit des interrogations sur Charles Arbey pour affirmer qu'il avait émigré et mettre Jacques Arbey en difficulté. La dénonciation n'avait bien sûr aucun fondement et l'intention de nuire de Lambert n'eut pas de suite, le patriotisme de ses trois autres enfants plaidant pour Jacques Arbey Brusley et aucune preuve d'une quelconque émigration ne pouvant être apportée, les autres membres du comité conclurent, en fructidor, à une simple affaire de haine personnelle et en informèrent le directeur de Semur qui avait été averti de la suspicion.

Le 18 prairial (6 juin 1794) c'est avec le maire et l'agent national que le comité de surveillance met en place les préparatifs à la Fête de l'Etre Suprême qui doit avoir lieu le 20.
La fête se déroulera près de la chapelle Saint Blaise où sera dressé un autel à la Patrie, Bernard Belin est chargé d'embaucher et d'encadrer les ouvriers pour cette réalisation.
L'organisation prévoit que le 20 à 7h du matin les citoyens, au son de la caisse, seront invités à se rendre à 9h au rassemblement Place de la Liberté où sous la direction du dragon Sopotte la garde nationale au complet et tous les jeunes en armes seront présents. Au lieu de rassemblement se trouveront également 12 personnes représentant les 12 mois de l'année, pour le printemps ont été choisies 3 jeunes filles (Sulpice Belin, Marie Malardot et la cadette Arbey), l'été sera personnifié par 3 femmes (la femme de Jean Cariot vigneron à Présilly, Marie Robin femme d'un sabotier de Verrey et la femme de Jean Berthelemot), 3 hommes représenteront l'automne (Jean Bernard, Jean Pignot et Jean Sopotte) et 3 l'hiver (François Viot, Claude Thibault et Lucotte). Du lieu de rassemblement la foule se rendra en cortège vers l'autel de la Patrie où Bernard Belin sera le magistrat du peuple et recevra le serment, après quoi ' le cortège dans le même ordre se rendra dans le temple (l'église) pour offrir à l'Eternel'.

A partir de 1794 la politique de déchristianisation et la fermeture des lieux de culte sera mal vécue à Boux par une partie de la population et des rassemblements se feront sporadiquement autour de l'église. Pour y mettre fin, en thermidor, le comité de surveillance adressera une pétition à la municipalité lui demandant d'interdire ces rassemblements.

Les suspects, la levée en masse, armement

Le 3 mai 1793 le conseil municipal notifie la proclamation du Conseil Exécutif provisoire du 22 janvier qui rappelle la loi de novembre 1792 dessaisissant l'épiscopat de la tenue des actes d'état civil pour en déposer la responsabilité sur la Municipalité et interdisant au clergé catholique de tenir leur propre registre pour les actes propres aux sacrements religieux sous peine d'être poursuivi comme réfractaire à la loi.

Le 12 mai, François Michard demande et obtient un passeport.
Le 17 mai, séance du conseil général pour prendre connaissance de plusieurs arrêts et avis politiques et administratifs : Un arrêté du conseil général de la Côte d'Or en date du 29 avril exposant les dispositions préparatoires à la levée de 30 000 cavaliers, en date du 2 mai un arrêté du conseil administratif du département concernant la sûreté générale et une circulaire présentant l'avis du district de Semur en date du 12 mai.
L'arrêt du 2 mai sur la sûreté générale fait entrer Boux, pour la première fois, dans la recherche des ennemis de la République. Deux jours avant la mise en place du comité de surveillance, on va tout de suite examiner deux cas suspects ; tout d'abord celui du notaire François Perrot qui est dans le collimateur du conseil municipal, quatre citoyens sont interrogés comme témoins pour des propos inciviques qu'aurait tenus le notaire, il est dit par exemple sa joie à annoncer le passage de Dumouriez à l'ennemi avec 40 000 hommes ainsi que des propos de retour à la dîme mais les témoignages sont plutôt obscurs. François Perrot, âgé de 57 ans, est le fils de François Perrot notaire royal à Darcey [118]; en plus d'être notaire il était sous l'Ancien Régime bailli[119], receveur du domaine royal et juge des terres de la seigneurie de Boux (fonction abolie en 1789). Jusqu'à la Révolution le seigneur de Lestrade exerçait, par l'intermédiaire d'officiers nommés par lui, la justice haute (délits graves pouvant conduire jusqu'à la peine capitale), moyenne (délits, rixes, successions, ...) et basse (affaires relatives aux droits du seigneur) sur Boux, Présilly et Les Bordes. Le notaire est un royaliste très lié à la noblesse locale (Françoise Daubigné et Jacques Joseph de Lestrade sont marraine et parrain d'un de ses enfants).
Après les témoignages contre François Perrot le procureur dénonce Jean Bizot, laboureur à Presilly, personnage assez bouillant ayant plusieurs procès en cours avec d'autres habitants, pour avoir lui aussi tenu des propos inciviques, il a cherché querelle à un volontaire de Jailly et se réfère à l'Angleterre pour soutenir ses idées. Jean Bizot sera mis en examen immédiatement et les témoins de ces faits répètent devant le conseil général ce qu'ils ont vu et entendu. Il ne semble pas finalement que des poursuites aient été engagées contre Bizot.
Pour satisfaire à la demande départementale et à celle de la convention nationale, des officiers et notables sont choisis pour faire la tournée de toutes les maisons de la commune afin de les sensibiliser à la question de la sûreté

---

[118] François Perrot décédera à Boux en 1820 ; à l'âge de 84 ans.
[119] Représentant royal pour le baillage de la Montagne

et s'assurer qu'ils ne détiennent rien qui soit contraire aux lois. Ils concluront leur mission en rapportant n'avoir rien trouvé d'illégal dans le village.
Le 19 mai un passeport est attribué à François Lacoste pour vaquer à ses affaires commerciales dans le département.

Le 20 mai le conseil général est réuni pour faire la liste des ci-devant nobles et seigneurs ainsi que celle des citoyens disposant d'un certificat de civisme ou ne l'ayant pas obtenu. Après accord préalable de la Municipalité les certificats de civisme ou de résidence ne sont considérés comme acquis qu'après un affichage public de 3 jours au cours duquel aucun citoyen ne porte objection. Doivent également être répertoriés les ecclésiastiques n'ayant pas prêtés le serment de l'égalité avant le 23 mars, le curé alors en poste à Boux, Joseph Mariglier, est mis hors de cause car ayant prêté ce serment à Flavigny le 1 septembre 1792. Le maire Jacques Lombard se chargera lui-même de porter la liste suivante au district : pour les ci-devant nobles et seigneurs, Honoré François Camille Ligny et sa femme Madeleine Lestrade, Alexia Madeleine Prigny veuve Daubigné, Françoise Louise Daubigné. Les élus présents s'accordent sur le fait qu'ils n'ont jamais entendu de leur part le moindre propos d'opposition à la Révolution et ils décident donc de leur décerner un certificat de civisme, ce qui semble montrer que les oppositions politiques avec la noblesse locale n'ont jamais été très tendues. Il y a ensuite le cas du notaire Perrot, il est différent car Perrot semble bien avoir été un activiste contre-révolutionnaire déterminé et un opposant actif à la municipalité révolutionnaire en place, son cas est une nouvelle fois examiné mais le conseil ne peut pas trancher car le notaire n'ayant pas obtenu son certificat auprès de la municipalité s'est tourné vers l'administration du district où il a encore quelques soutiens. Ne sachant pas si finalement il a ou non obtenu un certificat de civisme par les instances de Semur les élus décident que le maire lors de son déplacement à Semur sollicitera les administrateurs du district pour obtenir cette réponse et ainsi ne pas être taxés de négligence.

Le 24 mai le conseil général se réunit à nouveau et entend Jacques Lombard qui est revenu de sa mission. Après avoir remis la liste des nobles demandée il s'est enquis du statut du notaire et vérifié que ni le district ni le département n'ont remis un certificat de civisme à François Perrot, en conséquence de quoi l'arrestation du notaire est demandée conformément à la loi. La garde nationale est chargée de garder le notaire chez lui à son domicile de la Grand-rue, jour et nuit et à ses frais, et ses papiers sont mis sous scellés, en attendant les ordres du département.

Le 26 mai, le directoire du district ayant répondu à la commune que le notaire Perrot devait être soit gardé par la commune et les membres du conseil, soit envoyé à la maison d'arrêt de Semur, le conseil décide qu'il sera assigné à résidence sous la surveillance de chaque membre du conseil général à tour de rôle, à commencer par le maire, en attendant d'éventuelles nouvelles instructions[120]. Une nouvelle tentative du notaire vers les directoires du district et du département pour obtenir son certificat de civisme échouera pendant l'été [121]. Après quelques semaines de résidence surveillée Perrot sera emprisonné à Dijon le 21 octobre suite à un arrêté du comité de surveillance de Boux et malgré une courte libération au printemps due à une erreur administrative il n'en sortira définitivement qu'un an plus tard, le 19 octobre 1794.

Le jeudi 30 mai le procureur de la commune, Denis Cariot, demande que soit entrepris à partir du samedi suivant à 10h du matin, la réparation de la route qui va de Boux à Thenissey.

Le samedi 1 juin le conseil général est réuni par le maire Jacques Lombard à la demande du procureur Denis Cariot. Il entend une intervention du procureur qui déclare nécessaire que les "encombrements de butin" (sic) soient ôter des jardins du presbytère et mis aux enchères le lendemain dimanche 2 juin. De quoi s'agit-il exactement ? Probablement du rassemblement de sacs d'habits et d'objets du culte de faible valeur, extraits du presbytère ou de l'église, et vendus comme biens nationaux donc au bénéfice de la commune.
Le tout nouveau comité de surveillance avait besoin d'exister dans son rôle face au conseil municipal, le 30 mai il s'était réuni pour soutenir une motion demandant que le conseil général exécute avec moins de 'négligence' l'arrêté départemental sur la sûreté (allusion probable aux certificats de civisme délivrés le 20 mai) et le 2 juin il obtient que le conseil général se réunisse à nouveau sur cette question mais celui-ci prétextera que l'objet de la 'réquisition' n'était pas précisé et le procureur, constatant qu'il n'y a pas

---

[120] Chaque tour de garde donne lieu à une indemnité qui est imputée à François Perrot.
[121] Après un arrêt du directoire du district du 20 août persistant à refuser le certificat de civisme, par un arrêt du 2 septembre 1793 le directoire du département de la Côte d'Or rejette les arguments du notaire pour sa défense et décide qu'il doit être mis en état d'arrestation en vertu de la toute nouvelle loi sur les suspects. La défense de Perrot consistait en une réfutation de trois de ses principaux accusateurs, Belin, Lambert et Arbey Brusley sous prétexte qu'ils étaient cousins germains et lui tenaient rancune pour des jugements à leur encontre dans ses précédentes fonctions de juge seigneurial. Suite à sa libération par décision du représentant du peuple Calès, le 7 prairial an III (26 mai 1795) le directoire du département, désormais dominé par les thermidoriens, annulera l'arrêt de septembre 1793 et accordera au notaire son certificat de civisme, lui permettant ainsi de reprendre ses activités en toute légalité.

matière à délibérer, demande à clore la séance en attendant de plus amples informations du président du comité de surveillance. Le conseil se poursuit cependant et débat du décret de la convention nationale du 4 mai relatif aux subsistances (qui met en place une taxation) et qui fait obligation à tout propriétaire de grains et/ou de farine d'en faire la déclaration. La Municipalité décide d'ouvrir un registre particulier afin de recevoir les déclarations des propriétaires une fois qu'ils auront été informés de la loi.

A Paris, le 2 juin voit se produire un véritable Coup d'Etat. Après plusieurs jours de crise quasi insurrectionnelle les sections parisiennes les plus radicales soutenues par la commune de Paris tiennent la Convention sous la menace de milliers d'hommes de la garde nationale et font décréter la recherche et l'arrestation des Girondins.

Le coup de force de la Commune de Paris qui obtint l'éviction des Girondins de la Convention ne fut pas bien accueilli dans nombre de départements où l'influence girondine était forte, l'administration révolutionnaire de Dijon déclara d'abord son opposition à la possibilité d'arrêter des représentants du peuple. Dans le même temps des insurrections royalistes se camouflant sous la bannière de la Gironde éclatèrent dans plusieurs grandes villes et notamment à Lyon. A Semur aussi les opposants à la prééminence parisienne prirent quelques semaines le pouvoir au sein du club local des Jacobins, sous la présidence du citoyen Pruneau. Il fut finalement évincé par l'action résolue du Montagnard Ligeret et en août le club se déclarait fidèle soutien des Montagnards de la Convention.

Face aux différentes frondes provinciales le pouvoir central reprit la main au travers de l'action des Représentants du Peuple en mission. En septembre Ligeret fut nommé procureur syndic du département, puis ensuite accusateur public, par Bernard de Saintes (prenant un prénom du nouveau calendrier républicain il aimait se faire appeler Pioche-Fer Bernard), Représentant du Peuple envoyé par Paris pour procéder à l'épuration des organes administratifs du département. Bernard de Saintes fut l'organisateur inflexible de la Terreur en Côte d'Or. Cependant à Semur la nouvelle du passage à la guillotine des responsables Girondins fut loin de déchaîner l'enthousiasme, la Terreur inquiétait. Après avoir été désaffilié des Jacobins de Paris sur dénonciation pour fédéralisme par la société jacobine de Montbard, le club de Semur retrouva sa place au prix d'une épuration de ses membres dont la première victime fut Pruneau. Le président du club montbardois fut pour sa part emprisonné à Semur [3].

De tous ces évènements qui mettent aux prises les élites bourgeoises du district rien ne transparaît dans les travaux de la municipalité de Boux.

Le samedi 8 juin le conseil municipal entend André Belin, officier municipal, lequel a trouvé, la veille au matin, une lettre sur un chemin de Boux. Cette lettre est non datée et non signée, de l'avis du conseil elle émane d'un suspect car elle sollicite le département pour une personne actuellement en état d'arrestation (bien que cela ne soit pas dit dans le procès-verbal on peut penser qu'il s'agit du notaire). Ne sachant finalement pas de qui elle émane, le conseil décide, "dans un moment aussi critique", de la communiquer au directoire du district.
Le lendemain le conseil général est réuni et apporte un élément supplémentaire à la décision prise la semaine précédente concernant le décret sur les subsistances, des commissaires sont nommés pour des visites domiciliaires afin que les déclarations soient faites dans les meilleurs délais. Ensuite le conseil traite d'une pétition qui lui a été adressé par le notaire Perrot (toujours en état d'arrestation à son domicile) qui voudrait reprendre ses activités. Le conseil persiste à le considérer comme suspect, ce n'est pas un ami de la Révolution. Il décide de demander aux administrateurs du district de Semur de l'éclairer sur la conduite à tenir, en lui communiquant la pétition du notaire.
Le 14 juin les conseillers généraux prennent connaissance d'une lettre du commissaire national auprès du district de Semur qui demande aux officiers municipaux d'exercer une surveillance du respect de la loi par les notaires n'ayant pas obtenu de certificat de civisme, tout en leur permettant cependant d'exercer leur profession. Cette lettre sera remise à François Perrot en lui demandant un accusé de réception. Le conseil insiste sur le fait que cet élargissement n'a lieu qu'à titre transitoire et que le notaire ne pourra pas s'écarter du territoire de la commune. Une extrême méfiance pèse sur le notaire.
Le 20 juin le juge de Semur fait savoir à la commune que quatorze prisonniers qui étaient détenus dans la prison du district avaient pu s'échapper. Aussitôt il est demandé à Claude Belin, capitaine de la garde nationale de Boux, de se mobiliser pour arrêter ces prisonniers s'ils venaient à passer sur le territoire de la commune, afin de les renvoyer à la prison de Semur. Le comité de surveillance est également appelé à se tenir sur ses gardes.
Le 24 juin Jean baptiste Mariglier, prêtre de la commune, se présente devant le conseil municipal pour demander son certificat de civisme. Les élus, à l'unanimité décident de lui accorder. Ce même jour il est décidé de nommer

les prud'hommes qui iront visiter les prés et décideront de la date de la fauchaison "sans déroger aux principes de la liberté".
Tout comme l'année précédente l'hiver s'est attardé en Bourgogne et suite aux dégâts causés par le gel tardif dans les vignes, le 29 juin le conseil général nomme deux citoyens de Jailly les Moulins afin qu'ils inspectent les vignes de Boux et en évaluent les dégâts dans le but de présenter au district une demande de diminution des impôts fonciers. Au cours de cette même séance les prud'hommes nommés le 24 ont rendu leur verdict, la date de la fauchaison est fixée au 6 juillet. La liste des propriétaires et quantités de blé, grains et farines est prête pour communication au district.

Le 7 juillet, prétendant n'en avoir reçu communication que la veille le conseil municipal prend note de l'arrêté départemental du 17 juin qui demande la levée des scellés sur les papiers du notaire Perrot. Pour la mettre en œuvre le conseil nomme 2 commissaires, le maire et Jean Arbey, qui seront chargés de vérifier la conformité à la loi et dresseront procès-verbal de la levée.
Le dimanche 14 juillet, à la sortie des vêpres paroissiales, le maire revêtu de son écharpe tricolore présente les derniers décrets de la Convention Nationale puis une motion reflétant un vœu[122] émis par plusieurs citoyens de la commune. Il est alors agressé verbalement par Jean Bizot, cultivateur à Presilly, après que celui-ci ait exprimé son opposition à la motion et ensuite refusé de se taire malgré les injonctions qui lui étaient faites. Jean Bizot est celui-là même dont les propos inciviques avaient été dénoncés par le procureur le 17 mai. Le maire n'arrive pas à le faire taire après sa diatribe et ordre est alors donné à la garde nationale de s'emparer de Jean Bizot et de l'amener dans la chambre commune pour y être jugé une nouvelle fois. Devant le conseil général Bizot poursuit ses "mauvais propos" et le maire demande au procureur de présenter son réquisitoire, ce dernier est alors insulté par le cultivateur qui le récuse. Jean Vallier est alors désigné pour faire fonction et à l'issue de son réquisitoire conclut que pour son attitude il convient d'envoyer Jean Bizot à Semur pour qu'il y soit jugé. Le tribunal qui est constitué de Jacques Thibault et André Belin décide finalement de calmer le jeu et condamne le sanguin Bizot à une forte amende de 30 livres, le maire décidant cependant d'envoyer le procès-verbal du jugement au district pour avoir son avis.
Le 20 juillet Bernard Belin, cultivateur au hameau des Bordes mais surtout à cette date président du comité de surveillance de Boux sollicite un passeport, il doit se rendre à Paris comme député du canton de Salmaise, il est porteur

---

[122] Un vœu probablement patriotique dont nous ne connaissons pas la teneur.

du procès-verbal d'acceptation de la nouvelle Constitution. Cette procédure avait été définie par un décret du 27 juin, chacun des 4800 cantons du pays était invité à ratifier la première Constitution républicaine et à envoyer un délégué à Paris pour en rendre compte et participer à une grande cérémonie d'anniversaire du 10 août. Ce type de députation constituait la première élection directe depuis le début de la Révolution, éliminant les assemblées secondaires ; le vote sur la Constitution peut pour sa part être considéré comme le premier référendum de l'histoire européenne [16]. La participation fut bien meilleure que pour l'élection de la Convention. Cette Constitution de l'an I, rendue nécessaire par le passage sous le régime de la République, obtiendra l'approbation de 90% des votants et sera donc promulguée le 10 août pour n'être finalement jamais appliquée du fait de l'état d'exception de la Terreur qui sera décrété en octobre. Bernard Belin, avec cette députation, sera une des rares personnalités locales à avoir eu une visibilité politique extérieure au village.

Le 2 août, alors qu'à Paris c'est la chasse aux girondins et au fédéralisme, en province les administrations révolutionnaires veulent contrôler et empêcher d'éventuels déplacements de citoyens vers les foyers fédéralistes, nous sommes en plein soulèvement lyonnais. Le district de Semur enquête, Jacques Lombard réunit son conseil pour fournir une réponse à la question qui lui est posée de savoir si récemment des individus se sont absentés de la commune pour se rendre dans des départements fédéralistes. La réponse qui sera fournie au district est négative, personne ne s'est absenté pour fédéralisme.
Ce sont des oppositions plus prosaïques que dans la capitale que l'on traite à Boux le 4 août en séance publique, un différend entre 2 propriétaires que le juge de paix Vereulle, de Salmaise, qui avait été saisi avait finalement, le 17 juillet, renvoyé à Boux jugeant qu'il relevait de la police municipale. Il s'agit d'une dispute sur l'utilisation de l'eau : Joseph Colin, meunier, reproche à Claude Belin propriétaire cultivateur d'avoir détourné les eaux de la Thuère pour arroser son verger privant son moulin du cours d'eau. Compte tenu du faible débit du ruisseau ce petit moulin était un moulin à tan et se trouvait en haut du village, il dépendait vraisemblablement des tanneurs du village. Pour sa défense Belin dit que l'eau n'est pas détournée puisqu'elle arrive au bief du moulin, que l'eau du ruisseau appartient à tous les riverains, et de son côté il reproche au bief de créer des problèmes lorsqu'il y a des inondations et dénonce la présence dans le moulin d'écorces tannées qui risquent d'empoisonner l'eau pour le bétail et d'empêcher le lavage du linge. Les élus jugent que cette question de l'eau doit être renvoyée devant les tribunaux tout

en rappelant que les propriétaires sur les rives sont responsables en cas d'inondation comme l'indique l'article 6 du code rural et quant à l'empoisonnement du bétail il réfute la thèse, aucune maladie de bêtes n'ayant été relevée.

Ce même jour le conseil municipal nomme Jean Mosson âgé de 69 ans (vigneron à Boux) et officier municipal comme député de la commune pour la cérémonie civique prévue au district le 10 août pour célébrer le premier anniversaire de la fin de la monarchie. Nous sommes un dimanche et à l'issue de la messe a été affichée la proclamation de confiscation des biens de Claude François Dominique Ladey[123], professeur de droit émigré qui habitait Dijon et héritier des biens détenus à Boux par sa tante Claudine Goudot récemment décédée[124]. Le 11 août plusieurs affaires dénoncées par le garde champêtre concernant du vagabondage de bétail ou du travail le jour du 14 juillet sont jugées par le tribunal municipal et se terminent par des amendes, à payer au trésorier de la commune.

*A Paris le 10 août a donné lieu à des festivités d'anniversaire et de promulgation de la nouvelle Constitution, elles se sont déroulées dans un climat très lourd de menaces, les troupes étrangères coalisées sont maintenant proches de la capitale, l'armée vendéenne menace Angers, les rumeurs sur des complots contre-révolutionnaires sont journalières. Le Comité de Salut Public donne à Carnot la responsabilité de l'armée du nord. Le 14 août la Convention Nationale décrète la réquisition, **la levée en masse**, de tous les citoyens français. Le texte du décret veut susciter l'élan patriotique : "Tous les Français sont en réquisition permanente...Les jeunes gens iront au combat ; les hommes mariés forgeront des armes et transporteront des subsistances ; les femmes feront des tentes, des habits et serviront les hôpitaux ; les enfants feront la charpie ; les vieillards, sur les places, animeront les guerriers, enseignant la haine des rois et l'unité de la République. " [5]. C'est la première conscription nationale et désormais les départements n'ont plus la responsabilité de recruter et d'organiser des troupes.*

Le 15 août les officiers municipaux alarmés des dangers courus par la Patrie et autorisés en cela par le conseil général, s'adressent par écrit à l'administration du district afin d'armer la garde nationale en acquérant 50 à

---

[123] 1759-1836 à Dijon, juriste et enseignant. Avocat au Parlement de Bourgogne en 1789. Descendant Goudot par sa mère.

[124] A Dijon en avril 1793

60 fusils munis de baïonnettes. Rappelant l'ajournement de sa pétition du 11 juillet 1790, la commune n'ayant ni les fonds ni les revenus permettant un tel achat souhaite être autorisée à récupérer un canton de bois de réserve, de le vendre, et d'imposer une taxe sur chaque canton. Afin de ne pas retarder l'armement les élus demandent l'autorisation d'emprunter 1200 livres et de procéder à l'achat sans attendre le produit de la vente du bois. Très bureaucratiquement le district répondra dans un premier temps qu'il convient de lui renvoyer la pétition de 1790 ainsi qu'une copie de la délibération du conseil général[125].

Un conseil municipal est réuni le 19 août. Pour se conformer à un décret du 30 mai sur les modes de réquisition de la force publique, il nomme un instructeur chargé de former les citoyens susceptibles d'être réquisitionnés au maniement des armes ; ce sera Honoré François Camille Ligny, ci-devant noble et surtout ancien militaire qui ne tardera d'ailleurs pas à être suspect aux yeux du comité de surveillance.

Le 23 août la citoyenne Françoise Louise Daubigné demande et obtient du conseil général un certificat de civisme et de résidence.

Le 25 août Jacques Lombard, suite à une circulaire du district, a fait afficher pour la troisième fois, à l'issue de la messe paroissiale, la proclamation de confiscation des biens de Claude François Dominique Ladey.

---

[125] Il ne semble pas que cette demande ait eu une suite, il n'y en a pas trace dans les archives

BOUX pendant la Terreur

En septembre 1793 commence cette période de la Révolution qui sera appelée la Terreur. La loi des suspects est votée par la Convention Nationale le 17 septembre, sont réputés suspects ceux « qui, soit par leur conduite, soit par leurs relations, soit par leurs propos ou leurs écrits, se sont montrés partisans de la tyrannie ou du fédéralisme et ennemis de la liberté, ceux qui ne pourront pas justifier, de la manière prescrite par le décret du 21 mars dernier, de leurs moyens d'exister et de l'acquit de leurs devoirs civiques ; ceux à qui il a été refusé des certificats de civisme, les fonctionnaires publics suspendus ou destitués de leurs fonctions par la Convention nationale ou par ses commissaires et non réintégrés, ceux des ci-devant nobles, ensemble les maris, femmes, pères, mères, fils ou filles, frères ou sœurs, et agents d'émigrés, qui n'ont pas constamment manifesté leur attachement à la Révolution, ceux qui ont émigré dans l'intervalle du 1er juillet 1789 à la publication du 30 mars - 8 mars 1792, quoiqu'ils soient rentrés en France dans le délai prescrit par ce décret ou précédemment ».
Pendant cette période 600 personnes seront arrêtées à Dijon qui compte alors autour de 22000 habitants.

Pour les habitants de Boux, avec l'effort militaire formidable pour repousser les nations ennemies loin des frontières, va commencer aussi une période où les réquisitions de grains, de matériel et de bêtes vont se succéder à un rythme soutenu afin d'alimenter les troupes, cet effort terrible va fragiliser l'économie locale et éroder peu à peu l'élan révolutionnaire des villageois. Le même sentiment domine dans toute la Côte d'Or qui est soumise à une très forte pression pour soutenir les armées de la République sous-alimentées. D'août à fin décembre 1793 la Côte d'Or a envoyé 20000 tonnes de froment et 1000 tonnes de seigle aux Armées des Alpes, du Rhin, de la Moselle et du Var ainsi qu'à la place forte de Besançon, de janvier 1794 à l'été 1794 c'est 30000 tonnes de céréales qui seront envoyés avant les moissons [1]. Les paysans les moins engagés politiquement, après avoir appréciés l'abolition des privilèges féodaux, peinent à ressentir une amélioration de leur condition de vie dans le nouveau cours politique et cela se ressentira dans la participation populaire aux scrutins locaux. Nous entrons dans une économie de guerre, les crises de subsistance dans les villes, les réquisitions continues pour l'armée, tant en hommes qu'en céréales vont faire peser une pression permanente sur la vie rurale et pour plusieurs années.

Le dimanche 1er septembre 1793 le maire Jacques Lombard a fait prévenir tous les citoyens de se trouver à 10h du matin près de l'arbre de la liberté afin d'entendre la lecture du décret de la convention nationale du 26 juillet concernant les accapareurs. Cette loi est le bras répressif supposé permettre enfin le respect du Maximum qui sera étendu et finalisé en septembre : en menaçant les accapareurs de la peine de mort et de la confiscation des biens. Par cette présentation solennelle Jacques Lombard veut-il prévenir ou menacer certains contrevenants qu'il connaîtrait ? Il ne semble pas qu'il y ait eu des arrestations à Boux pour motif d'accaparement ou dissimulation mais il est sûr que l'application du Maximum et les réquisitions n'étaient pas acceptées facilement par les propriétaires. Le maire présente également le décret de la Convention Nationale du 17 juillet qui supprime toute notion d'indemnité pour la suppression des droits et privilèges seigneuriaux et ordonne que tous les titres de cette sorte détenus soient remis aux greffes de la municipalité.

Ce jour-là les citoyens seront à nouveau convoqués à 15h pour que le maire présente le décret du 14 juillet demandant la création de nouvelles compagnies de grenadiers et canonniers. Un registre est ouvert pour les volontaires[126].

Le montant de la contribution directe de la commune pour 1792 est attendu par le directoire du district, les élus l'évaluent à 166 livres et 13 sols après avoir déduit de la somme totale levée par la commune, 271 livres 13 sols, les charges locales suivantes : 66 livres pour les amendes perçues par le garde-champêtre, 21 livres pour le traitement du secrétaire et 18 livres pour le loyer de la maison commune.

A partir de l'été de 1793 les décrets et arrêtés impliquant la municipalité vont se succéder à une cadence accélérée, qu'il s'agisse de l'approvisionnement de l'armée du Rhin, des impôts ou encore de la levée de volontaires. Le travail municipal devient trépidant. Vont commencer alors les réquisitions de produits dont le rythme ne faiblira pas durant plusieurs années. C'est par un arrêté du 18 août que le conseil général de la Côte d'Or a défini les premières règles entourant les réquisitions, il y est spécifié que les grains livrés seront payés à la livraison et que toute personne sujette à réquisition et ne répondant pas dans les 24 heures sera considérée comme ennemi public et mis en état d'arrestation avec en plus la confiscation de ses grains.

---

[126] Comme indiqué dans le chapitre sur les volontaires, à partir de l'été 1793 nous avons une connaissance très incomplète de l'identité des conscrits de Boux, qu'ils soient volontaires ou réquisitionnaires.

Le paiement des grains par les autorités s'effectuait en assignats et ceux-ci perdaient chaque jour de la valeur, en août 1793 ils ne valaient plus que 33% de leurs valeurs nominales[127] et ne valaient plus rien à la fin de 1795, d'où leur abandon en 1796. La dépréciation continuelle des assignats conjuguée à des récoltes impactées par un été très chaud et très sec n'entrainaient pas l'enthousiasme des producteurs paysans, à Boux comme dans le reste de la Côte d'Or.
Le 5 septembre le conseil général de la commune s'affole de l'ordre de réquisition établit par décret et complété par un arrêté du département : les cultivateurs doivent livrer 2 mesures par arpent, soit environ 60 litres pour un peu moins d'un demi-hectare et 2 quintaux (98 kilos, soit presque 1 quintal d'aujourd'hui) par charrue. Il est difficile d'estimer ce que pouvait être la production à l'hectare à Boux en cette fin de siècle, ce que l'on sait c'est que les rendements étaient plutôt médiocres, la réquisition touchait donc une part non négligeable des récoltes et les villageois redoutaient qu'elle mette beaucoup d'entre eux dans une très grande difficulté. La production des terres de Boux devait se situer entre 5 et 10 quintaux actuels à l'hectare pour les meilleures. S'appuyant sur la pauvreté des terres de la montagne et l'absence de main d'œuvre pour cause d'enrôlements militaires les élus craignent que "si l'on exige la réquisition en entier il ne restera pas de grains dans notre commune pour la subsistance des citoyens qui l'habitent", ils nomment un commissaire pour aller plaider la cause de la commune à Semur, ce sera Jean Vallier.
Le 15 septembre le maire fait lecture aux conseillers généraux d'un arrêté récent du département demandant aux communes de faire un recensement des citoyens actifs et de tous les individus y résidant, il s'agit en fait d'une préparation organisationnelle aux réquisitions militaires. Les élus de la commune, en plus de leurs missions municipales bénévoles, ont à s'occuper des charges de leurs propres activités ou exploitations et cela ne va pas sans quelques difficultés devant certaines situations administratives. Ainsi Jean Vallier envoyé à Semur pour présenter le rôle de l'impôt foncier au directoire du district s'est entendu répondre à Semur qu'il fallait en fait le faire viser et approuver par l'administration du département, aller à Dijon à cette date aucun élu n'en a le temps compte tenu d'un retard considérable des moissons et on décide donc de porter le rôle 'le plus promptement possible'. Ce même jour en vertu de l'article 4 du décret du 23 août sur la levée en masse qui stipule que ' les chevaux de selle sont requis pour compléter les corps de

---

[127] Nicole Herrmann-Mascard - L'emprunt forcé de l'an II – p 47

cavalerie' le cheval du notaire Perrot est réquisitionné car il n'entre pas dans la catégorie des animaux utiles à l'agriculture.

Il faut fournir des armes aux recrues de la levée en masse. Le 22 septembre le conseil général fait le point sur l'inventaire des armes de guerre détenues par les gardes nationaux dans la commune, le procureur rapporte les conclusions des deux commissaires venus de Baigneux et en charge de cet inventaire, ils n'ont trouvé que 6 fusils en état de fonctionner correctement et qui ont été envoyés à Salmaise, pour quelques autres soit leur mauvais état ne permettait pas d'envisager une utilisation comme arme de guerre, soit il s'agissait de fusils de chasse. Le procès-verbal est envoyé au district.

Le 29 septembre le conseil général traite de la circulaire du district qui demande la réquisition pour le ministère de la guerre de tous les professionnels de santé ayant entre 18 et 40 ans. Claude Pignot âgé de 36 ans est chirurgien à Boux mais père de 3 jeunes enfants et marié à une femme malade il se déclare dans l'impossibilité de répondre à cette demande. À sa suite les élus veulent faire savoir aux administrateurs du district que la commune est composée de 130 à 140 feux tous bien connus d'eux-mêmes et témoignent que le chirurgien est d'une très grande utilité car il sert les 12 municipalités du canton de concert avec le citoyen Lambert lui-même âgé de plus de 60 ans. Ils adressent donc une pétition au district, au nom du bien public de l'arrondissement, considérant que l'absence de Claude Pignot causerait un tort irréparable au canton. Le chirurgien restera à Boux.

La Côte d'Or a émis un arrêté qui a été lu en place publique, en ce moment de réquisition et de mobilisation des jeunes pour l'armée de l'an II, il concerne la répartition des bras dans la culture des terres du département. Le gouvernement, conscient des difficultés du maintien de la production agricole alors que les jeunes bras sont réquisitionnés, essaie de gérer la pénurie de main-d'œuvre. Boux est-il en mesure de céder une partie de ses manouvriers et journaliers pour aider ses voisins ? La réponse est négative, avec les semailles et le battage des grains les ouvriers agricoles ont plus de travail qu'ils ne peuvent en fournir, la position de la commune est qu'elle ne peut pas se dispenser de ses ouvriers présents au moins jusqu'en février.

Le calendrier républicain entre officiellement en vigueur le 6 octobre 1793 qui devient le 15 vendémiaire an II. A Boux il est pris en compte 1 mois plus tard, en novembre.

106   Les années révolutionnaires à Boux sous Salmaise

Le mercredi 2 octobre, sur le rapport des prud'hommes, le conseil décrète l'ouverture des vendanges pour le lundi 7 suivant.
Le 4 octobre le bureau municipal a envoyé à Semur la liste des citoyens inclus dans la première réquisition : Sébastien Baudot, Charles Laureau, Claude Beuche l'aîné, André Arbey laboureur, Jean Voisin, Charles Robin, Joseph Colin et Jacques Popon.
Le 6 octobre le conseil général délibère sur le principe de la mise en coupe réglée des bois du vallon Vasselin par tous les habitants volontaires afin de fournir les paisseaux [128] nécessaires à la vigne alors que beaucoup d'agriculteurs ont des difficultés pour en obtenir soit par manque d'argent, soit par la désorganisation résultant de la réquisition des jeunes aux armées et du manque d'ouvriers. Il est décidé que cette délibération sera présentée aux citoyens de la commune à la sortie de la messe (le jour même) et que si elle ne recevait pas un accueil favorable elle serait alors retirée. C'est Jean Arbey qui fit cette annonce à la sortie de la messe et elle fut accueillie par une levée de chapeaux générale en faveur de la délibération.
Le 8 octobre, le conseil municipal est réuni par le maire pour exécuter une réquisition du district concernant *les citoyens aisés* de la commune afin qu'ils fournissent 'à titre de prêt' 3 lits ou 3 matelas, 3 traversins, 3 couvertures, 6 draps et 3 paillasses à transporter à Semur dans les plus brefs délais mais dont la destination finale n'est pas spécifiée. Le procureur présente alors une longue liste de 17 prêteurs aisés qui sont requis : la veuve Arbey (1 matelas et un traversin), la veuve Lestrade (1 matelas et 1 traversin), Jacques Thibault (1 drap), Pierre Lambert (2 draps), Jean Vallier (1 drap), Jacques Arbey le jeune (1 paillasse), Vincent Cariot (1 drap), Jean Malardot (1 drap), Jean Bernard (1 drap), la veuve Belin (1 couverture), Jean Bernard l'aîné (1 couverture), Claude Gueuniard (1 drap), Claude Thibault (1 paillasse), François Viot (1 drap), François Perrot (1 matelas et 1 traversin), Charles Arbey (1 couverture), François Michard (1 paillasse).
D'une précédente réquisition, dont nous n'avons pas la trace, l'administration du district ayant rendu 1 drap, le conseil décide de le donner à Jacques Tremuizet qui est berger à Boux.

Le 10 octobre (19 vendémiaire) le gouvernement de la France est déclaré révolutionnaire jusqu'à la paix, ce qui signifie que désormais les instances démocratiques et les administrations judiciaires seront soumises aux seules décisions du pouvoir central (le Comité de Salut Public tenu par Robespierre et Saint-Just). La Constitution est suspendue.

---

[128] Pieu, tuteur en bois pour soutenir la vigne

Le 11 octobre devant l'église les officiers municipaux mettent aux enchères le travail de délimitation des portions des 2 cantons de bois du Vallon Vasselin et de la Fortelle suite à la décision du 6 du mois. Un certain Jean Chavaudon, le moins disant, est choisi.
Le dimanche 13 octobre le conseil municipal reçoit Jean Baptiste Bernard Gautherin[129], juge de paix à Flavigny qui vient présenter un arrêt du directoire de Semur en date du 10 qui le nomme commissaire aux fins de poser des scellés sur les biens au domicile de François Corneille Honoré Ligny. Il doit se faire assister de deux officiers municipaux qui seront Jacques Lombard, le maire, et Jacques Thibault, premier officier. C'est la seconde fois que Ligny est désigné comme suspect. A cette date le Directoire de Semur est dominé par les Jacobins ; Ligny est dans la liste des suspects du comité de surveillance, il est soupçonné de royalisme (il était noble et devint gendre en 1786 du marquis de Lestrade, seigneur de Boux, Bouzot et Presilly, décédé en mai 1789) et de tentative d'émigration. Pour se défendre il demandera au directoire de Dijon la levée des scellés sur ses papiers, il ne sera finalement pas inquiété puisque nous le retrouverons plus tard toujours citoyen de Boux. Deux certificats de civisme sont attribués le 14 octobre à 2 citoyens de Presilly, Jacques Richard et Claude Verrier qui sont laboureurs.

Le 16 octobre les généraux Carnot et Jourdan sauvent le pays en battant les Autrichiens à Wattignies. L'armée autrichienne se replie et repasse la frontière, le nord du pays est libéré et Paris n'est plus sous la menace.

Le 20 octobre c'est Jacques Arbey le jeune, secrétaire greffier de la commune, qui demande et obtient un certificat de civisme, il lui est demandé de le faire valider par le comité de surveillance.
Le 21 octobre le conseil général met en place une taxe de 2 livres par canton de bois afin de pouvoir payer la somme demandée pour l'impôt foncier sur les bois (109 livres) et assurer le salaire du garde (100 livres). Le même jour est réunie l'assemblée générale du village devant l'arbre de la liberté pour tirer au sort la composition des treize dizaines de citoyens affectées aux cantons.
Le 24 octobre le conseil général met en place la solidarité pour 2 veuves, mesdames Brouin et Vallier, ayant chacune un fils engagé dans les volontaires. Elles ne sont pas en mesure de s'occuper du bois qui leur a été affecté, des volontaires s'offrent pour la coupe et le transport du bois coupé.

---

[129] 1736-1802, fils de Jean Gautherin, procureur au présidial de Semur, il fut maire de Flavigny où il déploya une grande activité lors de la rédaction des cahiers de doléances.

108 Les années révolutionnaires à Boux sous Salmaise

Le 28 octobre le conseil municipal, pour les besoins de l'armée, fait envoyer 5 chevaux et juments à Salmaise.
Le 30 octobre les élus organisent la livraison de 30 mesures d'avoine à Semur, conformément à un décret de réquisition. 4 propriétaires sont mis à contribution, la femme du notaire François Perrot qui est à cette date détenu à Dijon en apporte quinze à elle seule et Jean Malardot, vigneron, douze. ; le lendemain cette livraison transite par Salmaise.

Le 1 novembre Joseph Gérard, greffier du juge de paix du canton, vient demander au conseil général un certificat de civisme pour son beau-frère, Louis Beleurgey, qui a été arrêté, il s'en fait l'avocat et plaide qu'il n'est pas coupable. Louis Beleurgey, notaire à Salmaise a été vice-président du directoire du district de Semur en 1790 et jusqu'à septembre 1792, date où il fut destitué pour avoir trafiqué sur la vente des biens nationaux alors même qu'il était le commissaire en charge de ces opérations. Traduit à cette date devant le tribunal du district, emprisonné, il allait ensuite être jugé par le directoire du département[130]. Louis Beleurgey n'habite pas Boux puisqu'il est maire de Salmaise, faute d'obtention de son certificat de civisme il n'a pas obtenu confirmation pour la poursuite de ses fonctions notariales, après sa destitution il est considéré comme l'un de leurs principaux ennemis par les jacobins de Semur.

Les élus Bouxois vont exaucer le vœu de Gérard avec qui ils sont en bons termes. La position de Beleurgey au chef-lieu de canton a sans doute aussi pesée dans la décision. Les conseillers 'reconnaissant ne lui avoir jamais entendu prononcer de propos inciviques' accordent le certificat, à faire cependant viser et approuver par le comité de surveillance puis par le district, ce qu'il n'obtint pas. Ce ne sont pas des propos inciviques qui sont reprochés à Beleurgey mais, dans une certaine ignorance des réalités politiques et administratives qui animent alors le district et le département où les Jacobins se sont finalement emparés du pouvoir, le conseil municipal de Boux se

---

[130] A partir de plusieurs dénonciations il était accusé, tout comme Etienne Sébillottte, de concussion dans des ventes de biens nationaux, notamment pour le domaine de la seigneurie de Posanges et celui, à Salmaise, appartenant précédemment à la collégiale de Semur, celui de la métairie de Grissey dont les anciens propriétaires étaient les bénédictins de Flavigny. Ces opérations comprenaient des omissions de ventes d'objets et d'importantes ventes de bestiaux ne figurant pas dans la publicité des ventes. Les propres acquisitions de Beleurgey à Salmaise furent annulées. Niant les faits et clamant son innocence Beleurgey fit appel au ministère de l'intérieur, en juillet 1793 le juge de paix de Dijon l'absout de toute inculpation. Son élargissement dura peu car l'administration du département, convaincue de la culpabilité annule la décision du juge de paix pour défaut de procédure car il a jugé seul et sans assesseurs. Ligeret, originaire de Semur et accusateur public du département, tentera en messidor de l'an II de relancer l'instruction.

montre laxiste et complaisant avec un notable important du canton dont ils dépendent.

Deux mois plus tard, Beleurgey détenu au château de Dijon depuis le 26 octobre, sera sur la liste des 71 suspects dressée par le club des Jacobins de Semur. Il sera pourtant finalement élargi sur décision du représentant du peuple Bernard [3] dès le mois de janvier 1794 et thermidor mettra fin aux poursuites après une ultime tentative de Ligeret, accusateur public de Dijon, de relancer l'instruction en messidor (fin juin 1794). Beleurgey, personnage sachant s'adapter à l'air du temps, rejoindra la société populaire de Salmaise dont il deviendra président[131].

Le 3 novembre le conseil général nomme Jean Arbey commissaire dans le cadre du décret du 10 juin sur le partage des biens communaux, il devra lors de l'assemblée générale des citoyens convoquée pour le dimanche 10 dans l'église paroissiale expliquer le décret et organiser le débat et les décisions. Il n'y eut pas de procès-verbal de cette assemblée qui semble-t-il n'exprima aucune volonté de partage.

Le 6 novembre (pour la première fois le procès-verbal de séance indique la date en suivant le calendrier républicain adopté en octobre, soit le sixième jour de la deuxième décade de l'an 2 de la République) un commissaire de Semur, le citoyen Driot membre de l'administration du district, est reçu par le conseil municipal, il vient s'assurer de la réquisition pour l'approvisionnement de l'armée. Pour les jours indiqués, commençant le vendredi 8, chaque cultivateur doit se tenir prêt à fournir du grain en sac et chaque laboureur doit tenir prêts ses chevaux pour assurer le transport des grains dans les lieux indiqués par les autorités. Le procès-verbal de la réunion établit la liste des citoyens cultivateurs concernés par les réquisitions, ils sont 23.

Le 18 brumaire (8 novembre) suite à un ordre de l'agent national du Département les élus doivent organiser la réquisition de 2 chevaux propres au transport accompagnés de l'avoine pour les nourrir. Pour être sûr du choix des meilleurs chevaux il est demandé d'en mener plusieurs à Salmaise, dimanche 10 à midi, où la sélection sera faite. La liste de 11 citoyens concernés par cette réquisition est publiée, il s'agit essentiellement d'élus municipaux et du notaire.

---

[131] Elle ne fut pas reconnue par la société mère de Semur.

Le 21 brumaire an II (11 novembre 1793) les élus municipaux réunis conjointement avec le comité de surveillance publient une déclaration faite à la demande du directoire du district de Semur, elle concerne un avis sur les propriétés issues du partage d'héritage consécutif au décès des parents Pignot au début des années 80 qui avaient eu 7 enfants. Elle implique deux personnes natives de Boux mais lyonnaises depuis plusieurs années, Sulpice Pignot, femme de Jean Perrot, et Jean Lombard dont la mère est une sœur de Sulpice[132]. Sur les six enfants encore en vie, seuls les droits de succession des deux résidents de Lyon sont examinés, c'est la période des règlements de comptes après la meurtrière défaite de l'insurrection lyonnaise.

Le 25 brumaire (15 novembre) il faut suivant la loi renouveler les officiers et sous-officiers de la Garde Nationale du district, 2 députés sont nommés pour se rendre à Salmaise le 29 et y communiquer la liste des citoyens de 18 à 60 ans.

Habiller les soldats, départ des cloches, le maximum

A la fin de 1793 on recense plus d'un 700 000 hommes dans les armées de la République [133] et l'épuration girondine a totalement désorganisé les administrations chargées des fournitures militaires. "Qui recrutait, alimentait les quatorze armées de la France ? Les réquisitions (en hommes, chevaux, grain, argent, draps, souliers, etc....) ? Point de réquisitions sans terreur, point de terreur sans tyrannie.' [5]

Le 4 frimaire (24 novembre) le conseil municipal met en place la réquisition instaurée par le décret de l'assemblée nationale du 4 brumaire, il s'agit de fournir pour l'armée cinq paires de souliers par décade et par cordonnier résidant dans la commune. Mal habillés et mal chaussés de nombreux soldats allaient même pieds nus. Les deux cordonniers de Boux, Nicolas Guedeney (Présilly) et François Bizot (Boux), vont donc être requis pour lancer la fabrication de ces souliers et les remettre à la municipalité. Cependant deux jours plus tard les 2 cordonniers se présentent devant les élus pour leur signifier leur impossibilité de répondre au décret de réquisition car celui-ci

---

[132] Des biens localisés à Boux (maison, terres) sont en cause mais on ne voit pas bien la raison de la présence du comité de surveillance si ce n'est sans doute le contexte de répression faisant suite à l'insurrection lyonnaise ainsi que des soupçons d'émigration puisqu'en l'an 3 Sulpice Pignot s'adressera au directoire de Dijon pour être retirée de la liste des émigrés.

[133] Selon le ministre de la Guerre du Directoire Claude-Louis Petiet (natif de Châtillon sur Seine) il y avait 732 474 présents dans les régiments en août 1794 et 484 363 un an plus tard, puis 396 026 en août 1796.

prévoit une fabrication avec du veau ciré[134] et il n'y en a pas à Boux. Faudra-t-il aller le chercher à Semur ? C'est la question qu'ils demandent de poser aux administrateurs du district.
Le conseil municipal est également appelé sur demande du district à communiquer les titres de propriété des biens appartenant aux organisations supprimées par la loi, à savoir : fabrique, congrégations, confréries et autres établissements pouvant être présents sur la commune. Pour la fabrique les élus rappellent le fait que tous ses biens ont en fait déjà été vendus[135] au profit de la nation, à savoir sur les finages de Boux et des Bordes : 1 journal et 1/3 de terre labourable, 3 ouvrées de vigne et ¾ de soitures de prés ainsi que 45 perches situées aux Bordes. Il n'y a pas de congrégation dans la commune et quant à la confrérie[136] qui, elle, n'est pas interdite elle possède trois quarts de soiture de pré sur Présilly amodiés à Claude Baudot, vigneron à Bouzot.

Le 11 frimaire (1 décembre) le conseil municipal fait battre le tambour pour inviter tous les citoyens à se rendre devant l'arbre de la liberté afin d'y brûler tous les papiers concernant les ci-devant droits féodaux en leur possession. Ce même jour une lettre d'un certain Guiot, 'enregistreur' à Chanceaux (canton de Frôlois), a été réceptionnée par la commune, c'est une requête de certificat de civisme alors que curieusement cette personne n'habite pas Boux. C'est d'ailleurs ce que constatent les élus, ne connaissant pas ce Guiot ils ne peuvent lui accorder son certificat !
Le 12 frimaire le registre municipal retranscrit le mandement pour la contribution foncière pour 1793 qui a été validée par l'administration du district le 29 brumaire, elle a été fixée au niveau national à 240 millions. Pour le district de Semur la contribution attendue est de 564 938 livres plus 56493 livres pour le fond de non-valeur (calculé sur la base de 2 sous par livre) et encore 54825 pour le département, soit au total 676 257 livres (près de 7% de hausse par rapport à 1792). Pour la commune en plus de sa quote-part dans la charge du district s'ajoute une taxe à destination de ce même district (746 livres), ce qui fait au total 7693 livres.
Le 14 frimaire, Jean Arbey qui est tanneur et corroyeur, considérant qu'il est du devoir de tous les citoyens de faire en sorte que 'nos braves défenseurs' aient des souliers, se propose à aider les cordonniers en leur fournissant du

---

[134] Les cuirs de vache grossiers causaient d'innombrables blessures aux pieds des soldats durant leurs longues marches et ils devaient parfois les abandonner.

[135] Au citoyen Beleurgey le 25 octobre 1791. Les ex-propriétés de la cure avaient été vendues dès le 25 mai 1791 par le citoyen Ligny.

[136] La confrérie du Saint Sacrement

112   Les années révolutionnaires à Boux sous Salmaise

cuir apprêté mais il n'a alors plus d'ouvriers pour réaliser le travail aussi demande-t-il que l'on contacte le commandant du second bataillon de Semur afin qu'il libère, pour le temps nécessaire au corroyage, un dénommé Jacques Voisin, lequel travaillait chez lui avant son incorporation comme volontaire à l'armée, pour effectuer cette tâche. Les élus considérant qu'il s'agit d'une vraie démarche civique acceptent alors de présenter la demande.

Alors qu'il est emprisonné à Dijon, le notaire Perrot a toujours en cette fin d'année 1793 le même différent de propriété avec le hameau de Bouzot datant de janvier 1792. Les habitants de Bouzot reprochent à Perrot de s'être approprié une surface boisée sur leur territoire.
C'est Jean Mosson, procureur spécial de Boux, qui porte leur réclamation du terrier[137] d'un canton emplanté de bois qu'ils considèrent comme leur appartenant. L'affaire doit être portée devant le juge de paix de Salmaise. Louis Beleurgey notaire et maire de Salmaise avait été pressenti d'abord pour tenir le rôle d'expert-arbitre en compagnie du notaire Bizot d'Alise Sainte Reine, mais hélas Louis Beleurgey a été mis en état d'arrestation (malgré le certificat complaisamment accordé par la municipalité de Boux) et il faut le remplacer, la municipalité délègue Jean Mosson et Denis Cariot pour se présenter devant le juge.

Ce que la municipalité avait refusé le 17 juin 1792 elle doit finalement s'y résoudre 18 mois plus tard, le 18 frimaire an 2 Nicolas Belin, voiturier, transporte à Semur deux des cloches de Boux, ainsi que 45 livres de vieux linge pour les soldats. Grâce à un décret de juillet 1793 le village a cependant pu conserver la plus grosse des cloches et désormais seules les heures seront sonnées.

Le 21 frimaire (11décembre) le conseil général examine une pétition du comité de surveillance qui demande que l'accès aux cantons de bois soit payant pour certains citoyens, ce sont en fait les fils de 2 conseillers qui sont visés, Pierre Cariot et Jean Berthelemot, on les soupçonne de ne pas avoir charge de ménage. Il est difficile de voir dans cette requête une attribution légitime du comité de surveillance, peut-être une petite vengeance entre élus. Le conseil rappelle que c'est une coutume bien établie dans la commune que les cantons sont proposés à tous les citoyens habitant la commune et

---

[137] Document 'cadastral' de l'Ancien Régime qui spécifiait les limites de propriété, les droits et privilèges d'un seigneur. Terriers et lettres à terriers nécessitaient une description précise des biens-fonds et peuvent ainsi être considérés comme les ancêtres des cadastres, mais au seul service des seigneurs.

disposant d'un feu et que tant qu'une loi ne réformera pas cette coutume la commune s'y tiendra. Les conseillers Cariot et Berthelemot ayant certifié que leurs enfants étaient en ménage, le conseil demande au comité de surveillance de prouver le contraire avant de leur restreindre l'accès aux cantons.
Le même jour des travaux sont décidés pour réparer l'aqueduc au bas de la Grande Rue, les travaux devront commencer le lundi 26, sous la surveillance d'un officier municipal, Jean Vallier, ainsi que du procureur, et sont en principe prévus sur deux jours. Les citoyens requis qui ne se présenteraient pas seraient passibles d'une amende.

La loi sur le maximum général a été votée le 29 septembre 1793 mais de nombreux retards seront constatés dans son application, ainsi à Boux ce n'est que le 11 décembre que le conseil général de la commune publie la liste du maximum qui fixe entre autres le prix de la journée de travail (selon son type, homme, femme,..): pour les manouvriers 12 sols par jour du premier jour de moisson au 1 septembre, 9 sols du 1 septembre au 1 mars, 12 sols en mars et avril, 15 sols en mai et juin, pour les moissonneurs 22 livres par moisson plus 1,5 boisseaux de blé, pour les moissonneuses 15 livres et 1,5 boisseaux de blé, 6 livres 15 sols le journal pour les laboureurs, 6 livres l'ouvrée dans la vigne, 18 sols la journée de fauchage,....ces salaires sont en principe ceux constatés en moyenne en 1790, augmentés de moitié.
La loi[138] instituait d'abord un maximum des prix, équivalents à ceux constatés en 1790 réévalués d'un tiers, pour les grains, la viande et de nombreux produits de consommation de base, dans le but selon les Hébertistes qui l'imposèrent, de lutter contre les accapareurs. Ce fut malheureusement le résultat contraire qui advint, ce qui alimenta la fureur populaire dans les villes. Les paysans, pour se soustraire à la contrainte, distrayaient autant que possible une partie de leur récolte à la curiosité publique. Ce fut sans doute aussi le cas à Boux mais nous n'avons pas trace de ce débat au sein de la municipalité.

Le 22 frimaire (12 décembre) les états des grains, farine, orge et avoine dans la commune sont déclarés officiellement avoir été envoyés aux autorités.
Le 24 frimaire le conseil doit donner au comité des subsistances la liste des tanneurs de la commune. Il n'y en a qu'un seul, c'est Jean Arbey, le précédent maire. Il fait sa déclaration au comité en indiquant le nombre de ses peaux

---

[138] Selon la loi, tout cultivateur devait déclarer la quantité de grains qu'il possédait, les ventes ne pouvaient avoir lieu qu'au marché et les officiers municipaux pouvaient faire des réquisitions chez les détenteurs de grains

tannées suivant leur étape de tannage et leur origine : 207 peaux de vaches, 809 peaux de veaux et 216 peaux de moutons. Le même jour les cordonniers se présentent pour affirmer qu'ils n'ont toujours pas pu fabriquer les chaussures demandées pour les militaires car ils ne disposent toujours pas du type de cuir nécessaire mais se déclarent prêts à en faire dès lors que le citoyen Arbey sera en mesure de fournir la qualité de peau voulue.

Le 25 frimaire, donc avec un retard considérable peut-être dû à des lenteurs administratives locales, les élus du conseil général examinent le décret de septembre sur la dette et l'emprunt forcé sur les riches, c'est à dire pour les citoyens disposant de revenus élevés (à partir de 1000 livres par an). Décidé pendant l'été en pleine crise politique et militaire cet emprunt devait permettre d'équiper l'armée de la levée en masse afin de répondre aux attaques sur nos frontières et à l'insurrection vendéenne, mais il avait aussi comme objectif de lutter contre la dépréciation des assignats en détruisant ceux obtenus par l'emprunt[139] et en remboursant les créanciers en biens nationaux. L'idée sous-jacente était de faire payer les riches qui se tenaient en retrait de la Révolution et ne donnaient pas leur sang pour sa défense. Dans les villages la taxation devait se faire sur un déclaratif des potentiels créanciers avec un contrôle par des commissaires vérificateurs spécifiques issus de la municipalité, avec comme date limite le 30 frimaire.

A cinq jours de l'échéance les élus de Boux se saisissent donc de cette question à un moment où la situation nationale ayant nécessitée l'emprunt a déjà beaucoup évoluée. Le conseil général statuera rapidement qu'aucun habitant de Boux n'est assez riche pour être sujet à l'emprunt forcé, le procès-verbal est lapidaire et il n'y a pas trace de déclarations justificatives bien qu'elles fussent obligatoires. On peut trouver étonnante cette déclaration de la municipalité car plusieurs personnes à Boux disposaient de plus de 1000 livres de revenus annuels, il est vrai que les revenus du travail (les salaires) étaient exclus du calcul et que la composition familiale permettait de relever le seuil à partir duquel devait être calculé la taxation[140], cependant les revenus des biens fonciers[141] servant de base on peut s'étonner de l'absence de madame de Lestrade dans la déclaration alors même qu'elle paiera près de 1000 Livres de contribution foncière en l'an 3. Un emprunt volontaire, décidé en août, permettait à beaucoup de se soustraire à l'emprunt forcé, il est possible que la veuve Lestrade ait souscrit à l'emprunt volontaire mais il se

---

[139] Il y avait 3,8 milliards de livres en assignats en circulation
[140] 1500 livres pour le chef de famille et 1000 livres par personne à charge pouvaient être déduites
[141] Les revenus fonciers représentaient l'essentiel des revenus du pays et plus particulièrement dans les campagnes. L'article 2 de la loi du 3 septembre spécifiait que l'évaluation de ces revenus fonciers devait être conforme à celle portée dans les matrices des rôles de la contribution foncière, 'quoiqu'on sache en général que ces évaluations sont en dessous de la réalité'[14].

peut aussi que les commissaires de Boux se soient montrés incapables ou négligents dans la vérification de l'étendue de ses revenus et déductions autorisées[142], faute de documents il n'est pas possible de trancher. Veuve avec deux enfants, non native de Boux et arrivée depuis 4 ans seulement, n'ayant pas cherché à émigrer, madame de Lestrade se montra discrète dans ses opinions et entretint des relations plutôt apaisées avec la commune et ici cette dernière semble l'épargner. Mal préparé et mal contrôlé l'emprunt forcé fut loin d'atteindre le rendement attendu qui visait la rentrée d'1 milliard de Livres (près du tiers des revenus de la nation) mais il recueillit à peine 30%[143] de cet objectif et l'argent mis plusieurs années à trouver les caisses du Trésor public. La plus grosse partie de cet emprunt exceptionnel provint des villes, il fut en général traité de manière laxiste en zone rurale comme en Côte d'Or où on peut s'interroger sur le fait que 86% des communes se soient déclarées dans la même situation que Boux, c'est-à-dire sans un seul 'riche' sur leurs territoires[144].

Le 28 frimaire (18 décembre) le conseil municipal, sur demande du canton, publie une liste de 30 citoyens (16 de Boux, 6 de Presilly, 3 des Bordes et 5 de Bouzot) possesseurs de chevaux et devant, le lendemain, les amener à Salmaise. Le régiment de chasseurs à cheval de la Côte d'Or est en cours de formation.

Le 1 nivôse (21 décembre) le conseil municipal entend Claudine Rebourceaux, femme de Vincent Cariot qui est cultivateur à Présilly mais aussi un élu du conseil municipal. Son mari, âgé de 57 ans, souffrant d'une hernie est alors dans l'incapacité de travailler et elle demande un certificat afin de pouvoir obtenir un congé pour son unique fils Jean[145] qui a été enrôlé lors de la dernière levée du second bataillon, 4ième compagnie, du district de Semur, alors qu'il est presque impossible de trouver un ouvrier. Bien qu'il s'agisse d'un de ses membres le conseil, après avoir entendu le procureur, à l'unanimité refuse de s'engager et conclut qu'il n'y a pas lieu de délibérer ! Le Conseil a probablement été gêné d'une telle demande émanant d'un élu ou bien a considéré qu'il était délicat, à ce moment-là, d'accéder à la demande.

---

[142] Madame de Lestrade a pu déclarer 2 ou 3 personnes à charge mais disposait aussi de revenus en dehors de Boux, proches comme à Salmaise ou éloignés comme à Verdun.
[143] A la fin de l'an II, 80% seulement de ces 30% étaient dans les caisses de l'Etat.
[144] Nicole Herrman-Mascard [14] écrit que 'Pour la Côte d'Or, la ville de Dijon, à elle seule, fournira 75% des rôles de l'emprunt forcé. On pourrait penser à une surévaluation des fortunes dijonnaises ; en fait il s'agit d'une sous-évaluation systématique des fortunes des districts ruraux, obtenues grâce à la complicité des commissaires vérificateurs et des administrateurs locaux'.
[145] Il a 23 ans, il reviendra sans blessure de l'armée et décédera à Boux en 1842.

Le 5 nivôse Jean Arbey est confirmé comme officier en charge de l'état civil après scrutin de 14 membres du conseil général (13 voix pour lui et 1 pour André Belin).
Le 9 nivôse (dimanche 29 décembre 1793) est le dernier jour des enchères à l'envers pour la levée de l'impôt foncier. Ces enchères ont donné lieu à affichage trois dimanche consécutifs, au premier affichage Jean Malardot a proposé 7 deniers par livre, au second Pierre Cariot, fils du conseiller général Pierre Cariot, a proposé 5 deniers il est surenchéri au troisième affichage par Malardot pour 4 deniers et finalement Pierre Cariot l'emporte en ne demandant que 3 deniers par livre d'impôt (son père se portant caution)[146].

L'agent national

Un décret de la Convention Nationale du 14 frimaire (4 décembre) a institué dans les communes les postes d'agents nationaux, en remplacement des procureurs ; les procureurs en place peuvent être ou non confirmés dans le nouveau rôle d'agent national. L'objectif de cette loi de frimaire est de définir le cadre d'une centralisation forte du pouvoir et de l'administration pendant la période temporaire, mais jugée nécessaire, de la Terreur. Le rôle de l'agent national, plus encore que celui des procureurs, sera de veiller à l'application des lois voulues par le Comité de Salut Public.
  Le 10 nivôse (30 décembre), suite à une circulaire du Comité de Salut Public aux communes après décret de ce même Comité, le conseil général de Boux va donc avoir à confirmer son procureur dans le nouveau poste ou le démettre en le passant "par le creuset de l'épuration". Pour cela un vote est demandé réunissant les 17 élus du conseil et Denis Cariot ne réunit la confiance que de 5 conseillers, en conséquence il renonce à ses fonctions[147]. Aussitôt est organisé un nouveau scrutin pour désigner son successeur, **André Arbey** obtient alors 12 voix, contre 3 à Charles Robin et 2 à Jean Vallier, et il accepte la charge. L'agent national est, suivant l'article 14 du décret, « chargé de requérir et de poursuivre l'exécution des lois, ainsi que de dénoncer les négligences apportées dans cette exécution, et les infractions qui pourraient se commettre ». André Arbey (qui signe A Arbey l'aîné), aubergiste, occupe

---

[146] Cette dernière enchère porte le taux de la levée à 1,25% du total de l'impôt, soit une rétribution d'environ 80 livres pour ce travail.
[147] Il décèdera quelques semaines plus tard, âgé de 57 ans, le 19 ventôse, 9 jours après son épouse

donc à partir du 30 décembre 1794 le poste potentiellement très puissant d'agent national de la commune de Boux[148]. Cependant nous sommes loin du cœur révolutionnaire parisien et à Boux le rôle de l'agent national, comme auparavant celui du procureur, est essentiellement de servir de relai local aux directives de la Convention, du département ou encore du district. En conseil municipal c'est le plus souvent l'agent national qui présente le point à débattre, il donne son avis puis le maire et les élus prennent leur décision et dans ce rôle il ne semble pas qu'il y ait eu jamais de conflit majeur au sein du conseil bouxois. Instance complémentaire au maire il est supposé être une présence locale des autorités administratives supérieures.

L'agent national, création de la Terreur, disparaîtra avec elle en avril 1795. Pour sa part André Arbey n'a pas laissé de trace d'un quelconque extrémisme et ses interventions en conseil municipal furent finalement moins politiques que celles de son prédécesseur, les élus ont fait le choix d'une personnalité modérée alors même que le régime national est en pleine radicalisation.

La première intervention du nouvel agent national sera de réclamer que les élus s'occupent 'sans interruption' des titres et comptes de la confrérie et de la fabrique réclamés par le district révolutionnaire dans une circulaire du 19 frimaire. Pourquoi cette insistance alors que le 4 frimaire la municipalité avait statuée en indiquant que cette affaire avait été réglée dans le cadre de la vente des biens nationaux ? Ne restait en principe qu'un lopin de terre appartenant à la confrérie du Saint Sacrement, c'est en principe une organisation laïque mais nous sommes au début de la période de déchristianisation ; pourtant le pré appartenant à la confrérie à Présilly attendit 1797 pour être acquis comme bien national par Louis Beleurgey.

En réponse à une circulaire du district les officiers municipaux ont fait la tournée de tous les propriétaires et cultivateurs, l'objectif est de comptabiliser les chevaux qu'ils possèdent, la quantité de foin et d'avoine dont ils disposent. Le 14 nivôse (3 janvier 1794), la municipalité tire le bilan de cet inventaire, il en est résulté le constat que de nombreux citoyens visités qui avaient préalablement fait des déclarations à l'administration avaient donné des informations très approximatives. Une leçon de morale est administrée à ces citoyens indélicats, de mauvaises déclarations ne peuvent être le fait de vrais républicains révolutionnaires, c'est le cas notamment de Charles Arbey qui pour sa défense explique « qu'il n'avait pas une bonne connaissance des

---

[148] Pour la commune de Paris ce furent le Bourguignon Chaumette, guillotiné au printemps 1794, qui occupa ce poste après avoir été procureur, suivi par le robespierriste Payan qui sera guillotiné en même temps que Robespierre et Saint-Just

circonstances actuelles » et certifie qu'il se prêterait désormais à toute demande pour le salut de la patrie.

Le 15 nivôse sont délivrés deux passeports, l'un à François Corneille Honoré Ligny pour se rendre à Semur et l'autre à Françoise Louise Daubigné pour voyager dans tout le département. Le passeport pour Ligny sera validé par le comité de surveillance quoique celui-ci l'ait obligé jusque-là à se déplacer strictement dans les limites de la commune.

La déchristianisation

L'année 1794 s'ouvre sur une violente séquence de déchristianisation. Dans le pays un fort mouvement populaire à l'initiative des Hébertistes voudrait transformer les églises en temples de la Raison et se débarrasser des objets de culte qui s'y trouvent. A Dijon le représentant du peuple Bernard est un farouche propagateur d'initiatives contre les églises et les ecclésiastiques. Le 20 brumaire une immense fête de la Liberté s'était déroulée dans l'enceinte de la ci-devant cathédrale Notre Dame de Paris. Le 23 brumaire le Conseil Général de la Côte d'Or, suivant l'exemple de la Saône et Loire, avait publié un arrêté défendant tout signe extérieur de culte dans les espaces publics, demandant aux municipalités de vider les églises de tout symbole ou objet religieux, instituant le changement de nom des communes dont la dénomination commence par Saint (exemple : Saint Rémy sera Mont-sur-Brenne). Le 20 ventôse (10 mars 1794). Les Semurois vont transformer l'église Notre Dame en temple de la Raison.

La foi catholique, les sacrements et les fêtes religieuses étaient ancrées dans la vie paysanne depuis des siècles, la sortie de l'église le dimanche était un lieu de sociabilité important de la vie villageoise, une résistance passive à l'interdiction religieuse se propagea dans de nombreuses campagnes et même dans certaines paroisses parisiennes. Les élus et les habitants de Boux étaient pour beaucoup bousculés dans leurs croyances et voulurent donc faire savoir qu'ils ne souhaitaient pas abandonner le culte catholique, ils adressèrent en ce sens une pétition à un comité de révision qui se situait à Vitteaux ainsi qu'au district de Semur. Le district vidait les églises et Vitteaux était chargé de récupérer l'argenterie des lieux de culte pour les cantons de Vitteaux et Salmaise. Le 21 nivôse (10 janvier) le conseil général est réuni et entend le rapport de l'officier municipal Jean Mosson qui était chargé de la démarche auprès du comité de révision mais celui-ci est en fait revenu bredouille, sans avoir obtenu une réponse précise. Après délibération il est décidé de conserver provisoirement le calice, le ciboire, le portatif et le soleil et d'envoyer à Vitteaux deux petits chandeliers, une croix, les burettes et les fioles d'huiles. Cependant, ne souhaitant pas apparaître comme contre-révolutionnaires, les élus renouvellent leur fidélité aux lois de la Convention et à la Révolution et précisent que si le comité de révision l'exigeait les objets gardés seraient également expédiés car depuis 'les premiers moments de la Révolution la municipalité s'est montrée et se montrera en bons citoyens et que notre (les élus) intention n'a toujours été que d'y entretenir le bon ordre (dans la commune) et nous ferons tout ce qui dépendra de nous pour pouvoir l'y entretenir '. La déchristianisation va donc finalement s'appliquer avec réticence à Boux mais sans plus de remous, la séquence durera à peu près dix-huit mois.

Le 23 nivôse deux membres du 'comité de révision' de Vitteaux, Laurent Arvier et Joseph Personnier, donnent quittance à Jean Arbey qui était chargé du transport de l'argenterie de l'église de Boux.

Le 30 nivôse (19 janvier 1794) le maire a indiqué qu'il fallait descendre les croix et demandé des volontaires pour effectuer ce travail mais personne ne s'étant présenté il est décidé de surseoir à l'opération. Résistance passive, les habitants du village n'ont pas adopté le culte de la Raison, plus urbain, et ne peuvent se défaire du culte catholique qui les accompagne depuis des siècles alors même qu'il va être absent plus d'un an de la vallée.

Le 7 pluviôse (dimanche 26 janvier 1794) Pierre Jean Baptiste Rossin, ministre du culte catholique à Chanceaux et ancien prêtre de Boux, vient demander aux élus avec l'appui de sa municipalité à se faire remettre 15 mesures de froment par le citoyen Jacques Thibaud, cette demande étant validée par une lettre du citoyen Petrot du district. Suivant cette lettre il s'agirait en fait d'une dette de Thibaud envers le prêtre datant probablement de son passage antérieur dans la commune, en cette période de maximum et de contrôle des subsistances Rossin a pris la précaution de se faire appuyer par les autorités. Les élus accèdent la requête autorisant le prêtre à obtenir la quantité de froment indiquée auprès de Jacques Thibaud.

Le 10 pluviôse il est décidé que tous les décrets pressants seront désormais publiés dans les 24 heures de leur réception, au son du tambour. Par ailleurs tous les décadis, sous l'arbre de la liberté à 16h, le maire ou un officier municipal tiendra une réunion d'information. Cette dernière décision est intéressante car elle suggère que la municipalité a validé le fait que les décadis sont des jours de fête ou de repos républicains et remplacent comme tels les dimanches catholiques, mais en fait la municipalité, sans doute pressée par des habitants habitués au repos dominical, n'abandonnera jamais vraiment le dimanche. La volonté républicaine, dès l'adoption du calendrier républicain, de remplacer les dimanches par les décadis a eu des fortunes diverses dans les milieux ruraux.

Ce jour-là (jour de *décadi*) le conseil municipal a convoqué une assemblée générale des citoyens de la commune à partir de l'âge de 21 ans, cela concerne un éventuel partage des biens communaux ainsi que dans ce dernier cas la forme choisie, vente ou amodiation, en application du décret de la Convention du 10 juin 1793. Bien qu'il s'agisse de la troisième convocation il ne viendra que 37 citoyens en réponse à cet appel, aussi les élus décident-ils de convoquer une nouvelle assemblée pour le prochain '*dimanche vieux style*', c'est-à-dire le 2 février (14 pluviôse). Les habitants ayant continué à vaquer à leurs travaux le jour de décadi, les élus espèrent une meilleure audience en revenant aux vieilles habitudes, cependant les archives n'en disent mot.

Le décret du 14 frimaire an 2 concernant la multiplication des centres de fabrication du salpêtre pour fournir de la poudre aux armées est publié dans la commune.

L'affaire du notaire continue à empoisonner la vie municipale du village. François Perrot, alors détenu à Dijon, a fait fonctionner ses relations au district, bien que celui-ci soit en train de basculer entre les mains des Jacobins, afin d'obtenir son élargissement et retrouver son étude. Le 12 pluviôse le maire lit une lettre du comité de surveillance de Dijon concernant cette affaire ; Perrot a réussi à faire passer sa requête auprès du représentant du peuple en mission Prost qui alterne en Côte d'Or avec Bernard, lequel a demandé son avis au comité de surveillance dijonnais qui, ignorant tout de la situation, demande des éclaircissements sur l'arrestation du notaire au comité de surveillance de Boux. Le conseil municipal s'étonne que le citoyen Prost n'ait pas eu accès aux motifs de l'arrestation puisque ceux-ci ont été envoyés à la Convention. La municipalité se dit prête à donner les détails sur le refus de certificat et les diverses dénonciations, elle pense qu'elle n'a pas la preuve que les dénonciations contre le notaire n'étaient pas fondées et ne sait pas si celui-ci a pu démontrer le contraire. Procès-verbal envoyé au comité dijonnais.

Le 20 pluviôse (8 février 1794) en assemblée municipale l'officier Vincent Cariot qui a semble-t-il retrouvé la santé expose le cas de son fils Jean, celui-là même que sa mère voulait voir rentrer à la maison en décembre. Jean Cariot a été arrêté par les gendarmes et emprisonné à Chanceaux alors qu'il devait se trouver dans son bataillon de volontaires alors stationné à Auxonne.

Après son examen, l'officier de santé d'Is sur Tille considérant son état physique a accepté qu'il soit remis aux bons soins de sa mère jusqu'à guérison. Vincent Cariot s'engage devant les élus à ce qu'il réintègre son bataillon dès son rétablissement. S'est-il 'rétabli' ? Non, il sera réformé définitivement en juin et il vécut, âgé, jusque sous Louis Philippe.

Le 28 pluviôse se présente le citoyen Bernard Sopotte, vigneron, venu plaider la cause de son père Bernard Sopotte âgé de 72 ans, dans l'incapacité de se déplacer, et de sa mère âgée de 62 ans. Le couple a deux fils actuellement dans l'armée (Claude et Etienne), le premier dans le douzième régiment de dragons [149] basé à Compiègne et le second engagé dans la première réquisition du bataillon de Semur. Le couple Sopotte se dit hors d'état de faire le moindre ouvrage et voudrait obtenir le retour d'un de ses fils. Contrairement à la décision qui avait été prise le premier jour de nivôse pour Cariot les élus font une lettre de recommandation à l'administration du district.

Le citoyen Caré, commissaire pour la réquisition des chevaux du canton de Salmaise, se présente au conseil municipal le 29 pluviôse pour demander l'exécution de la réquisition du cheval de Bernard Belin en date du 21. Le conseil réitère donc la notification de la réquisition à Belin pour que son cheval soit conduit à Semur dès le lendemain.

Nicolas Marie Dumont, membre du conseil d'administration du district, accompagné de Nicolas Chaignet, maire de Torcy et commissaire nommé par le district, se présentent le 30 pluviôse (18 février 1794) à Boux. Ils ont pour mission de faire un recensement des grains dans le canton préalable à une réquisition ordonnée par Fouché au profit de Commune Affranchie où il est représentant du peuple avec Collot d'Herbois. Commune Affranchie fut le nouveau nom attribué à Lyon après que sa révolte ait été matée en octobre 1793 suivie d'une répression féroce qui fit plus de 1600 victimes. Deux affiches imprimées sont remises au maire, elles annoncent la réquisition de 165000 quintaux (de 48,950kgs) de blé sur le département de la Côte d'Or pour approvisionner Lyon et les troupes qui y stationnent.[150]

En février et mars 1794 dix personnes sont guillotinées à Dijon et 25 autres sont envoyées au Tribunal Révolutionnaire de Paris qui, en cette période, reconnaissait rarement des innocents à l'issue de ses jugements.

---

[149] Si cette information des parents est exacte, alors Claude Sopotte ne demeura pas versé au régiment de chasseurs de la Côte d'Or. Le 12eme dragon ci-devant Artois participa à la bataille de Fleurus en juin 1794. On le trouve ensuite désigné comme dragon dans le 8eme bataillon de la Côte d'Or, ce qui est curieux puisqu'il n'en comptait pas.

[150] Désapprouvant les massacres de masse commis à la mitraille, Robespierre fit rappeler Fouché à Paris dès le 10 germinal (30 mars) et tenta ensuite de l'écarter politiquement. Se sachant en danger Fouché eut un rôle actif dans la préparation du 9 thermidor.

La bataille du salpêtre, le notaire réapparait

La fabrication de la poudre à canon est vitale pour les armées de la République, elle implique l'utilisation de grands volumes de salpêtre. Devant une certaine pénurie le Comité de Salut Public a décrété en décembre 1793 'l'extraction révolutionnaire du salpêtre' et dans chaque district des délégués doivent former et motiver les paysans à la fabrication du salpêtre, mais il s'avère que c'est une tâche qui inspire très peu les villageois de Boux. Le 30 pluviôse, jour de décadi, le maire Jacques Lombard se présente près de l'arbre de la liberté afin de publier pour la troisième fois le décret qui demande la multiplication de la fabrication de salpêtre dans la commune mais il finit par se retirer après avoir attendu assez longtemps et constaté qu'aucun citoyen ne se présentait pour entendre la publication[151].

Le 3 ventôse an II (21 février 1794) le citoyen Nicolas Lefort, commissaire de la société populaire de Vitteaux et sans doute délégué par le district, est reçu par les autorités de la commune. Il est chargé de faire le tableau de tous les élus et de répertorier les citoyens aptes à une charge publique et n'en ayant pas encore.

Le 5 ventôse les officiers municipaux doivent malheureusement constatés l'incapacité de la commune à fournir du salpêtre. Les raisons invoquées, terrain trop humide, manque de temps, masquent surtout la méconnaissance du procédé et la peur de passer du temps improductif à cette tâche. Conscients cependant de l'importance du sujet les élus décident de demander un formateur aux administrateurs du département et se proposent de lui fournir un logement pendant son séjour.

---

[151] Cette difficulté à mobiliser sur la fabrication du salpêtre n'est pas propre à Boux, elle est générale au moins sur l'Auxois et durera puisque le 19 vendémiaire an 3 (10 octobre 1794) l'agent national du district est contraint d'envoyer la note suivante à tous les officiers municipaux et agents nationaux : '' Citoyens, La Convention Nationale, par un décret du 29 germinal dernier, a ordonné le brûlement et la conversion en salin, de toutes les herbes et plantes qui ne servent ni à la nourriture des animaux, ni aux autres usages domestiques. Tous les citoyens et principalement les femmes et les enfants ont été invités à se consacrer à ce travail précieux pour la République, puisqu'il doit fournir une matière nécessaire à la fabrication du salpêtre destiné à foudroyer les ennemis de la liberté. Ce motif doit être bien puissant sur des cœurs républicains. Cependant, quoique cette loi et l'instruction qui est à la suite aient été réimprimées et répandues avec profusion dans tout ce district, il est très peu de citoyens qui se sont livrés à ce travail intéressant. Mes fonctions me font un devoir de ranimer votre zèle sur cet objet que votre civisme n'aurait pas dû vous permettre de perdre de vue…''.

Le 12 ventôse (2 mars 1794) un certificat de civisme et un passeport pour se rendre à Verdun sont fournis à François Camille Honoré Ligny. Le conseil général reçoit ce jour-là Marie Thibault demeurant aux Bordes et ci-devant Ursuline à Autin et celle-ci devant le conseil réuni prête le serment de la Liberté et de l'Egalité, après quoi le secrétaire greffier lui remet le procès-verbal de cette prise de serment.
Ce même jour les conseillers prennent connaissance du jugement, en date du 27 pluviôse, du représentant du peuple Ploche Fer Bernard concernant François Perrot. Dans sa note Bernard qui ne semble pas être très bien informé présente Perrot comme un cultivateur[152] (ce qui amusera beaucoup le comité de surveillance de Boux qui déclarera que Perrot n'a jamais cultivé autre chose que du papier avec sa plume !), père de 4 enfants, n'ayant été emprisonné à Dijon que parce qu'il n'était pas nanti d'un certificat de civisme alors que le refus de ce certificat pourrait n'être que le résultat de chicanes et d'accusations douteuses, il précise également que rien de compromettant n'a pu être trouvé dans ses papiers et en conclusion il arrête que Perrot sera remis en liberté sous l'autorité des autorités constituées de son domicile. Il s'avèrera rapidement qu'il s'agit en fait d'une erreur administrative due à une homonymie, le sieur Perrot dont Bernard a demandé l'élargissement est un cultivateur de Torcy et dès que le Représentant du Peuple, alerté par le comité de surveillance de Boux, comprendra l'erreur il réclamera, par un courrier du 16 ventôse, le retour immédiat du notaire à la maison de réclusion de Dijon[153].
Le notaire va donc temporairement réapparaître à Boux mais, par l'action du comité de surveillance, il retrouvera rapidement le château de Dijon d'où son élargissement final n'interviendra que plusieurs mois plus tard, en octobre (le 28 vendémiaire).

Le 21 ventôse (11 mars), en séance publique, est fait lecture d'une circulaire du district portant réquisition des toiles, treillis, coutils, propres à faire des sacs ainsi que le fil pour faire des toiles. Un commissaire est nommé, le maire accompagné de l'agent national, pour faire la tournée du village afin de rendre une réponse rapide au district.
Le 22 ventôse est renouvelé le mandat de Claude Malardot qui en tant que tambour de la commune assure la communication de la municipalité vers les habitants de Boux. Cependant Malardot refuse de réaliser ce travail pour la même rémunération que l'année écoulée (8 livres), considérant qu'il doit

---

[152] En dehors de la famille Lestrade le notaire est le plus gros propriétaire foncier de la commune, en plus de ses 250 journaux de terre et 20 ouvrées de vigne, le tout affermé, il possède 6 maisons dans le village.
[153] Courrier figurant dans le dossier individuel de François Perrot des archives L2232 de Dijon

maintenant publier aussi tous les décrets il demande à être payé 12 livres et les élus acceptent ces nouvelles conditions.

Le 26 ventôse le conseil municipal nomme 2 députés, Jacques Thibault (officier municipal) et Jean Berthelemot (notable), pour se rendre à Salmaise débattre de l'organisation de la garde nationale, ils seront porteurs de la liste des citoyens de Boux et leurs âges.
La citoyenne Marie Thibault, ci-devant Ursuline qui a prêté serment quelques jours plus tôt, obtient un certificat de résidence.
Le conseil général établit, à la demande du district, la liste des indigents de la commune. Cette liste se compose de 7 femmes dont 4 sont veuves et l'une est aveugle.
Le 30 ventôse (20 mars) François Camille honoré Ligny obtient un certificat de résidence qui lui est réclamé par la municipalité de Salmaise.

Le 4 Germinal (24 mars 1794) Hébert, rédacteur du Père Duchesne, et les Hébertistes (la faction dite des Exagérés) sont guillotinés. Le 16 Germinal (5 avril) Danton et Camille Desmoulins (les Indulgents) sont guillotinés. "...les royalistes témoignent de la joie qui les saisit, quand, ce miracle improbable, ils le virent et le touchèrent : Danton arrivant aux prisons. Danton tué par Robespierre, la République égorgée par la République. Ce sentiment était commun à tous les contre-révolutionnaires de l'Europe" [5].

L'effort militaire du printemps 1794, l'église close.

Au printemps 1794, l'Armée de l'an II est une armée complètement réorganisée où les cadres issus de l'aristocratie sont maintenant totalement remplacés par de tout jeunes généraux. Cette armée va, avec l'arrivée de l'été, cumuler les victoires sur tous les fronts. Au nord Fleurus le 22 juin marque une défaite importante de la coalition montée contre la République. L'effort militaire intense désormais va peser aussi de plus en plus lourd sur les campagnes, comme à Boux, pour assurer le ravitaillement des unités combattantes.

Le 17 germinal (dimanche 6 avril 1794) un certificat de civisme est remis à Bernard Belin et un certificat de résidence est remis à Jean Baptiste Mariglier. Vincent Cariot est désigné pour représenter la commune le 19 à Salmaise dans le cadre d'une formation à la fabrication du salpêtre.

Le conseil municipal conformément au décret de la Convention Nationale du 21 Pluviôse établit la liste des citoyens qui ont des enfants engagés dans la défense de la Patrie et qui à ce titre et suivant la loi ont droit à un secours de l'Etat. Il y en a 23, nombre assez considérable si l'on sait que certains ont plusieurs enfants enrôlés, tous ne sont pas dans le besoin et 10, suivant l'esprit de la loi qui demande aux citoyens aisés de ne pas réclamer, déclarent renoncer au secours auquel ils ont droit[154]. Suivant la loi le vérificateur des aides doit être choisi parmi ceux y ayant droit, c'est Jacques Arbey Brusley qui est nommé par le conseil municipal pour cette mission. Deux citoyens choisis parmi les plus gros contribuables de la commune sont chargés de la distribution des aides : Claude Belin et Charles Richard.

Jean Personnier, volontaire réformé, est interrogé par l'officier municipal Jean Vallier après une dénonciation à son encontre pour des faits de vol qu'il aurait commis avec un certain Dallery, habitant de Bligny. L'officier rappelle la loi et la nécessité de punir les malfaisants, Personnier réplique en disant qu'il existe un "foutu tas de canailles par ici" en visant sans doute ses dénonciateurs. Vallier se contente de signer ce procès-verbal.

Le 19 germinal Vincent Cariot rend compte de son déplacement le jour même à Salmaise sur le thème de l'instruction à la fabrication du salpêtre, après quoi les élus décident, mais sans mesures exécutives, que les terres propres au salpêtre seront lessivées dans la commune.

Le 24 germinal ce sont deux gardes champêtres, Bernard Sopotte fils et Jean Lombard, qui remettent ensemble leurs démissions pour des motifs personnels non explicités.

Le 25 germinal, en exécution d'une circulaire du district, une commission composée du maire, de deux officiers municipaux et de l'agent national est chargée de faire l'inventaire des pailles et foins détenus et potentiellement superflus.

Jean Arbey présente aux élus réunis un reçu du bureau des équipements militaires de Dijon pour une livraison de cuir exécutée par ses soins.

Le département de la Côte d'Or a émis une réquisition de 6000 quintaux de grains à destination du district de Semur lequel requiert la livraison de 50 quintaux de blé, 50 quintaux de seigle et 50 d''orge à la commune de Boux. Le 28 germinal le conseil municipal prend connaissance de la réquisition et décide que les officiers municipaux se réuniront le lendemain à 5h du matin pour faire les visites domiciliaires chez les citoyens possesseurs de grain afin de déterminer les quantités requises auprès de chacun.

---

[154] Voir en annexe la liste des parents des soldats de l'an 2

126   Les années révolutionnaires à Boux sous Salmaise

Le 1 floréal an II (dimanche 20 avril 1794) l'ex bénédictin Mariglier, dernier prêtre en fonction à Boux et le troisième en 4 années, quitte la commune pour aller s'installer à Flavigny alors même qu'il vient d'obtenir un certificat de résidence, il faut dire que l'église est désormais vide de tout objet de culte. L'église n'est plus le centre vivant du village et sera désormais sans curé, le citoyen Claude Robin qui occupait la fonction de marguillier déclare ne plus pouvoir tenir ce poste puisque sa mission a été abolie par la loi, de même il considère ne plus être en mesure de s'occuper de l'horloge dont la dernière cloche sonne les heures.

L'église est désertée mais les élus veulent établir un lieu de représentation de la République dans le village, le conseil général émet une pétition vers le district pour être autorisé à construire la chambre commune ainsi qu'une chambre pour le comité révolutionnaire. On a vu que cette volonté des élus de Boux de posséder un local pour la mairie n'aboutira pas avant le milieu du siècle suivant.

Le 2 floréal la commune reçoit une nouvelle liste des émigrés et fait afficher la circulaire du district portant la décision de mise sous séquestre des biens des parents d'émigrés.

Le 6 floréal, nouvelle levée extraordinaire de chevaux pour le service de la République. Douze chevaux furent réquisitionnés chez huit citoyens, ils furent amenés dès le lendemain à Salmaise par les officiers municipaux. Au final il s'agissait à Salmaise de sélectionner, parmi ceux amenés, quatre chevaux ou juments considérés bons pour le service et dans le choix figura une jument appartenant à Bernard Belin, ancien procureur de la commune et membre du comité de surveillance, qui en fut très contrarié. Pour tenter de récupérer sa jument Bernard Belin envoya une pétition au maire de Salmaise (Beleurgey) et à son agent national (Versey), lesquels demandèrent à la commune de Boux de trouver elle-même la solution. Les élus examinèrent la question le 11 floréal. Bernard Belin invoquait le fait qu'il avait déjà été réquisitionné pour deux chevaux et compte tenu de la taille de son exploitation, de l'état des chevaux qu'il lui restait, il réclamait la restitution de la jument qui, selon lui, était 2 fois plus âgée que ce qui avait été déclaré (12 ans) et en plus grosse de 3 mois d'un poulain ; en conclusion il considérait qu'on pourrait bien trouver un autre cheval dans le village. Les élus refusèrent la demande en arguant du fait qu'avec 5 chevaux Bernard Belin disposait encore d'une écurie suffisante pour travailler ses cultures.

Le 14 floréal (3 mai 1794), la municipalité réquisitionne Jean Arbey, en tant que tanneur, et Benigne Voisin, bourrelier, pour fabriquer et fournir à Salmaise des harnais et colliers pour 2 chevaux.

Le 21 floréal, Jean Cariot (fils de Vincent) revenu provisoirement de son bataillon et résidant à Boux chez son père est réquisitionné par le citoyen Jeaniel de Salmaise, commissaire salpêtrier, pour aider à la fabrique de salpêtre. Cet arrangement permettait d'éviter son retour direct à son bataillon, cependant la municipalité déclare qu'elle ne s'opposerait pas à une demande de retour aux armées, ne souhaitant pas être compromise. Le lendemain son père, Vincent Cariot, présente au conseil un certificat de l'officier de santé Lambert de Boux qui autorise son fils à réintégrer la vie civile jusqu'au 1 prairial (c'est à dire pour 9 jours).

Le 22 floréal (dimanche 11 mai), l'ancien curé Mariglier demande un certificat attestant qu'il a résidé à Boux entre décembre 1792 et juillet 1793. A la suite de leurs visites domiciliaires du 27 germinal les officiers municipaux avaient constaté l'impossibilité de fournir les quantités de seigle et d'orge demandées vues les faibles récoltes de ces céréales, ils ont alors difficilement réuni 50 quintaux de froment, pris chez 8 propriétaires, dont ils organisent le convoyage vers Semur pour lendemain 23. Dans le même voyage seront transportées 133 livres de fer provenant des battants des cloches de l'église et de leurs supports.

Le 26 floréal, suite à une circulaire du district du 23, le maire demande que deux députés soient nommés parmi les membres du conseil afin de faire dès le lendemain le tour de tous les citoyens du village pour évaluer exactement les volumes de grains détenus et prélever les quantités qu'ils jugeront nécessaires. Cette mission fait suite à celle de germinal qui avait pourtant conclu au faible stock de grains disponible dans le village, sous la forte pression du district confronté à la question des subsistances.

Le 30 floréal Jacques Pignot[155], prêtre, déclare à la commune qu'il renonce à son poste à La Roche Vanneau et qu'il élit domicile à Boux, son lieu de naissance, où il réside d'ailleurs depuis le 22 germinal. Il est imité par un autre prêtre, Claude Arbey renonçant également à son ancienne affectation à Saffres et qui demande à élire résidence à Boux[156]. Deux prêtres, chassés par la déchristianisation, reviennent vivre sur leur lieu de naissance.

La tournée entamée le 27 floréal a malgré tout donné quelques résultats et le 1 prairial (dimanche 20 mai 1794) est un jour de levée du grain réquisitionné pour les armées de la République. L'inventaire a permis de répertorier 20 propriétaires cultivateurs en mesure de fournir des grains et parmi ces

---

[155] Un des sept de la fratrie dont on a vu les questions d'héritages débattues en conseil municipal.
[156156] Claude Arbey avait prêté le serment constitutionnel en février 1791 à Saffres. Agé de 63 ans il était très affaibli mentalement par la maladie. Il retrouvera son ministère à Saffres en l'an VI.

réquisitionnés les plus gros fournisseurs furent Pierre Moreau, Charles Richard, Jacques Baudot, Vincent Cariot, Jacques Thibault, Charles Arbey, Jean Arbey et André Belin. Furent fournies 50 quintaux de froment, 18 quintaux et 45 livres de conceau (mélange de froment et de seigle) et 13 quintaux et 30 livres d'orge.
Selon leur estimation les élus considèrent désormais qu'une partie de la population n'a pas pour plus de 2 semaines à 1 mois de provisions et devant cette situation, devant cet état de dénuement d'une partie des villageois, ils décident qu'une petite partie des grains réquisitionnés resterait dans la commune pour être distribuée aux nécessiteux.
Le 6 prairial déposition de Bernard Belin au sujet d'un certain Louis Madelain Bertrand 'dit du Ponceau' dont il vient d'apprendre qu'il aurait été fusillé ou guillotiné à Lyon et dont la succession concernerait plusieurs personnes du canton. Le tribunal de la commune enregistre simplement cette déclaration et ensuite il inflige des amendes à 4 personnes s'étant rendu coupables de mener leurs bêtes se nourrir dans des propriétés ne leur appartenant pas.
Le 7 prairial se présente la citoyenne Claire Ligny, ex religieuse native du Chatillonais, munie d'un passeport qui lui a été délivré à Châtillon afin de venir résider à Boux, ce qui lui est accordé.

Le 8 prairial le conseil débat de la demande insistante du district pour une livraison de grains complémentaires et aboutir au contingent attendu par la réquisition, la situation est difficile alors que six jours plus tôt le manque de subsistances pour une grande part de la commune a été constaté. Une nouvelle tournée des propriétaires est alors programmée. Les officiers municipaux décident ensuite de faire suivre au juge de paix une dénonciation reçue par le comité de surveillance du citoyen Jean Bizot envers Jacques Drioton garde des bois de Boux. Jacques Drioton est accusé de laisser champoyer des bêtes dans les bois communaux, les élus se transporteront finalement quelques jours plus tard dans ces bois et ne relevant rien d'anormal concluront qu'il n'y a finalement pas lieu à poursuites.

Le 10 prairial (29 mai 1794) Claude et Nicolas Belin sont requis pour transporter le grain manquant encore au contingent réquisitionné ainsi que tous les métaux (chandeliers…) encore présents dans la ci-devant église ainsi que le vieux linge détenu dans la commune. Jacques Culnet et Jacques Thibault sont réquisitionnés de plusieurs dizaines de quintaux de foin qui seront chargés et transportés par 6 autres cultivateurs de Boux. Le lendemain les deux Belin ont chargé tout ce qui devait être convoyé à Semur en clôture de la réquisition du 17 germinal, à savoir : 5 quintaux de métaux provenant de l'église, 4 quintaux et 28 livres de linges et chiffons provenant des citoyens de la commune et 18 quintaux de blé.

Le 13 prairial Vincent Cariot présente à la municipalité le certificat de réforme définitive de l'armée de Jean Cariot, son fils.

La fête de l'Etre Suprême

Le 17 prairial (5 juin 1794) le conseil général débat de la Fête de l'Etre Suprême qui doit avoir lieu le 20 (dimanche 8 juin). Le culte de l'Etre Suprême était une initiative de Robespierre qui rejetait l'athéisme des sans-culottes tout comme le culte de la Raison et souhaitait accommoder les croyants. Cette fête préparée par le conseil général en accord avec le comité de surveillance verra la quasi-totalité de la population participer aux réjouissances où Bernard Belin tiendra le rôle honorifique de magistrat du peuple. Boux, à son échelle, mettra ses pas dans ceux de la fastueuse cérémonie parisienne.

A Paris, cette grande fête voulue par Robespierre pour rejeter l'athéisme et glorifier la Révolution fut mise en scène au Champ de Mars par le peintre David et fut la dernière célébration de Robespierre qui apparut comme le grand officiant d'une cérémonie fastueuse. "Robespierre posé devant le peuple comme une sorte de pontife civil, unissant les deux pouvoirs" (Michelet) ; mais déjà beaucoup grondent à la Convention contre la possibilité d'une dictature du tyran.

A Dijon, alors au summum de l'emprise jacobine sur l'administration communale et départementale, le maire Sauvageot prononce un grand discours 'en mémoire de l'heureuse destruction du fédéralisme'. Il y fustige les girondins, leurs partisans dans l'administration départementale un an auparavant, mais aussi Hébert et Danton récemment exécutés. Après la chute de Robespierre, Sauvageot sera destitué par les thermidoriens et même arrêté en l'an III.

Après la fête[157] c'est le retour au dur quotidien de la vie villageoise dans une économie de guerre. Le 26 prairial deux commissaires chargés des réquisitions et recensements pour le canton de Salmaise sont présents dans la Municipalité, des décisions de réquisitions sont prises impactant une

---

[157] Détaillée dans le chapitre sur le comité de surveillance.

quarantaine de citoyens et citoyennes du village : sacs de farine, de froment, d'orge doivent être livrés sans tarder.
Le 28 prairial la commune délivre un certificat de civisme à Jean Arbey, le précédent maire. En ce même jour, plus de 3 mois après le décret de la Convention Nationale, Jacques Lombard fait publier le dernier tableau général du maximum pour les marchandises. Le maximum pour les marchandises mécontentait les producteurs agricoles alors que la valeur des assignats se dévaluait sans cesse, le maximum pour les salaires mécontentait les travailleurs des villes et cette addition des mécontentements ne comptera pas pour rien dans l'apathie du peuple à défendre le gouvernement révolutionnaire au moment de sa chute en thermidor.

Le 7 messidor (25 juin 1794) nouvelle réquisition du directoire du district envers les citoyens aisés, il faut fournir 10 sacs propres à contenir du grain pour l'approvisionnement des armées de la république.

8 messidor : victoire de Fleurus. La coalition anglaise, autrichienne et prussienne se replie et quitte la Belgique.

Le 11 messidor, en exécution de l'arrêté du comité de salut public, décision de recensement de tous les chevaux et juments du village. Le canton de Salmaise doit fournir 100 chevaux à l'armée, les communes de Boux et Charancey réunies doivent en fournir 8. Parmi les 4 chevaux réquisitionnés à Boux il en est un qui sera réformé et il faudra, au prix de visites domiciliaires dans les deux communes, en choisir un autre.
Le 15 messidor, André Arbey agent national de la commune relaie la demande du comité de salut public concernant la réquisition de toute l'avoine disponible dans le pays. Les visites domiciliaires effectuées par l'agent national accompagné par les officiers municipaux ont permis la réquisition de 13 sacs d'avoine.

L'atmosphère de la Terreur est sensible dans la pression civique que l'on peut observer dans cette campagne bourguignonne de Boux pourtant bien éloignée des principaux théâtres d'opération de la Révolution. Pour répondre aux réquisitions les visites domiciliaires sont fréquentes et la dissimulation des biens rendue difficile. L'activité des gardes-champêtres et forestiers, voire même des officiers municipaux, conduit à de nombreux petits procès qui se traduisent cependant par des peines d'amende raisonnables. Il arrive même, comme ce fut le cas avec la citoyenne veuve Personnier ou encore Claude

Robin, que le fautif se présente volontairement devant le tribunal communal pour demander à y être jugé suite à un rapport émis contre lui.

Le 18 messidor le conseil municipal, sur demande de l'agent national, décide une mobilisation de la population pour le lendemain 13h afin de remettre en état les chemins de la commune.
Le 20 messidor deux commissaires de Salmaise en charge des réquisitions de grain du canton sont présents une nouvelle fois et entament avec les élus des visites domiciliaires chez tous les possesseurs potentiels de grain. Le contingent requis pour Boux est de cinquante et un quintaux et cinquante livres de grains, froment, conceau, orge et farines. Pour atteindre ce volume une liste de 51 propriétaires avec leurs fournitures propres est établie et il est planifié que les quantités mises en réquisition seront collectées par 4 cultivateurs de la commune pour être transportées le lendemain à Semur. En pratique cela va mettre un peu plus de temps pour prendre livraison auprès des propriétaires et Boux ne pourra finalement pas livrer, au début de fructidor, plus de 40 quintaux au magasin de Semur qui seront payés 575 livres moins 60 livres de taxes, soit 515 livres [158].

Le 22 messidor le district de Semur fait la demande de 2 voitures avec attelages de 4 chevaux afin de transporter des subsistances du magasin de Semur à l'armée stationnée à Belfort. Ce type d'attelage n'existe pas dans la commune et pour répondre à la réquisition les élus proposent 2 voitures avec attelages de 3 chevaux et une voiture avec attelages de 2. Les voitures seront fournies par Jacques Arbey, Charles Arbey et Pierre Cariot. Les 8 chevaux seront fournis par 8 citoyens. Trois conducteurs de la commune mèneront les attelages, François Baudot, domestique de Bernard Belin, conduira la première voiture chargée de la surveillance de l'ensemble des attelages, les autres voitures seront menées par Nicolas Robin et Jacques Robin de Bouzot, fils de Bernard.
Le 27 messidor (15 juillet) en assemblée les élus municipaux entendent le citoyen Charles Richard qui, se trouvant la veille à Vitteaux, est chargé d'un message. Les 3 convoyeurs envoyés par la commune avec les 3 attelages ont chargé au magasin de Semur des vivres pour ravitailler l'armée à Belfort mais il se trouve que 2 des chevaux fournis, une fois arrivés à Vitteaux, se sont révélés hors d'état de faire le voyage et il est donc nécessaire de les remplacer. Bernard Belin et Jacques Arbey sont désignés pour fournir chacun un cheval apte à effectuer le transport.

---

[158] Soit un peu moins de 13 livres (en assignats) le quintal, transport compris, alors qu'en 1789 au marché de Châtillon le sac de 200 livres de froment coûtait 27 livres.

Le même jour le conseil organise la mise en œuvre du décret de la convention nationale du 21 pluviôse concernant les pensions, indemnités et secours accordés aux défenseurs de la Patrie et à leurs familles. Ces versements étaient définis comme trimestriels, celui-ci fait donc suite à celui de germinal. Deux vérificateurs sont nommés, Jacques Arbey Brusley et Claude Cariot, les distributeurs des secours seront encore Charles Richard et Claude Belin. Onze personnes ont déclaré faire don à la Patrie des indemnités auxquelles elles auraient eu droit tandis que quatorze citoyens ou citoyennes (veuves) bénéficieront des secours (voir liste en annexe).

Toujours ce même 27 messidor (17 juillet) les élus municipaux, tel que requis par une circulaire du district de Semur en date du 14, se sont transportés dans l'église pour faire un inventaire du linge qui y était encore contenu. Onze articles ont été répertoriés : 32 nappes tant bonnes que mauvaises (sic), 8 chasubles avec leur assortiment, le dais avec son assortiment, 6 surplis, 6 aubes, la chape, 10 devants d'autel, le drap de mort, plusieurs assortiments des autels et de la Vierge, deux rideaux et la bannière. Tout ce linge ecclésiastique ainsi que 7 quintaux et 80 livres d'avoine réquisitionnés chez six cultivateurs du village sont confiés à Claude Belin pour son transport à Semur le lendemain.

La chute invisible de Robespierre

Le 9 thermidor (27 juillet) à Paris vit la chute de Robespierre et Saint-Just. Ils furent guillotinés le lendemain, en soirée, avec une vingtaine de leurs partisans (Couthon, Dumas...) sur la place de la Révolution.

Les évènements de Thermidor à Paris n'ont fait l'objet d'aucun commentaire dans les procès-verbaux de la Municipalité, vécus dans l'indifférence comme une énième purge de contre-révolutionnaires. Il est vrai que les administrations du district et du département en place sous la Terreur ont perduré plusieurs semaines. Le 14 thermidor les administrateurs du département envoient une adresse à la Convention Nationale pour exprimer leur satisfaction qu'elle ait déjoué la 'conspiration de Robespierre'. Durant le trimestre qui suivra, rien ne semblera avoir changé politiquement, les Jacobins locaux n'ont d'ailleurs pas protesté contre la chute de Robespierre et ont demandé la poursuite de la Terreur, mais bientôt la Convention thermidorienne inaugurera un nouveau cours, fermera la société populaire des Jacobins de Paris (le 22 brumaire, 12 novembre).

La société populaire de Semur sera fermée le 11 nivôse (31 décembre) par un arrêté du Représentant du peuple Calès, thermidorien arrivé le 17 octobre à Dijon pour remplacer Bernard de Saintes rappelé à Paris quelques mois plus tôt, comme l'ensemble des représentants en mission, au moment de l'exécution des Hébertistes, au printemps 1794. De Saintes était un ennemi personnel de Robespierre auquel il s'opposa le 22 prairial à la Convention, avec d'autres, pour empêcher que la loi de renforcement de la Terreur présentée par Couthon soit finalement un Instrument entre les seules mains des robespierristes, menaçant même la protection des députés de l'Assemblée. Malgré cela il fut incarcéré en l'an III comme terroriste mais finira sa vie à l'étranger, banni au moment de la Restauration. L'arrivée de Jean Marie Calès ouvrira la période thermidorienne en Côte d'Or, dès son installation à Dijon il fera savoir que la politique de la terreur était terminée, cependant et pour quelques semaines encore, par inertie, rien ne sembla avoir changé.

Les livraisons des produits réquisitionnés pour les armées nécessitaient plusieurs jours de marche pour les attelages sur des chemins longs et parfois difficiles. Les voituriers devaient entretenir les chevaux et l'attelage, se nourrir et se loger en chemin et les frais occasionnés réduisaient d'autant les sommes payées par les magasins livrés. Un exemple édifiant est la livraison bien compliquée faite à Belfort par Jacques Robin et François Baudot suite à la réquisition du 22 messidor.

Le 11 thermidor (29 juillet) les élus reçoivent Jacques Robin, un des voituriers partis pour Belfort dix-neuf jours plus tôt, il vient relater les péripéties difficiles de cette livraison. Arrivés à Belfort le magasin de l'armée leur a demandé d'effectuer leur livraison à Huningue, de l'autre côté du Rhin, et donc de poursuivre leur voyage sur une quinzaine de lieues. Après leur retour au magasin de Belfort, les voituriers ont été obligés, malgré l'état des chevaux et des voitures et sous peine de prison, de charger du fer afin de le livrer à Arcis-sur-Aube. Ils font alors le choix curieux de revenir sur Dijon pour retrouver la route de Troyes mais arrivés à 2 lieux de Dijon avec ce nouveau chargement une des voitures s'est totalement brisée. Le convoi cloué sur place, Jacques Robin est rentré à Boux avec une charrette vide et les deux meilleurs chevaux pour demander du secours, les deux autres voitures, dont la voiture cassée, et les six autres chevaux fatigués restant confiés à la garde de Baudot. Pour s'assurer de la véracité des faits rapportés Bernard Belin va être envoyé comme commissaire sur les lieux, il devra fournir un avis sur l'état des 2 charrettes restantes ainsi que sur les chevaux afin que la municipalité puisse aviser des suites à donner. Les coûts engendrés par ces livraisons sont énormes au regard des sommes perçues, les voituriers se plaignent des tarifs exorbitants qu'on leur a appliqués dans les auberges pour leur hébergement et celui des chevaux, des réparations qu'ils ont dû effectuer, ils n'ont cependant pas vraiment de justificatifs à soumettre. Jacques Robin explique avoir dépensé 261 livres sur les 500[159] qu'il a reçues, son salaire se montant à 51 livres (3 livres par jour), François Baudot pour sa part est rentré à Boux avec seulement 193 livres pour 893 encaissées[160] (son salaire se montant à 60 livres) ! Cette réquisition est une ponction sur l'économie villageoise, elle représente un coût net significatif pour les producteurs de la commune.

Le 15 thermidor la citoyenne veuve Daubigné demande et obtient un certificat de résidence.
Le 16 thermidor un certificat de civisme est délivré à Pierre Lambert.
Le 23 thermidor Pierre Personnier remet 33 livres à la municipalité, paiement du directoire de Semur après une livraison de chanvre.

Pour le cours de la Révolution l'an II a été une période d'exaltation puissante en même temps que son chant du cygne, les armées sont maintenant victorieuses et partout à l'offensive pour porter la bonne parole républicaine mais les principaux acteurs du renversement du régime féodal sont maintenant disparus. Depuis septembre 1792 les lettres et documents officiels se terminent toujours par des formules un peu grandiloquentes rappelant les valeurs de la République, à ce titre la déclaration écrite par le secrétaire de la commune ouvrant en thermidor un nouveau livre de procès-verbaux pour l'an III est encore porteuse d'un enthousiasme sans doute non feint et mérite d'être citée : « Le présent registre contenant cinquante-deux feuillets pour servir d'inscription aux délibérations et actes de la Municipalité a été cotée et paraphée par moi Claude Arbey l'aîné secrétaire commis de la dite Municipalité ce jourd'hui 22 thermidor l'an deuxième de la République française Une Indivisible Démocratique Impérissable et Triomphante ».

Le 3 fructidor (20 août 1794) au moment où l'on va commencer à battre la moisson le conseil général réuni fait la répartition de la prochaine réquisition notifiée le 16 thermidor mais dont l'avis n'a été reçu que la veille par la municipalité. 1500 quintaux ont été réquisitionnés sur l'ensemble du district et la part de Boux est de 100 quintaux. Trente-deux cultivateurs sont mis à

---

[159] 400 pour la nourriture des chevaux payés par leurs propriétaires, 100 pour la fourniture livrée et payée par l'armée
[160] 400 pour la nourriture des chevaux payés par leurs propriétaires, 493 pour la fourniture livrée et payée par l'armée

contribution pour des quantités allant de 1 à 5 quintaux. Le grain réquisitionné devra être livré au plus tard le 23 fructidor au dépôt du district. Pour éviter tout retard tous les ouvriers disponibles sont mis en réquisition et les délais seront tenus. Le 19 fructidor Bernard Robin et André Arbey sont désignés pour transporter le lendemain les 21 quintaux de Bouzot, Bernard Belin chargera 13 quintaux aux Bordes, Charles Arbey chargera les quinze quintaux de Boux et Charles Richard, Claude, Vincent et Pierre Cariot chargeront le reste à Présilly.

Le 4 fructidor, pour empêcher les vols, interdiction est faite sous peine d'amende d'entrer dans les vignes sauf le jeudi, et ceci jusqu'aux vendanges.

Le 14 fructidor (31 août 1794) un certificat de civisme est remis à Pierre Lambert puis le conseil général se réunit et il dresse la liste des indigents de la commune, ils sont 9 dont 7 femmes presque toutes veuves, qui recevront chacun 19 livres et 10 sous sauf la veuve Vallerot qui a 3 enfants en bas âges à charge et qui recevra le triple.

Le même jour se présente ensuite la citoyenne Thérèse Gabrielle Tarin, nouvelle habitante de Boux depuis pluviôse dernier et femme de Jean Baptiste Versey. Elle explique que son mari était allé s'installer à Flavigny à partir de leur mariage en 1791 et sollicite pour lui un certificat de bonne conduite puisque son mari habitait antérieurement Boux et fut même membre du conseil général de la commune. Après avoir entendu l'agent national les élus, jugeant que Versey n'avait pas été coupable d'incivisme à l'époque où il résidait dans la commune, lui accordent un certificat de civisme. La municipalité de Boux semblant une fois de plus se tenir à l'écart des batailles politiques de la Côte d'Or a assis sa décision sur son propre constat et cependant Jean Baptiste Versey est en détention à Dijon depuis le 8 novembre 1793. Il est le fils de Jean Baptiste Versey, décédé, qui fut notaire à Boux et avocat au Parlement de Dijon et résidait à Bouzot ; il a eu une carrière militaire sous l'Ancien Régime comme lieutenant de cavalerie et est chevalier de l'ordre royal et militaire de Saint Louis. Sa femme, née à Semur, est la fille de Claude Philibert Tarin qui était lui aussi avocat au ci-devant Parlement de Dijon. Elle a 28 ans et lui 43, Versey est surtout coupable du soutien qu'il a tenté d'apporter à son beau-père arrêté depuis le 16 mai 1793 à Semur et conduit à Dijon pour sentiments royalistes et propos inciviques. Thérèse Gabrielle Tarin multiplie les démarches [161] pour obtenir

---

[161] Thérèse Gabrielle a également été très active, ainsi que son frère aîné Jean Baptiste, pour obtenir la libération de leur père. Dès le mois de juillet 1793 elle a déposé une requête de libération devant le directoire de la Côte d'Or, lequel demande l'avis de la commune de Semur. Semur accepte d'être le lieu de détention de Tarin mais la commune de Dijon s'oppose en août à son transfert. Le douze octobre 1793, suite aux démarches entreprises pour son père, le fils Jean Baptiste Tarin qui fut membre de la société populaire de Semur jusqu'en 1792, précédent

l'élargissement de son mari et le mettre à l'abri de la vindicte du directoire jacobin de Semur. Jean Baptiste Versey restera encore quelques semaines emprisonnées à Dijon mais il va être libéré, le 3 octobre, par les Thermidoriens et on va d'ailleurs le voir revenir tenir le rôle d'agent national à Boux, un court moment, à la fin de l'année 1794[162].

Ce même 14 fructidor les citoyennes Françoise Gabrielle Daubigné, sœur de madame de Lestrade, et Madeleine Grigny Daubigné sa mère, veuve, viennent demander un certificat de résidence et il est établi qu'elles sont domiciliées dans la commune depuis le 6 décembre 1792. Un certificat de résidence nécessite le témoignage de 2 habitants du village sans lien de parenté avec les demandeurs ou demandeuses, ni travaillant à leur service. Enfin ce jour-là sur un rapport de Jean Lambert, garde champêtre et forestier, 4 citoyens sont condamnés à payer une amende de 4 livres et 10 sous pour errance de bétail.

Le 22 fructidor (8 septembre 1794) Jean Arbey et Charles Robin sont nommés commissaires afin de contrôler les déclarations des citoyens dans le cadre du recensement des grains, légumes et fourrages.

Le 28 fructidor le conseil municipal nomme 5 experts pour décider de la date des vendanges. Leur rapport devra précéder de 3 jours l'ouverture des vendanges, la date étant alors annoncée au son du tambour.

Le 30 fructidor (16 septembre), organisation d'une réquisition de 20 quintaux de grains, en exécution d'un arrêté retranscrit du registre des délibérations de la commune de Seine la Montagne (Saint-Seine-l'abbaye). 15 cultivateurs sont désignés pour participer à la réquisition à livrer pour le 1 vendémiaire an III (22 septembre).

Le deuxième jour des sans-culottides[163], soit le jeudi 18 septembre, les experts réunis avec les élus décident, au terme d'un débat animé, que les

---

d'un mois son beau-frère, est à son tour arrêté et détenu au même lieu que son père. En janvier 1794, s'appuyant sur le fait qu'aucun papier suspect n'a été trouvé suite à la perquisition de leurs affaires, Tarin père et fils demandent à être libérés. Le 11 brumaire de l'an 3 (1 novembre 1794), sous la pression des Thermidoriens, le comité révolutionnaire du district de Semur demande leur libération.

[162] Jean Baptiste Versey avait un frère, Claude, ci-devant avocat au Parlement de Dijon comme son père, qui était marié à Marie Anne Bernarde Daubenton il fit une carrière politique dans le canton de Salmaise sous le Directoire et fut aussi le maire de ce village sous l'Empire de l'an 9 à l'an 12 (il y mourut en 1815). Les deux frères devaient être politiquement très proches et de sensibilité royaliste. Jean Baptiste Versey mourut à 71 ans (en 1822) et sa femme à 89 ans, tous deux à Semur.

[163] Les sans-culottides ou journées complémentaires désignaient les 5 journées ajoutées après le 30 fructidor afin de synchroniser le calendrier républicain qui ne comportait que 360 jours avec l'année solaire de 365 jours. Le dernier jour des sans-culottides correspondait au jour de l'équinoxe d'automne.

vendanges commenceront le jeudi suivant, soit le 4 vendémiaire an III (25 septembre). Deux des experts souhaitaient un démarrage plus tôt, dès le lundi, mais ils se rallièrent finalement au nom de l'intérêt général. En 1794 la date des vendanges est la plus précoce des 4 années précédentes, en avance de deux semaines sur celle de l'année 1793 et même de trois semaines sur celle de 1792, on eut donc certainement un été chaud et propice à la vigne et aux cultures.

Le cinquième jour des sans-culottides Pierre Personnier, vigneron à Boux, comparait volontairement devant le tribunal communal et il est condamné à 1 livre et 5 sous d'amende pour avoir la veille été pris en train de traverser les vignes alors que c'est interdit et qu'il n'en possède d'ailleurs aucune à l'endroit où il a été pris.

Le 7 vendémiaire an III (dimanche 28 septembre 1794) les citoyens vignerons Bernard Gagnet et Claude Robin le jeune sont condamnés à des peines d'amendes de 1 livre dix sols pour le premier, 15 sols pour le second, pour avoir laissé paître leurs trois vaches dans des champs de pomme de terre ne leur appartenant pas.

Le 12 vendémiaire la municipalité prend connaissance d'un certificat de résidence attribué par la commune de Marcigny à Guillaume Jacques Versey, receveur de l'agence du droit d'enregistrement de Marcigny. Le certificat présenté prend la précaution de stipuler 'qu'il n'est pas détenu 'pour cause de suspicion ou de contre–révolution', il est probablement communiqué pour conforter le dossier d'élargissement de Jean Baptiste Versey.

Le même jour survient une demande de réquisition de deux voitures pour le transport de subsistances militaires à Belle Défense (ci-devant Saint-Jean-de-Losne). Le village fait face à un retard pris par les travaux de semences à la suite de fortes pluies, dans ce contexte la municipalité va réunir tous les cultivateurs pour étudier quel parti prendre afin de répondre à la réquisition. Il est décidé qu'une indemnité de 84 livres sera versée à ceux qui fourniraient les voitures et se chargeraient du transport. Claude Belin et André Arbey seront les deux volontaires et 30 cultivateurs se cotiseront pour des sommes variantes de 1 à 5 livres.

Le 20 vendémiaire an III (11 octobre 1794) Jean Baptiste Versey présente son avis d'élargissement du château de Dijon agréé par le comité de sûreté générale et de surveillance de la convention nationale. Ne souhaitant pas se réinstaller à Flavigny il confirme rejoindre sa femme à Boux où Thérèse Gabrielle Tarin est déjà présente depuis plusieurs mois, en conséquence l'agent national arrête qu'il est à nouveau résident de Boux.

Ce même jour le registre des baptêmes et mariages de l'année 1793 est communiqué au district de Semur.

Le 28 vendémiaire Jean Arbey qui était commissaire pour vérifier les déclarations de grains demande à être remplacé car il doit se rendre aux frontières de la République, à Strasbourg, dans le cadre d'une réquisition de cuir.

Le 29 vendémiaire (20 octobre 1794). Le conseil municipal déclare la commune incapable de fournir les quantités de fourrage et d'avoine réquisitionnés pour l'armée des Alpes par le directoire du district. Elle décide que seule la moitié de la quantité demandée sera fournie et qu'elle s'en expliquera par lettre au représentant du peuple en mission qu'un officier municipal lui remettra en main propre. Pour fournir cette réquisition réduite une liste de 58 cultivateurs et propriétaires mis à contribution pour 198 mesures d'avoine est dressée en séance.

Un certificat de résidence est remis à Claire Ligny, ci-devant religieuse, qui habite Boux depuis l'accord délivré par la municipalité le 7 prairial

BOUX pendant la Convention thermidorienne

Trois mois après la chute de Robespierre le déclin des jacobins se précise. A la Convention l'affaiblissement des Montagnards profite à la masse des députés modérés, la Plaine, qui peu à peu vont détricoter les instruments institutionnels de la Terreur tels que le Comité de salut public et l'ensemble de l'administration qui va être remanié. A Dijon le représentant du peuple Calès fait libérer la plupart des prisonniers et fait fermer les sociétés populaires.

Les réquisitions de brumaire an III

Le 4 brumaire an III (samedi 25 octobre 1794) le citoyen Joseph Colin est requis de se tenir prêt pour le chargement et le transport du foin dont la réquisition a été organisée cinq jours plus tôt. Il lui est fait défense d'en vendre en chemin sans en avertir le corps municipal, cette précision est probablement l'indice que cette pratique a déjà été déplorée par le passé. Une dizaine de citoyens ont été chargé de rassembler les quantités réquisitionnées de foin et d'avoine et c'est finalement le 14 que les chargements se feront avant le départ pour Belle Défense (ci-devant Saint-Jean-de-Losne). Bernard Belin s'était proposé pour effectuer le transport de la réquisition de la section des Bordes mais il découvrit que sa voiture n'était pas en état de faire le voyage, elle avait des roues en mauvais état ; il demanda alors une réparation au maître de forges de Pellerey qui, excédé par les réquisitions, lui répondit qu'il n'avait pas de fer et ne ferait pas les travaux. Il propose donc à la municipalité soit de lui fournir une voiture, soit de lui garantir le remboursement de ses frais si partant avec ses mauvaises roues il devait en changer en route. Les officiers municipaux l'enjoignent de mener le contingent avec deux voitures pour alléger les charges considérant qu'il a assez de chevaux !

Le 6 brumaire les citoyens Claude Cariot (vigneron à Présilly) et Jacques Arbey Brusley sont nommés commissaires vérificateurs pour les secours à apporter aux parents des défenseurs de la Patrie, suivant les nouvelles dispositions apportées par le décret du 13 prairial. La liste des ayant-droits ne figure pas au procès-verbal.
Le même jour et pour se conformer à l'arrêté du représentant du peuple Calès les élus dressent la liste des jeunes gens qui n'ont pas été réquisitionné par l'armée lors de la levée en masse ; il y en a 3, Étienne Poupon renvoyé pour cause d'infirmité, Jean Pignot, Jean Cariot renvoyé pour cause d'inaptitude à

porter les armes. Ces 3 jeunes accompagnés de l'officier municipal Vincent Cariot (le père de Jean) se rendront à Semur le 12 du mois pour vérification et validation par l'agent national du district de l'avis porté par l'officier de santé en date du 2 prairial an 2.

Le 10 brumaire en séance ordinaire le maire présente un arrêté du district qui requiert la livraison de cochons par 8 citoyens nommément listés. Cette livraison est à faire pour le 13 brumaire à 9h30 au couvent ci-devant sainte Marie. Le conseil général procède ensuite au remplacement de Jean Arbey commissaire vérificateur aux grains qui est démissionnaire suite à sa réquisition, il sera remplacé par Jacques Culnet qui est membre du conseil.

Le 13 brumaire délivrance d'un certificat de civisme au citoyen Versey en pleine réhabilitation.

Le 17 brumaire les citoyens Claude Cariot et Michaud, voituriers de retour de Belle Défense où ils ont livré 20 quintaux de foins et 8 quintaux d'avoine, remettent les sommes de 80 livres et 92 livres respectivement pour chaque livraison qu'ils ont reçu du garde magasin militaire. L'officier municipal Claude Cariot demande ensuite la nomination d'un commissaire vérificateur pour, avec lui, vérifier les sommes d'argent accordées aux parents des défenseurs de la patrie. Jacques Arbey Brusley qui avait reçu ce mandat le 6 brumaire ne veut plus l'assumer et Jacques Culnet[164], vigneron, est nommé commissaire.

Le 23 brumaire (13 novembre) les citoyens Jacques Culnet (un autre) et Denis Bizot, voituriers de retour de Belle Défense où ils ont livré 12 quintaux d'avoine et 27 quintaux de paille de seconde qualité, ont reçu du magasin des armées la somme de 221 livres pour cette livraison, laquelle somme ils remettent à la municipalité.

Le 25 brumaire, Jacques Lombard demande que les élus s'occupent du restant à livrer sur une réquisition émise en fructidor. Vingt citoyens sont mis à contribution pour des quantités allant de 2 mesures d'avoine à 6 et une quantité totale de 64 mesures.

Le 26 brumaire le conseil général est en assemblée pour procéder à la répartition de 100 quintaux de grains réquisitionnés conformément à un arrêté du représentant du peuple Calès du 28 vendémiaire et celui du district de Semur du 9 brumaire.

---

[164] Il peut tenir ce rôle parce qu'il a au moins un fils à l'armée, mais nous ne connaissons pas son identité.

Epuration thermidorienne, le notaire revient définitivement

Le 3 frimaire an III (23 novembre) Claude Cariot fils remet à la municipalité la somme de 58 livres 16 sols qu'il a reçus du magasin de Belle Défense où il a livré 5 quintaux 38 livres d'avoine et 10 quintaux de paille de première qualité. Le 8 frimaire Antoine Gaulon, vigneron à Presilly, est condamné à payer 2 livres et 5 sous d'amende pour avoir laissé 3 vaches s'échapper dans le bois de la Fortelle.
Le 10 frimaire (dimanche 30 novembre) François Perrot qui vient de réapparaître dans le village est convoqué et amené devant le conseil général auquel il présente un certificat d'élargissement contenant un extrait du registre des délibérations du conseil général de Dijon, en date du 22 vendémiaire, notifiant sa libération de la prison du département. Le certificat stipule que la commune de Dijon regarde comme arrêtés sans motifs les citoyens figurant sur 5 listes qui lui avaient été remises sous la Terreur. François Perrot qui figurait sur une de ces listes est remis en liberté et autorisé à rentrer chez lui avec approbation du représentant du peuple en Côte d'Or Jean Marie Calès.

Le 16 frimaire (6 décembre 1794) l'agent national André Arbey, constatant l'échec de la demande émise auprès du représentant du peuple Calès pour obtenir une diminution du contingent réquisitionné en vendémiaire, demande que la quantité manquante de la réquisition pour Belle Défense soit mise en recouvrement. Les officiers municipaux établissent une liste de 33 citoyens devant livrer de 2 à 20 mesures d'avoine, au total 194 mesures.
Ce même jour François Perrot, fort des motifs de son élargissement, se présente de son chef à la municipalité pour réclamer le certificat de civisme qu'il prétend avoir obtenu de la commune le 18 janvier 1793. Évidemment, en se penchant sur les registres les élus lui rappellent que non seulement ce certificat ne lui avait pas été remis mais qu'à cette époque il existait des dénonciations à son encontre. La délibération du conseil général du 14 janvier 1793 est retrouvée avec l'ensemble des reproches alors opposés au notaire, en particulier son absence de participation à la vie politique locale.
Le 21 frimaire le citoyen Bernard Belin obtient un certificat de civisme après que le conseil ait entendu l'agent national dire qu'il était un bon patriote. Le même jour le conseil général traite une pétition reçue du notaire vindicatif qui réclame de conserver l'original du refus motivé de la municipalité à sa demande de certificat de civisme, il est arrêté que seule une copie lui sera remise et qu'il doit remettre immédiatement l'original qu'il détient. Les

membres du conseil ajourneront la réunion en attendant vainement que Perrot paraisse.

Cette affaire Perrot va aller devant le tribunal et le 27 frimaire le conseil général décide que les habitants de Boux qui l'ont eux-mêmes demandés, choisiront librement la personne qui les représentera à l'audience. La personne choisie sera Jean Mosson, propriétaire cultivateur à Boux, à qui l'on attribuera le titre de procureur spécial doté de tout pouvoir pour représenter la population. Les minutes de cette séance du tribunal ne nous sont pas parvenues.

Dans le pays la réaction thermidorienne se mit en place dès l'automne 1794 avec de nombreuses violences à l'égard de tout ce qui ressemblait à un jacobin et plus particulièrement là où le régime de la Terreur s'était montré féroce, des massacres organisés par les royalistes eurent lieu à Lyon et dans le sud-est, à Paris 1200 jacobins furent arrêtés au printemps 1795 après une dernière insurrection avortée, ultime réaction du peuple de Paris à la disette de l'hiver. En Côte d'Or par exemple à Sombernon près des 2/3 des habitants avaient été à un moment ou à un autre inquiétés ou incarcérés et la réaction thermidorienne y fut proportionnelle, au contraire Boux, peu politisé, s'était tenu à l'écart des excès et il ne se trouvait personne pour crier vengeance.

Cependant le 29 frimaire (19 décembre 1794) la municipalité décrète que tous les citoyens de la commune se réuniront le lendemain, un samedi, afin d'épurer les officiers municipaux et notables conformément à l'arrêté du représentant du peuple Calès en date du 18 et procéder aux remplacements des postes vacants. Contrairement aux épurations précédentes il s'agit cette fois de sortir des instances locales non pas des contre-révolutionnaires ou des fédéralistes mais d'éliminer d'éventuels "terroristes".

Le 30, au son de la cloche (il n'y en a plus qu'une) les citoyens de Boux sont appelés à se réunir en assemblée générale mais la ferveur des débuts révolutionnaires a fondue, seulement 14 citoyens répondent à l'appel en plus des membres du conseil général, on attendra les autres en vain de 9h à midi et demie. Il est finalement fait lecture de l'arrêté demandant l'épuration des fonctionnaires publics, il s'agit de se séparer des 'terroristes'. Les citoyens présents n'ont apparemment pas de reproches à faire à la municipalité et il est vrai qu'aucun extrémisme n'a eu cours dans l'administration du village. Au cours de l'assemblée André Arbey, agent national qui est également assesseur pour la justice du canton[165] déclare que ces deux fonctions sont

---

[165] Le juge de paix du canton de Salmaise était Nicolas Lombard de Jailly les Moulins, il avait des assesseurs dans chaque village du canton, à savoir, pour Boux : André Arbey, Charles Robin et Jacques Lombard.

incompatibles à ses yeux, en conséquence il demande à être remplacé pour la charge d'agent national. Lombard, le maire, est également assesseur et il déclare lui aussi ces 2 fonctions comme incompatibles, en conséquence il déclare renoncer à la charge de maire et demande son remplacement. Le régime de la Terreur était une organisation politique d'exception où l'Exécutif et la Justice étaient étroitement liés, la séparation de ces deux pouvoirs est plus conforme à l'état plus démocratique voulu par les thermidoriens. C'est le grand chambardement à la tête de la commune. A ce moment un membre de l'assemblée fait remarquer que le nombre de présents est très insuffisant compte tenu de l'importance des décisions à prendre et demande qu'une nouvelle assemblée soit convoquée en menaçant les absents de la qualification d'acte de désobéissance. Cette proposition est adoptée à l'unanimité et la convocation d'une nouvelle assemblée pour le lendemain 9h est adoptée.

Le 1 nivôse an III (dimanche 21 décembre 1794) il ne se présente cependant pas plus de citoyens à l'assemblée malgré la menace de sanctions, ce qui semble témoigner de bien plus que de la lassitude. Il est alors décidé d'envoyer l'officier de la garde nationale accompagné de 4 fusiliers dans chaque maison pour intimer l'ordre à chaque citoyen d'assister à l'assemblée et en cas de refus d'obéir de le mettre en état d'arrestation. Après la tournée de la garde nationale il y a finalement 39 citoyens présents en plus des membres du conseil général. Bien que Jacques Lombard ait exprimé la veille son souhait de se voir remplacé comme maire le souhait du peuple réuni est qu'il demeure à son poste, pour le remplacer dans sa fonction d'assesseur deux noms sont proposés : Bernard Belin et Claude Belin. Les membres de la municipalité et du conseil sont tous confirmés par l'assemblée. L'assemblée des notables ayant enregistré la vacance d'un poste il faut pourvoir à son remplacement, deux candidats se sont présentés : François Viot et Claude Beuche. Pour remplacer André Arbey dans son rôle d'agent national deux candidatures sont enregistrées : les citoyens Versey et Jacques Arbey Brusley. Tous ces choix et candidatures sont enregistrés mais ne donnent lieu à aucun vote car désormais ce n'est plus la commune qui décide mais c'est le district, sous l'œil de son agent national qui choisit en dernier ressort. Les thermidoriens ont appris des débordements et soulèvements urbains soutenus par les municipalités, comme à Paris ou Lyon, ils se méfient du pouvoir communal et des choix populaires.

Abolition de la loi du Maximum le 4 nivôse.

Le 5 nivôse, une circulaire reçue la veille mais en date du 23 frimaire enjoint l'officier municipal Jacques Thibault de conduire au plus vite à Semur un cochon réquisitionné et toujours non livré !
Le 7 nivôse le citoyen Jacques Arbey Brusley demande une nouvelle fois à la municipalité l'autorisation d'émettre une pétition auprès du représentant du peuple afin de récupérer un de ses fils, attendu qu'il en a trois actuellement sur les frontières et qu'il est incapable de subvenir au travail de son exploitation. Considérant la demande comme juste et véritable le conseil donne son autorisation.

Le 17 nivôse (6 janvier 1795) arrive sur le bureau du conseil l'arrêté du représentant du peuple Calès et la circulaire de l'agent national du district qui procède aux choix officiels de remplacement des postes vacants: **Jean Baptiste Versey** est nommé agent national de Boux, celui qui fut suspect sous les jacobins est promu par les thermidoriens ; **François Viot** (maréchal a Boux) prend la place de notable vacante, **Bernard Belin** est nommé assesseur, **Denis Cariot** remplace Charles Lombard comme assesseur, ce dernier étant écarté pour une prétendue déficience en écriture. Le procès-verbal de ces nominations est rédigé et leur publication faite, l'agent national du district est chargé de veiller à la prise de fonction des personnes nommées.
 Premier coup de canif à la démocratie locale, sous les Thermidoriens c'est le pouvoir central qui choisit les assesseurs de justice et l'agent national, d'ailleurs ce poste ne tardera pas à être supprimé. **Jacques Lombard**, non destitué par le peuple, est confirmé à son poste de maire par Calès.
Le 18 nivôse Jean Baptiste Versey et François Viot prêtent serment pour leurs nouvelles fonctions.
Le conseil général vote l'écriture d'une pétition au Directoire du département afin d'avoir l'autorisation de faire une coupe dans les bois communaux.
La municipalité reçoit la pétition de François Viot (nouveau notable) et d'Anne Baudot (femme divorcée de Bernard Sopotte) qui demandent la libération de Sulpice Baudot qui aurait été arrêté pour ses opinions religieuses (c'est un ex-religieux). Ils se portent caution du fait qu'il n'a jamais proféré d'opinions contre-révolutionnaires et suggèrent qu'il soit autorisé à venir à Boux où il pourrait être une aide indispensable pour sa sœur Anne qui est âgée. Le corps municipal considère que la demande est juste et décide de relayer la pétition auprès du comité révolutionnaire du Mans où Sulpice Baudot est incarcéré dans le ci-devant couvent des Ursulines. Sulpice Baudot sera autorisé à vivre à Boux et y résidera en 1795.
Le 24 nivôse Jean Pignot qui, on l'a vu, a été dispensé d'incorporation à l'armée est requis de se présenter immédiatement à Dijon sur ordre du

représentant du peuple Calès ; la République a besoin de troupes et on fait la chasse aux récalcitrants.

Le 29 nivôse deux commissaires sont nommés pour se rendre à Salmaise le 30 et tenter de régler un déficit de la commune en fournitures réquisitionnées (harnais et chevaux).

Hiver et printemps 1795, réquisitions et emprisonnement de déserteurs

Le 1 pluviôse an III (20 janvier 1795) le conseil général reçoit deux officiers municipaux de Flavigny porteurs d'un arrêté du directoire de Semur réclamant à Boux la fourniture supplémentaire de 75 quintaux de grains pour Flavigny. Le conseil calcule qu'il lui a déjà été précédemment demandé 220 quintaux pour Dijon, l'armée des Alpes et Seine la Montagne, il considère la demande comme impossible à tenir compte tenu de l'état des réserves, il décide que seront livrés 20 quintaux dès que les voitures pourront circuler car en cet fin janvier règne un très grand froid, on peut supposer que sur les hauteurs les chemins vers Flavigny sont pris par la glace et la neige.

Après la levée en masse, en 1794 l'armée de la République comptait plus de 700 000 hommes, elle était la plus importante d'Europe. Malgré les difficultés de la dernière réquisition l'ardeur révolutionnaire animait les troupes et les victoires entretenaient la flamme, les désertions républicaines étaient relativement restreintes sauf dans certaines campagnes. Les succès des armées entraînaient cependant la nécessaire prise en charge des prisonniers de guerre et des déserteurs étrangers de plus en plus nombreux alors que les lieux de détention étaient surchargés ; en prairial an II le directoire du département voulut résoudre ce problème en organisant une dissémination des prisonniers sur son territoire, ainsi les communes étaient mises à contribution en assurant la surveillance d'un contingent de déserteurs à raison d'un individu au plus pour quinze citoyens. A Semur, en ce début de l'an III, les places de prison s'avéraient insuffisantes pour la prise en charge de déserteurs qui avaient récemment été amenés dans la ville[166] et le directoire du district se tourna vers Boux (et sans doute d'autres communes) pour

---

[166] 71 déserteurs étrangers furent transférés par Dijon à Semur. En 1792, dans un élan de générosité, la Convention avait prévu des mesures d'accueil permettant même aux déserteurs étrangers l'obtention de la nationalité française, mais en l'an II les restrictions et les rigueurs de la guerre firent que cet accueil se transforma tout simplement en détention et dissémination dans les communes pour les empêcher de se regrouper.

surveiller l'emprisonnement et la garde de douze déserteurs. Les déserteurs arrivèrent donc à Boux le 3 pluviôse, leur détention dans le village avait été formellement demandée par l'agent national du district de Semur, ils y resteront captifs pendant six mois. La commune devait en assurer la garde provisoire et prendre à sa charge leur nourriture, cette dernière contrainte allait poser bien des problèmes tout au long de leur captivité et déjà dès leur arrivée, alors qu'il était impossible de moudre à cause des grands froids, il fallut désigner à tour de rôle des citoyens pour fournir une partie de leur pain. La surveillance provisoire fut confiée à Pierre Lambert qui était officier de santé dans la commune, François Lacoste devait assurer l'approvisionnement en pain et la somme de 348 livres fut dégagée par Pierre Cariot, percepteur des impôts, pour couvrir les frais occasionnés en attendant que puisse avoir lieu une régularisation avec le district.

Le 12 pluviôse le conseil municipal, en l'absence du maire, est réuni sous la présidence du premier adjoint Thibaut. Sont présents le notaire de Flavigny, Jean Charles Perrot, et le directeur de la poste de Flavigny, Claude Quistier, qui ont mandat du directoire du district et sont porteurs d'une demande de levée de grains pour l'armée des Alpes en date du 28 nivôse. La commune de Boux est désignée pour un contingent de 425 quintaux et les commissaires demandent que, déduction faite des grains déjà livrés, soit organisée la collecte du restant par les officiers municipaux de Boux, que sous 24h la liste de tous les citoyens ayant à participer à cette réquisition soit dressée avec les quantités de leurs propres participations. L'agent national Versey prend acte de la commission et assure que la commune fera le nécessaire. Compte tenu de l'ampleur de la réquisition les officiers municipaux publient sur le champ un arrêté interdisant à tout cultivateur ou propriétaire de Boux de sortir des grains de la commune tant que la quantité réquisitionnée n'aura pas été obtenue. Les contrevenants seraient dénoncés au comité révolutionnaire du district.
Le 14 pluviôse (2 février 1795) le conseil général est réuni sous la présidence du maire. Il est décidé que tous les cultivateurs devront se présenter le lendemain à 9h du matin afin qu'ils communiquent les volumes de grains qu'ils détiennent et qu'ainsi une répartition juste de la réquisition puisse être effectuée.
Le 15 pluviôse les élus réunis font l'inventaire des différentes réquisitions déjà effectuées ou encore en cours car ils pensent qu'elles doivent venir en soustraction des 425 quintaux exigés. Dès que les dernières livraisons requises pour Dijon auront été totalement effectuées un contingent de 220 quintaux aura été fourni par la commune. Il resterait donc 205 quintaux à fournir ce qui semble impossible aux élus, ils considèrent que la commune

serait en mesure de livrer 114 quintaux seulement et c'est finalement 104 quintaux qui vont être répartis sur 20 cultivateurs ainsi que les quantités respectives les concernant lesquelles varient de 2 à 16 quintaux.
Le 19 pluviôse le conseil municipal reçut à nouveau les 2 commissaires du district qui s'étaient présentés le 12, ils venaient cette fois pour organiser la livraison de la réquisition attendue. Les officiers municipaux expliquèrent pourquoi ils n'étaient en mesure de livrer que 104 quintaux et que pour un départ dès le lendemain seulement 92 quintaux pourraient être convoyés. Les commissaires répliquèrent alors qu'ils n'étaient pas là pour juger de la valeur du contingent proposé par la commune et se contentèrent de prendre note.
Le 30 pluviôse le conseil municipal prend connaissance d'un arrêté du représentant du peuple Jean Marie Calès en date du 26 frimaire. Il concerne les cloches, églises et clochers. Les agents nationaux des communes doivent fermer et détenir les clés de ces édifices, vérifier qu'il n'existe plus de croix sur leurs piédestaux ou bien les briser immédiatement. En principe les cloches encore en place ne devaient plus être utilisées, cependant un arrêté interprétatif du district de Semur en date du 4 pluviôse précise que les cloches peuvent malgré tout être sonnées en cas de catastrophe comme un incendie ou pour convoquer les citoyens en assemblée générale. Une amende de 150 livres par officier municipal sera délivrée en cas de non observation de cet arrêté. Le conseil décide d'obtempérer.

Le 1 ventôse an III (19 février 1795) Bernard Robin de Bouzot et Claude Verrier sont les voituriers en charge de véhiculer vers Belle Défense le reste de l'avoine réquisitionnée que certains cultivateurs avaient fourni avec retard. La veille les élus avaient rappelé à l'ordre les citoyens n'ayant pas encore effectué leurs livraisons.
Le 3 ventôse le citoyen Ligny obtient un passeport pour circuler dans le département.
La municipalité continue à avoir des problèmes avec François Perrot, celui-ci prétend que durant sa détention à Dijon la commune a, pour son compte, opéré des réquisitions auprès de sa femme, il conteste les quantités officielles déclarées et réclame d'être payé pour cela. Les élus publient le 4 ventôse un arrêté en 9 articles pour réfuter point à point les récriminations du citoyen Perrot et rappeler tout d'abord que la réquisition en question avait été demandée par le district et que la quantité livrée par sa femme lui avait été payée au retour du voiturier comme à tous les autres fournisseurs.
Le même jour est dressé un procès-verbal pour signaler que la porte de l'église fermée suite à l'arrêté du représentant du peuple a été trouvé ouverte la veille mais sans effraction.

Le 10 ventôse Jacques Robin est de retour de Belle Défense, son récépissé indique qu'il a livré 14 quintaux 73 livres de grains de première qualité et que la somme de 212 livres lui a été remise pour cette livraison ainsi que 82 livres pour les frais de transport.

Le 11 ventôse (dimanche 1 mars 1795) l'officier de santé Pignot donne un certificat à Jacques Richard garantissant que son état de santé ne lui permet pas encore de retourner dans son affectation à l'armée. Trois autres volontaires de la commune faisant partie de la levée en masse de l'an II, Etienne Sopotte, Pierre Brouin et Claude Robin présents à Boux pour maladie sont priés par la municipalité de rejoindre leurs bataillons à moins de présenter un certificat de santé indiquant qu'ils ne sont pas encore en état de servir. Ce certificat est obtenu par Claude Robin.

Le même jour les élus renouvellent le mandat du citoyen Malardot fils qui, chaque fois que la municipalité le demande, bat le tambour dans la commune pour la somme de 16 livres et il est rappelé que cette indemnité prend en compte l'éloignement de certains hameaux.

Le même jour Pierre Lambert, en charge de la surveillance des déserteurs, présente l'état des dépenses liées à cette garde. La somme totale serait de 622 livres ! Une pétition vers l'agent national du district est décidée pour réclamer des avances sur dépenses.

Le 12 ventôse Pierre Cariot fils, percepteur des impôts, se voit remettre par la municipalité la loi du 25 nivôse et la circulaire du directoire du 25 pluviôse, toutes deux ayant traits aux contributions directes, afin de commencer sans retard la perception. Le même jour les citoyens Richard, Claude Cariot fils et Jean Mosson fils qui étaient transporteurs à Belle Défense remettent leurs récépissés de livraison de 49 quintaux d'avoine qui ne leur a pas été payé à réception, seul le transport a été réglé, ainsi que 15 quintaux de froment qui ont été payés en totalité.

Le 18 ventôse est établi un nouveau recensement des indigents de la commune par le conseil général : la veuve Vallerot, Jean Grivaux, Claude Baudot, la veuve Sauceret, Anne Gagnet, la veuve Goujon, la veuve Tartevelle, la veuve Champouvier et Jeanne Baudot.

Le même jour Jacques Lombard, le maire, s'adresse au conseil pour obtenir un certificat de civisme et l'obtient ! De quelles attaques ou accusations cherchait-il ainsi à se protéger ? Il était sans doute exposé par sa situation de maire sous la Terreur.

Le 19 ventôse le conseil municipal prend connaissance d'une circulaire du directoire de Dijon requérant sous 24 heures la fourniture de 60 quintaux de grains divers. Le conseil municipal délibère, entend l'agent national et arrête que toutes les réquisitions antérieures mettent la commune dans l'embarras pour pourvoir à la subsistance d'une partie des habitants et que de plus la municipalité a la responsabilité de surveiller et nourrir les 12 déserteurs qui lui ont été confiés par le district, d'où il ressort qu'en conséquence elle ne peut pas répondre favorablement à la réquisition et enverra cette délibération à Dijon par la poste.

Le même jour les officiers municipaux répertorient les charges de la municipalité pour les neuf premiers mois de 1794. Elles s'élèvent à 420 livres réparties de la sorte : 12 livres pour le loyer du local communal, 37 livres pour les appointements du greffier, 52 livres de papier, 96 livres pour le percepteur de la contribution foncière, 200 livres de fournitures.

Le 27 ventôse (17 mars 1795) la municipalité doit se pencher sur le difficile problème de la fourniture de pain aux 12 déserteurs. Cette fourniture devant se faire à un prix établi au rabais a comme conséquence que personne ne s'est présenté pour proposer ses services. Il faut donc procéder par contrainte pour assurer la subsistance des déserteurs et une liste de réquisition de 15 personnes est dressée, chacune a l'obligation, à des dates définies s'étalant jusqu'au 28 fructidor et par fenêtres de 15 jours, de livrer le pain aux déserteurs tous les deux jours. Les six derniers de la liste échapperont à la réquisition puisque les déserteurs ne seront plus détenus à Boux en thermidor.

Le même jour la municipalité vote une augmentation des gages de son secrétaire (Claude Arbey) pour tenir compte de l'accroissement de charge, ils seront désormais de 126 livres.

Le 5 germinal an III (mercredi 25 mars 1795) est examinée la circulaire du directoire de Semur concernant les secours à accorder aux parents des défenseurs de la Patrie. Ce jour-là seulement cinq parents se sont présentés, aussi l'examen est-il reporté au dimanche suivant. Le même jour les élus et l'agent national consignent le fait que la pétition présentée à Semur pour obtenir une avance sur les frais occasionnés par les déserteurs n'a pas reçu de réponse.

Le 9 germinal est à nouveau examiné la question des parents des défenseurs de la Patrie. Huit déclarations et demandes de secours sont finalement présentées aux élus par des habitants présents : Jacques Culnet, Claude Cariot, Bernard Robin, la veuve Malardot, Jean Baudot le jeune (vigneron à Bouzot), la veuve Rousselot, Sulpice Gallimard, Vincent Gauffinet. Il est alors nommé en respect de la loi deux vérificateurs de ces déclarations (Claude Cariot et Jacques Culnet) pour déterminer qui a vraiment besoin d'un secours, ainsi que deux "distributeurs" ; toujours Claude Belin et Charles Richard décidément abonnés à ces tâches.

Le 11 germinal il est demandé à trois militaires volontaires, Claude Robin, Pierre Brouin et Jacques Richard, qui se trouvent maintenant dans le village depuis plusieurs semaines et pour des raisons médicales d'aller se présenter au service de santé de Semur pour obtenir prolongation de leur repos sous peine de devoir rejoindre leur bataillon sous 3 jours et action de la gendarmerie sur non-exécution.

L'hiver 1794-1795, suite à de mauvaises récoltes, à des températures sibériennes et à l'effondrement de la valeur de l'assignat, est celui d'une grave crise des subsistances qui frappe aussi bien la population que l'armée. Le 12 germinal les sans-culottes parisiens se soulèvent contre le pouvoir thermidorien, ils envahissent la Convention qui fait donner l'armée de Pichegru pour mater l'insurrection. Quelques députés et de nombreux montagnards furent incarcérés ou déportés.

Le 16 germinal (5 avril 1795) Claude Robin présente au bureau de la commune son avis reçu à Semur : bon pour rejoindre Belfort comme fusilier avec giberne et baïonnette. Le même jour les vérificateurs pour les aides aux parents des défenseurs de la Patrie présentent leur rapport et il est décidé d'examiner les aides sous trois jours, les élus n'étant pas assez nombreux en séance ce jour-là pour approuver la légitimité des demandeurs.

Le 18 germinal (7 avril 1795) la "livre", représentante monétaire de l'Ancien Régime, disparait et le "franc" devient la monnaie officielle de la République à parité quasiment égale.

Le 23 germinal les élus se préoccupent des dégâts horribles causés par les souris sur les réserves d'avoine (environ 3 quintaux) stockées dans le local communal pour la réquisition des armées et qui n'avaient pas encore été voiturées. Il est décidé de sauvegarder ce qui reste en le restituant à certains citoyens, ceux qui en sont le plus privés, à charge pour eux d'en rendre la même quantité en cas de nouvelle réquisition. 14 mesures sont réparties sur 11 citoyens.

Le 30 germinal les gardes-champêtres ayant trouvé au lieu-dit en Vasselin du bois coupé illégalement et mis en bottes la municipalité choisit de le faire amener au village et de le mettre aux enchères. La veuve Baudot emporte le bois pour 7 livres 10 sous.

Le 2 floréal an III (21 avril) les jacobins dijonnais sont arrêtes dont l'ancien maire Sauvageot.

Le 6 floréal an III (25 avril 1795) le conseil municipal, suite aux arrêts du comité de salut public et du district, parus en Germinal, qui mettent en réquisition le cinquième des grains et farines, nomme huit commissaires, dont six appartiennent au conseil général, pour faire le recensement des grains sur le territoire communal.
Le district a probablement été désagréablement surpris par le coût des déserteurs que lui a présenté la municipalité, pour minimiser les dépenses à venir il décide d'une restriction alimentaire. Le 22 floréal (11 mai 1795) la municipalité, conformément au courrier de l'agent national du district, arrête que dès le lendemain chaque déserteur ne recevra plus provisoirement qu'une livre de pain par jour[167].
Dans la même séance l'arrêté du représentant du peuple et de l'agent national du district sont pris en compte, il s'agit d'une injonction pour chaque commune n'ayant pas livré la totalité de sa réquisition pour l'armée des Alpes de la compléter immédiatement. En conséquence la municipalité va publier un arrêté à lire au son du tambour enjoignant chaque citoyen réquisitionné à compléter si besoin son contingent dans les 24 heures, sous peine d'être dénoncé au représentant du peuple et traduit devant le tribunal du département.

Le 25 floréal la municipalité a reçu la circulaire du directoire de Semur qui rappelle la réquisition du cinquième des grains et légumes sur l'ensemble du territoire de la République ainsi que la réquisition de la paille pour l'armée des Alpes. Concernant les grains la commune enverra dès que possible le recensement effectué depuis le 22 et affirme que le directoire pourra constater que le village n'a pas de quoi subsister jusqu'aux prochaines moissons. La municipalité rappelle que le foin a déjà été livré. Quant à la paille sa réquisition avait d'abord été suspendue par un arrêté du directoire, mais pour souscrire à la nouvelle circulaire il sera procédé à une information au son du tambour afin que la quantité demandée puisse être livrée à Belle-Défense, départ dans un délai de trois jours. Le compte rendu du recensement est effectué avec une évaluation des besoins nécessaires pour chacun des 620 individus composant la commune pour aller jusqu'aux prochaines récoltes : au total la commune dispose de 312 mesures de froment, 429 de conceau, 236 mesures d'orge, 194 mesures de farine de froment, 130 de farine conceau et 77 de

---

[167] En zone rurale la consommation habituelle de pain, aliment de base, était d'environ 3 livres par jour pour un adulte.

faine d'orge représentant un poids de 51664 livres, soit pour chaque individu 83 livres 5 onces de pain pour tenir jusqu'au prochain terme de la moisson. Si les chiffres étaient sincères on mesure donc les privations endurées car il restait moins d'une livre de pain par jour et par habitant alors que le pain était l'aliment de base des villageois et des travailleurs.

Volontaires récalcitrants, le curé revient, départ des déserteurs

A Paris le 1er prairial an 3, une nouvelle insurrection de ce qu'il reste des sections jacobines prend d'assaut la Convention, elles ont l'objectif de restaurer un gouvernement révolutionnaire et d'obtenir le retour de la Constitution de l'an 1, mais dans les deux jours suivants cette révolte sera durement matée par l'armée qui mobilisera pour cela 3000 cavaliers. Les derniers montagnards furent arrêtés et les clubs fermés.

Le 1 prairial an III (20 mai 1795) la commune traite d'une circulaire du directoire du 30 floréal réclamant à la commune la livraison de 25 quintaux d'orge et 6 quintaux d'avoine, il n'est pas clair si cette demande vient se rajouter à la réquisition du cinquième examinée cinq jours avant ou si elle en est un élément. 25 citoyens sont listés pour répondre à cette réquisition avec la valeur de leurs contingents respectifs pour un total de 36 mesures d'orge et 25 mesures d'avoine. On peut constater que le contingent levé est inférieur à la réquisition en particulier pour l'orge, la municipalité considère qu'elle est dans l'incapacité de fournir d'avantage, rappelant le recensement des subsistances qu'elle a effectué, la multiplicité des réquisitions, la nécessité de de se nourrir jusqu'aux moissons et la contrainte supplémentaire de subvenir aux besoins des déserteurs dont la garde lui est confiée. Sous l'Ancien Régime un quintal de grains faisaient 100 livres, soit un peu moins de 49 kilos et une mesure de grains en Bourgogne faisait environ 9 litres. Lors du récent recensement de floréal, la municipalité avait appliqué les équivalences suivantes : 45 livres pour une mesure de froment, 42 livres pour une mesure de conceau, 31 livres pour une mesure d'orge, 35 livres pour la farine de froment, 32 livres pour la farine de conceau et 20 livres pour la farine d'orge. Si on utilise ce barème et en considérant la mesure d'avoine à 25 livres on peut estimer que la réquisition était ainsi couverte à moins de la moitié de ce qui était demandé pour l'orge (alimentation humaine) et totalement couverte pour l'avoine (alimentation animale).

Le 3 prairial l'agent national Versey communique la loi du 27 floréal qui décrète l'arrêt du cours des assignats de 5 Livres et au-dessus issus des anciens emprunts royaux. La municipalité décide que cette information sera publiée sur le champ pour mise en application dans la commune.
Le 5 prairial, prise en compte de la circulaire qui enjoint de ne fournir un secours aux parents des défenseurs de la Patrie que dans la mesure où ils peuvent fournir un certificat prouvant qu'ils ne sont pas riches et qu'ils sont dans le besoin. Jusqu'alors ce n'était qu'une recommandation certes forte mais civique.
Les armées de la République sont à l'offensive, en particulier dans le nord avec la prochaine annexion de la Belgique. Le 11 prairial, suite à un arrêté du comité de salut public, il est notifié à tous les volontaires en congé ou en convalescence de rejoindre leurs corps dans les 3 jours. L'information va être communiquée par appel de tambour dans toute la commune et également individuellement par un commissaire nommé à cet effet, Jean Vallier. La liste des 5 volontaires concernés est publiée le lendemain : Etienne Sopotte, Jacques Richard, Jean Guedeney, Claude Robin et Pierre Brouin.

Le 16 prairial (4 juin 1795) le conseil général est réuni et se penche, à la demande du directoire de Semur qui a fait cette requête pour l'ensemble des villes et villages du district, sur la solvabilité des émigrés et leur détention éventuelle de biens dans la commune. On revient donc sur le cas du ci-devant homme de loi dijonnais Ladey puisqu'il semble que la confiscation de ses biens, bien qu'ayant fait l'objet de 3 affichages, n'ait pas été réalisée. Ladey a hérité du tiers d'un domaine situé à Boux, le citoyen Piget étant cohéritier d'un autre tiers et le dernier tiers ayant été acquis par le notaire Perrot. Les informations sur l'étendue (environ 15 hectares de terre, 6 hectares de prés, plus des vignes et vergers, maison, grange et écurie) et la composition du domaine ont été fournies par Bernard Sopotte fils qui est le fermier de ce domaine et elles vont être communiquées au directoire de Semur.
Le même jour la municipalité invite les citoyens ayant livré de l'avoine au début du mois à venir se faire indemniser mais les conditions de ces paiements vont créer quelques tensions. En effet, la municipalité considérant que la livraison a été réalisée avant la démonétisation des assignats de 5 livres souhaite utiliser ceux qui lui restent pour réaliser les paiements, et son argumentation consistant à affirmer qu'elle n'en possède pas d'autres ne convainc personne, les citoyens André Arbey et Claude Mosson l'aîné vont même refuser leurs paiements.

Le 23 prairial (11 juin 1795) est une date importante pour les catholiques pratiquants de la commune, elle marque le retour d'un curé dans l'église du village. Le 3 ventôse précédent (21 février) la Convention Nationale avait par décret rétablie la liberté de culte et institutionnalisée en même temps la séparation stricte (notamment financière) entre l'Etat et l'Eglise[168]. Ce décret va permettre la réouverture des églises. La municipalité a été saisie d'une pétition recueillant les noms de plus de 50 citoyens demandant à pouvoir suivre leur culte comme le permet la loi. Jean Baptiste Mariglier, prêtre se déclarant soumis aux lois de la République, est proposé pour être ministre du culte catholique. Au vu de cette pétition et prenant acte de la soumission du prêtre qui a prêté serment les élus municipaux intronisent alors le citoyen J.B. Mariglier comme curé de la commune. Ce n'est qu'un retour, victime de la campagne de déchristianisation il avait dû quitter son poste et la commune un an plus tôt, le 1 floréal an II (20 avril 1794).

Le 30 prairial les 5 volontaires[169] qui le 11 du mois ont reçu leur ordre de rejoindre leurs régiments sont convoqués par la municipalité car ils ne sont toujours pas repartis. Les élus veulent savoir s'ils ont reçu du directoire une dispense, mais un seul se présente, Étienne Sopotte, qui déclare qu'il va se rendre le lendemain auprès du directoire pour se faire délivrer un certificat d'incapacité. Les autres ne s'étant toujours pas présentés à la nuit tombée il est décidé de rédiger un rapport pour la gendarmerie. En cette période de forte activité agricole il est fort possible que ces 4 jeunes gens se cachent pour aider aux travaux des champs, pratique courante dans les campagnes en manque de bras partis pour la guerre et il n'était pas rare que, compréhensives, les municipalités ferment les yeux.

Le 4 messidor an III (22 juin 1795) le citoyen Jean Baptiste Gérard de Salmaise se présente comme commissaire porteur d'une mission du directoire de Semur afin de se concerter avec les officiers municipaux de Boux pour faire le recensement des terres et du bétail du village.
La commune, adoucissant semble-t-il son avis émis en ventôse, convoque François Perrot pour réaliser un paiement de son avoine livrée en fructidor de

---

[168] Cette institutionnalisation de la séparation de l'Eglise et de l'Etat s'appuyait sur un rapport de Boissy d'Anglas établi au nom des comités de salut public et de sûreté générale. Si le décret établissait la liberté des cultes c'était cependant dans le cadre d'une activité strictement privée et les habits religieux étaient interdits dans l'espace public, aucun signe particulier à un culte ne pouvait trouver place dans l'espace public, les cérémonies ne devaient se dérouler que dans des locaux pour lesquels l'Etat n'avait aucune responsabilité.

[169] Enrôlés à partir de la levée en masse de 1793, ce sont plus surement des réquisitionnaires.

l'an II mais le notaire, la trouvant insuffisante, refuse la somme qui lui est proposée.

Le 11 messidor les élus ont à traiter le cas du citoyen Arbey le jeune cultivateur dans la commune car il refuse alors que c'est son tour de fournir du pain aux déserteurs détenus dans la commune, il est le seul récalcitrant à cette corvée. Afin d'obtenir l'obéissance du citoyen Arbey le jeune ils se proposent de rapporter la chose à l'agent national du district, mais en fait la chose sera bientôt réglée par le départ des déserteurs.

Le 17 messidor (5 juillet 1795) la commune prend connaissance par une circulaire du district de la première loi concernant les poids et mesures (mise en place du système métrique, les mètres et les kilos deviennent les seules références officielles) mais elle ne sait pas trop comment s'en saisir. Le village est un lieu de marché, les élus s'en remettent à Salmaise pour statuer sur ce qu'il convient de faire.

Le 29 messidor alors que les déserteurs détenus dans la commune ont été appelés à rejoindre Semur depuis plusieurs jours il set constaté que l'un d'entre eux n'a pas obtempéré et vagabonde dans le village, il est même soupçonné de vol. Les élus décident de le faire conduire à Semur sous la surveillance d'un garde national.

Le 30 on s'aperçoit que le déserteur que l'on avait enfermé dans une chambre avant de le conduire à Semur s'est évadé en brisant la serrure. On dresse procès-verbal à destination du directoire du district.

Le 1 thermidor an III (dimanche 19 juillet 1795) les citoyens sont convoqués en assemblée générale pour être informés de la réorganisation de la garde nationale. Mais les travaux des champs absorbent tout le monde et personne ne se présente. Après 3 heures d'attente, un procès-verbal est dressé et une nouvelle assemblée convoquée pour le 8 du mois.

Le. 6 thermidor, un arrêté du directoire du département a demandé à la commune de faire la liste des militaires présents dans le village et de leur signifier de rejoindre leurs corps. Sur les sept présents deux sont déclarés non guéris ou incapables (Claude Poupon et Jacques Bernot), les cinq autres (les mêmes récalcitrants qu'en prairial) recevront leur ordre de réquisition.

Le 20 thermidor (7 août 1795) la municipalité prend connaissance avec un certain retard d'un arrêté de Salmaise, chef-lieu de canton, qui fait suite à une décision du comité d'instruction publique du 24 germinal. Il s'agit de la mise en place de vacances pour les instituteurs et institutrices pendant la période des moissons et vendanges, la période de 36 jours est définie du 9 thermidor

(27 juillet) jusqu'au 14 fructidor (31 août), plus 3 jours pendant les vendanges. Cet arrêté effectif à Salmaise depuis onze jours a été porté à la connaissance du citoyen Petiot et de la citoyenne Jeanne Beleurgey, femme de Jean Baptiste Gérard[170], respectivement instituteur et institutrice de la commune. A Salmaise les cours ont lieu de 7h du matin à 10h puis de 15h à 18h. Salmaise a émis l'arrêté concernant les congés et Boux doit maintenant le publier par voie d'affiches dans la commune bien qu'on suppose que les écoliers concernés le sachent déjà. Alors que dans l'Ancien Régime l'éducation des enfants étaient assurées par les paroisses, financée par les familles qui le pouvaient et sans aucune obligation, la Convention montagnarde de l'an II avait institué l'école gratuite et obligatoire pour tous les enfants de 6 à 8 ans au moins, les institutrices et instituteurs étant salariés de la République. Mais dans la campagne bourguignonne, au début de 1794, peu de petites écoles fonctionnaient et rapidement les Thermidoriens mirent un terme à l'obligation d'éducation aussi bien qu'à la gratuité, les maîtres furent alors payés par les parents et l'existence d'une école ne concerna que les communes d'au moins 1000 habitants [1]. Dans ce nouveau contexte très peu d'enfants de Boux devaient être scolarisés.

Le 5 fructidor an III (22 août) est adoptée la nouvelle Constitution de la République, puis la Convention se sépare pour de nouvelles élections. Une nouvelle ère politique s'ouvre qui verra les royalistes tenter de reprendre la main mais qui conduira à Bonaparte.

Le 22 fructidor an III (8 septembre 1795) le citoyen Claude Sopotte qui était dragon au 8ieme bataillon de volontaires de la Côte d'Or apporte son certificat de réforme en date du 21 floréal suite à ses blessures de guerre. Il lui est octroyé une pension de 30 sols par jour, payables au mois (soit 45 Livres) et par avance.
Le 26 fructidor la municipalité décrète une interdiction d'entrer dans les vignes, à l'exception du jeudi (ancien style), sous peine d'amende par le garde champêtre chargé de la surveillance.
  Le 29 fructidor le conseil général est réuni, il prend note de nombreuses récriminations des habitants devant l'insuffisance et la mauvaise qualité de la paille de blé, il autorise des coupes de bois communaux. Le même jour le percepteur de la commune remet ses comptes au maire, il lui délivre 230 livres qui correspondent aux charges locales des années 1793 et 1794 auxquelles

---

[170] Avant la révolution Gérard était directeur des chemins royaux à Chanceaux. Jeanne Beleurgey est native de Thenissey, elle vit ensuite à Salmaise avec sa mère veuve, le notaire Louis Beleurgey est son frère germain. Le couple Gérard résidera après la Révolution à Thenissey.

ont été préalablement soustraites 52 livres remises au district, 55 livres pour les gages du secrétaire et 292 livres correspondant au montant de la perception du rôle (les impôts directs pour l'Etat).

Le 2 vendémiaire an IV de la République, soit le 24 septembre 1795, a lieu le tirage au sort en place publique des secteurs de coupe des bois communaux. 12 cantons sont répartis entre 128 personnes du village.

Le 4 vendémiaire quatre citoyens sont nommés pour faire un rapport sur la date possible des vendanges. Le même jour deux gendarmes de Vitteaux, Bonin et Millot, étaient dans le village afin de faire respecter l'ordre donné aux militaires de rejoindre leurs corps d'armée. Il concerne quatre jeunes gens de Boux, Jacques Richard, Claude Robin, Étienne Sopotte et Pierre Brouin qui sont tous les 4 engagés dans un bataillon de sapeurs de l'armée du Rhin. En compagnie de l'agent national Versey ils se rendent aux domiciles des recherchés mais ne trouvent que Sopotte qui est interpellé.

Le 12 vendémiaire, suite au rapport des quatre commissaires nommés huit jours avant, il est décidé que les vendanges débuteront le 17 (soit le 9 octobre 1795). Date proche de celles de 1792 et 1793 mais plus tardive de 2 semaines qu'en 1794, année particulièrement précoce.

Le 14 vendémiaire Jean Arbey, officier public, remet au conseil municipal l'ensemble des actes de naissance, deuil et mariage, pour l'an 3 de la République.

BOUX pendant le Directoire, épilogue révolutionnaire

Le 1er brumaire (vendredi 23 octobre 1795) un arrêté du directoire du département demande une convocation de la garde nationale. La commune donne l'ordre à la garde nationale de Boux de se rendre à Salmaise le surlendemain dimanche et charge le citoyen Arbey Brusley qui la commande d'en assurer l'exécution.

Le 4 brumaire an IV (26 octobre) une nouvelle forme de gouvernement, le Directoire, succède à la Convention thermidorienne suite à l'adoption de la Constitution de l'an III qui instaure aussi le retour du suffrage censitaire.

A la prise de pouvoir du Directoire la situation des administrations, des services publics et des habitants en Côte d'Or est extrêmement dégradée à cause de l'effort de guerre et de la perte totale de crédibilité des assignats qui à ce moment ne valent pratiquement plus rien, encourageant les trafics et les difficultés d'approvisionnement.

Fin de la municipalité révolutionnaire de Boux

Depuis 6 ans l'élan révolutionnaire a pu compter sur les municipalités qui ont joué un rôle important de relai des décisions du pouvoir exécutif, mais aussi comme à Paris elles ont été quelques fois le centre d'un contre-pouvoir dont se méfie maintenant les Thermidoriens dont la Constitution votée le 26 octobre se veut une reprise en main contre les lieux potentiels de fermentation révolutionnaire, en conséquence districts et conseils municipaux sont supprimés. Le canton devient municipalité cantonale dans laquelle chaque commune est représentée par un agent municipal, il n'y a plus ni maire ni officiers municipaux, l'agent municipal de Boux est le représentant local du président de la municipalité cantonale. Il faudra attendre 1801 pour que le maire (nommé et non élu) gère à nouveau directement sa commune et jusqu'à 1871 et 1884 pour qu'il soit à nouveau élu et entouré d'un conseil municipal. La petite flamme de la démocratie locale portée par la Révolution va s'éteindre avec elle et ne rejaillira que près d'un siècle plus tard, sous la troisième République.

Nous savons peu de choses sur les évènements survenus à Boux dans cette période puisqu'à la fin de l'année 1795 les procès-verbaux de l'activité communale auront cessés. La Révolution s'achève petit à petit et après des tentatives royalistes de renversement du pouvoir républicain on va s'acheminer vers le Consulat puis l'Empire. La période des Directeurs fut riche en campagnes militaires et la communauté de Boux en sera encore fortement affectée.

Le 5 brumaire, pour répondre à une circulaire du district de Semur, on procède à la répartition parmi les citoyens d'une réquisition de 178 quintaux de grains afin d'approvisionner les marchés de Dijon. Les contributeurs désignés par le conseil municipal seront nombreux, 59 citoyennes et citoyens (voir la liste en annexe) et les 2 plus gros contributeurs, pour 12 quintaux chacun, seront Bernard Belin et Jacques Arbey le jeune. Huit livraisons de 20 quintaux et une de 18 seront effectuées, la première étant planifiée pour le 1 frimaire et la dernière le 1 thermidor an IV.

Le 9 brumaire la nouvelle Constitution n'est pas encore prise en compte. L'agent national dépose sur le bureau municipal une circulaire du district du 29 vendémiaire, elle porte sur une réquisition de 150 quintaux de paille et 50 quintaux de foin. Le conseil organise la répartition entre 10 contributeurs pour le foin et 19 pour la paille.

Le 11 brumaire (2 novembre 1795), Jean Baptiste Mariglier, prêtre et habitant de la commune, signe la déclaration suivante : "je reconnais que l'universalité des citoyens français est le souverain et je promets ma soumission et obéissance aux lois de la République ". Suite à cette allégeance Mariglier est confirmé comme ministre du culte catholique dans la commune de Boux.

C'est le 15 brumaire qu'une assemblée communale est convoquée pour la prise en compte de la nouvelle Constitution et pour la nomination d'un agent municipal. L'appel à cette assemblée a été annoncé la veille au son de la caisse et le jour même au son de la cloche. Après vote et mesure d'âge cette assemblée est présidée par Bernard Belin, le secrétaire de séance est Arbey Brusley. On procède donc à l'élection de l'agent municipal pour la commune, il y a 25 votants seulement et c'est Jacques Arbey le jeune qui ayant réuni 15 voix est sur le point d'être élu, mais il se déclare alors incapable d'accomplir cette tâche et donc refuse le mandat. Au tour suivant aucun candidat ne parvient à obtenir la majorité absolue et il faut recourir à un troisième tour. **Jacques Arbey Brusley** obtient 15 voix sur 19 votants, il est élu agent de la commune et après un dernier vote le citoyen Michard (menuisier à Boux et ancien membre de la société populaire du canton de Salmaise) est désigné comme son adjoint. A la demande du département Jacques Arbey Brusley documente un recensement de la population âgée de plus de 12 ans (il figure en annexe), seules les identités masculines sont données et les hommes encore engagés dans les armées n'y figurent pas.

Cette dernière nomination sonne la fin d'une mobilisation politique et démocratique de 6 années qui avait permis une toute nouvelle et prometteuse implication citoyenne dans la vie communale.

Jacques Arbey Brusley sera agent municipal puis maire sous l'empire pendant une période de 9 ans, jusqu'à son décès le 20 floréal an XII (10 mai 1804) à l'âge de 66 ans. Il sera aussitôt remplacé par Jean Arbey, premier maire élu démocratiquement en 1790, maintenant désigné par le pouvoir impérial et qui restera en place après la Restauration, jusqu'en 1822, année au début de laquelle il arrête son activité municipale et Claude Marie Belin prendra sa suite.

APPENDICES

L'inondation de 1796

Une crue soudaine et inattendue de la rivière les 11 et 12 messidor an IV (1 juillet 1796) cause des dégâts considérables. Toutes les prairies longeant la rivière de Boux jusqu'à Thenissey ont été submergées, en se retirant l'eau a laissé beaucoup de terre boueuse encombrant les prés et les nouvelles cultures sur les coteaux ont été mises à mal par les torrents dévalant des collines. Une partie des vignes, traversées par des torrents, a également souffert. Un procès-verbal relève le préjudice causé tant pour le foin qui sera de mauvaise qualité que pour les cultures céréalières.

Rôle de taille de 1788

NOM	PRENOM	Profession	Taille Livres	Taille Sols	Capit. Liv.	Capit .Sols	Total Liv.	Total Sols
	Boux							
Arbey	Charles	Laboureur (asséeur)	68	10	12	17	81	7
Malardot	Claude	Cabaretier (asséeur)	19	11	2	7	21	18
Belin	Nicolas	Laboureur pour autrui	37	18	5	9	43	7
Personnier	Nicolas	Vigneron	32	10	5	12	38	2
Lacoste	Jean Baptiste	Laboureur	49		7	2	56	2
Belin	André	Laboureur pour autrui	37	18	5	2	43	
Robin	Charles	Vigneron	23	3	4	12	27	15
Fournier	Jacques	Laboureur pour autrui	38	12	6	4	44	16
Arbey	Jacques	Laboureur	38	12	4	12	43	4
Sopotte	Bernard	Vigneron	38	12	6	11	45	3
Arbey Brusley	Jacques	Laboureur	74	9	13	12	88	1
Guignard	Nicolas	Vigneron	29	6	6	9	35	15
Veuve Lombard	Claude	Veuve	34	7	5	12	39	19
Malardot	Jean	Vigneron (collecteur)	21	13	3	9	25	2
Mosson	Jean	Cordonnier	36	5	5	14	41	19
Thibault	Anne	Veuve	32	1	5	8	37	9
Robin	Nicolas	Vigneron	16	8	3	2	19	10
Deroye	Jeanne	Veuve Arbey (Claude)	25	11	4		29	11
Vallerot	Jean	Charron	25	18	4	7	30	5
Deroye	Jeanne	Veuve (N. Belin)	74	13	13		87	13

Thibault	Claude	Laboureur pour autrui	50	3	7	9	57	12
Guedeney	Joseph	Manouvrier	13	2	2	13	15	15
Gagniet	Anne et Marguerite	Filles	3			15	3	15
Michard	François	Menuisier	28	19	5	10	34	9
Pignot	Michèle et Marie	Filles	19	16	3	14	23	10
Thibault	Simon	Journalier	18	11	3	15	22	6
Voisin	Benigne	Bourrelier	16	12	3	18	20	10
Pignot	Jean	Vigneron	38	18	7		45	18
Picamelot	Jeanne	Veuve	9	1	1	18	10	19
Robin	Claude le jeune	Vigneron pour autrui	14		3	13	17	13
Personnier	Jean	Vigneron pour autrui	18	5	3	19	22	4

Malardot	Marguerite et Christine	Filles	1	10		4	1	14
Robin	Marguerite et Jeanne	Filles	14	4	3	5	17	9
Goujon	François	Manouvrier	7	8	2		9	8
Fleurot	Claude	Manouvrier	9	2	1	9	10	11
Viot	François	Maréchal	34	12	6	4	40	16
Vallier	Jean	Maréchal	16	18	3	2	20	0
Fournier	Etienne	Vigneron pour autrui	19		3	16	22	16
Baudot	Anne	Fille	16	12	4	2	20	14
Guedeney	Jean	Manouvrier	12	5	1	19	14	4
Griveau	Jean	Domestique	7	15	1	11	9	6
Cortot	Jeanne	Veuve	2			8	2	8
Robin	Etienne	Vigneron pour autrui	9		1	18	10	18
Mosson	Bernard	Cordier	10	5	1	18	12	3

Nom	Prénom	Profession					
Gauvin	Jacques	Vigneron pour autrui	15	4	3	6	18	10
Dumont	Marie	Fille	1	10		4	1	14
Maires	François et Marguerite	Vigneron pour autrui	8	16	2	10	11	6
Goujon	Marthe	Pâtre	6	12		15	7	7
Vallerot	Jean le jeune	Jardinier	14	8	3	4	17	12
Popon	Etienne	Vigneron pour autrui	14	18	3	19	18	17
Coignot	Christine	Veuve	5	1		17	5	18
Voisin	Denise	Fille	1	5		4	1	9
Picamelot	Nicolas	Vigneron pour autrui	13	10	2	5	15	15
Thibault	Etiennette	Veuve	13	2	2	7	15	9
Robin	Claude l'aîné	Vigneron pour autrui	18	15	2	11	21	6
Baudot	Claude	Vigneron pour autrui	9	16	1	18	11	14
Lombard	François	Vigneron pour autrui	12	5	1	7	13	12
Gagniet	Jean	Vigneron pour autrui	18	1	3	1	21	2
Gagniet	Bernard	Vigneron pour autrui	18	1	3	1	21	2
Vallerot	Jacques	Jardinier	9	15		18	10	13
Gagniet	François	Manouvrier	17	12	2	13	20	5
Arbey Sautereau	Claude Vincent	Tanneur	52	4	6	9	58	13
Arbey	André	Cabaretier	28	5	4	10	32	15
Sopotte	Bernard	Manouvrier	10	10	1	19	12	9
Pignot	Claude	Chirurgien	25	3	4	4	29	7
Picamelot	Jacques	Jardinier	10	5	1	16	12	1
Sopotte	Jean	Cabaretier	10	19	3	3	14	2
Goujon	François fils	Manouvrier	8	7	1	14	10	1
Gaulon	Jacques	Cordonnier	7	5	1	10	8	15
Baudot	Sébastien	Manouvrier	6	2	1		7	2

Sauceret	Antoine	Chasse moulin	9	12	1	12	11	4
Popon	Claude	Cabaretier	10	6	1	19	12	5
Baudot	Marguerite	Veuve	9	7	1	10	10	17
Massenot	Antoine	Jardinier	11	7	1	16	13	3
Arbey	Jean Baptiste	Tanneur	51	12	7	13	59	5
Robin	Denise	Fille	5	1		15	5	16
Perrot	François	Collecteur	23	16	5	19	29	15
Les Bordes								
Thibault	Jacques	Laboureur	51	2	7	10	58	12
Beuche	Claude	Vigneron	15	15	3	3	18	18
Sopotte	Philiberte	Veuve	9	9	1	10	10	19
Guignard	Claude	Laboureur pour autrui	27	7	4	1	31	8
Beuche	Claude	Manouvrier	13	10	2	1	15	11
Lucotte	Claude	Meunier	46	7	8	2	54	9
Beuche	Anne	Fille	6	2	1	14	7	16
Belin	Bernard	Laboureur	36	19	7	7	44	6
Sopotte	Marie	Fille	3			9	3	9
Présilly								
Carriot	Pierre	Laboureur (asséeur)	31		5	5	36	5
Gille	Antoine	Laboureur pour autrui (asséeur)	18	14	3	8	22	2
Richard	Charles	Laboureur	31	4	5	16	37	0
Bizot	Jean	Laboureur	23	2	4		27	2
Verrier	Claude	Laboureur	41	2	7		48	2
Baudot	Jacques	Vigneron pour autrui	15	8	2	11	17	19
Carriot	Denis	Maçon	22	10	3	16	26	6
Lombard	Pierre	Vigneron pour autrui	19	1	3	7	22	8

Robin	Claude	Laboureur pour autrui	22		3	11	25	11
Berthelemot	Jean	Maçon	15	18	2	2	18	0
Popon	Etienne	Vigneron pour autrui	17	8	3		20	8
Carriot	Vincent	Vigneron	34	15	5	10	40	5
Lombard	Claude	Vigneron pour autrui	18		3	7	21	7
Carriot	Claude	Maçon	21	10	3	7	24	17
Robin	Jean	Manouvrier	15	3	2	14	17	17
Pignot	Claude	Manouvrier	9	15	1	18	11	13
Culnet	Jacques	Vigneron pour autrui	19	6	3	4	22	10
Bergeret	Catherine	Veuve	9	16	1	19	11	15
Drioton	Claude	Manouvrier	21		4		25	0
Gaulon	Antoine	Manouvrier	11		1	18	12	18
Gauffinet	Vincent	Manouvrier	13	10	2	6	15	16
Gaulon	Nicolas	Manouvrier	9		1	8	10	8
Villiard	Barbe	Veuve	13		2	3	15	3
Belin	Nicolas	Laboureur pour autrui	23	5	4	2	27	7
Tartevelle	Benigne	Savetier	3	2		17	3	19
Marlot	Pierre	Vigneron pour autrui	16	6	2	19	19	5
Guedeney	Nicolas	Savetier	6	12	1	1	7	13
Boudillet	Claude	Pâtre	9	7	1	6	10	13
Gauffinet	Vincent	Manouvrier	6	1	1	1	7	2
Guedeney	Nicolas	Maçon	10	9	1	7	11	16
Treniset	Jacques	Pâtre	2	15		10	3	5
Mosson	Claude	Vigneron pour autrui	11		2	10	13	10
Bouzot								
Mosson	Jean	Laboureur pour autrui (asséeur)	27	10	4	1	31	11

Robin	Bernard	Vigneron pour autrui (asséeur)	15	13	2	17	18	10
Baudot	Claude	Vigneron pour autrui	6	6		16	7	2
Bernot	Benigne	Journalier	7		1		8	
Baudot	Benigne	Veuve	19	16	3	6	23	2
Baudot	Jean fils	Journalier	7		1	2	8	2
Baudot	Jean père	Journalier	4	11	1		5	11
Sopotte	Claude	Tixier (Tisserand)	7	17	1	4	9	1
Baudot	Jean fils de Claude	Pâtre	5	8	1	4	6	9
Bizouard	Marie	Veuve Versey	23	2	4	13	27	15
Lucotte	Frédéric	Jardinier	7	17	1	2	8	19

Liste (partielle) des citoyens actifs présents à l'élection de février 1790 :

André Arbey, cultivateur à Bouzot
André Arbey, cabaretier à Boux
Charles Arbey
Claude Vincent Arbey
Jacques Arbey « le jeune », cultivateur à Boux
Jacques Arbey Brusley
Jean Arbey
Sébastien Baudot
Jean Baudot le jeune, vigneron à Bouzot
André Belin, cultivateur à Boux
Bernard Belin, cultivateur aux Bordes
Claude Belin ; cultivateur à Boux
Nicolas Belin, cultivateur à Boux
Antoine Benoît, prêtre de la paroisse
Jean Bernard, cultivateur à Boux
Claude Beuche, cordier aux Bordes
Nicolas Beuche, jardinier aux Bordes
Jean Bizot, cultivateur à Présilly
Jacques Culmet, cultivateur à Présilly
Denis Cariot, tailleur de pierres à Présilly
Pierre Cariot, cultivateur à Présilly
Vincent Cariot, cultivateur à Présilly
Claude Demongeot, vigneron à Présilly
Claude Drioton
Claude Fleurot
Etienne Fournier
Jacques Fournier, cultivateur à Boux
Vincent Gauffinet de Présilly
Bernard Gagniet, cultivateur à Boux
François Gagniet, vigneron à Boux
Antoine Gille, cultivateur à Présilly
François Goujon « père », de Boux
Jean Guedeney, vigneron à Boux
Joseph Guedeney
Nicolas Guignard, cultivateur à Boux

Jean Baptiste Lacoste, de Boux
François Lombard, vigneron à Boux
Jacques Lombard, cultivateur à Bouzot
Frédéric Lucotte, jardinier à Bouzot
Claude Malardot, cabaretier à Boux
Jean Malardot, vigneron à Boux
François Michard, menuisier à Boux
Bernard Mosson, cordier à Boux
Jean Mosson, cultivateur à Bouzot
François Perrot, notaire à Boux
Jean Personnier, vigneron à Boux
Nicolas Personnier, vigneron à Boux
Jacques Picamelot, vigneron à Boux
Jean Pignot
Jacques Poupon, vigneron à Présilly
Claude Popon, vigneron à Boux
Etienne Poupon, vigneron à Salmaise
Charles Richard
Bernard Robin, cultivateur à Bouzot
Charles Robin, vigneron à Boux
Charles Robin, charpentier à Boux
Claude Robin « l'aîné », vigneron à Boux
Claude Robin « le jeune »
Etienne Robin (il y en a 2), vignerons à Boux
Jean Robin, vigneron à Présilly
Nicolas Robin, cultivateur à Boux
Antoine Sausseret
Bernard Sopotte « père », vigneron à Boux
Claude Thibault, cultivateur à Boux
Jacques Thibault, cultivateur aux Bordes
Simon Thibault, vigneron à Boux
Jacques Vallerot
Jean Vallerot, vigneron à Boux
Jean Vallier, maréchal-ferrant à Boux
Claude Verrier, cultivateur à Présilly
Jean Baptiste Versey, propriétaire à Bouzot
François Viot, maréchal-ferrant à Boux
Benigne Voisin, bourrelier à Boux

Citoyens présents à l'élection de décembre 1792 :

(Dans l'ordre du procès-verbal)
Jean Arbey
Jacques Arbey Brusley
Pierre Lambert
Pierre Carriot
Jean Vallier
Jean Berthelemot
Jean Baptiste Rossin
Jacques Lombard
André Arbey
Jean Mosson
Jean Malardot
Jean Bernard
Antoine Burtey
Denis Carriot
Jean Robin
François Viot
Nicolas Robin
Nicolas Personnier
Charles Laureau
Jean Robin
Claude Robin
Etienne Mosson
Nicolas Belin
Jean Charles Robin
Nicolas Guignard
Jacques Fournier
Jacques Arbey le jeune
Bernard Robin
Claude Carriot
Claude Mosson
Bernard Sopotte fils
Vincent Carriot
Jacques Culnet
Claude Robin fils
Jacques Thibault
Jean Chavaudret
Pierre lombard
Claude Pignot
Claude Demongeot
Charles Arbey
Claude Malardot
Jean Robin de Presilly
Pierre Personnier fils

Membres des instances communales

En 1790

Le Conseil Municipal : Jean Arbey (maire), Jacques Lombard, Jacques Thibault, Claude Thibault, Charles Richard, Charles Arbey

Le procureur : Bernard Belin

Les notables du Conseil Général : Nicolas Guignard, Nicolas Personnier, François Michard, Vincent Cariot, Charles Robin, Jacques Culnet, Claude Verrier, Jean Baptiste Lacoste, Denis Cariot, Jacques Fournier, Jean Baptiste Versey, Jean Bizot.

En 1791

Le Conseil Municipal : Jean Arbey (maire), Charles Richard, Charles Arbey, Pierre Cariot, Pierre Lambert, Nicolas Guignard

Le procureur : Bernard Belin

Les notables du Conseil Général : Nicolas Personnier, Charles Robin, Jacques Culmet, Claude Verrier, Denis Cariot, Jacques Fournier, André Arbey, Nicolas Belin, Jean Pignot, Jean Mosson, Jean Malardot, Claude Malardot

En 1792

Le Conseil Municipal : Jean Arbey (maire), Pierre Cariot, Pierre Lambert, Nicolas Guignard, Nicolas Belin, Charles Robin.

Le procureur : Denis Cariot

Les notables du Conseil Général : André Arbey, Jean Pignot, Jean Mosson, Jean Malardot, Claude Malardot, Jacques Lombard, Jean Bernard, Jean Berthelemot, Claude Beuche, Jacques Vallerot, Jean Sopotte, Jacques Culnet.

En 1793

Le Conseil Municipal : Jacques Lombard (maire), Jacques Thibault, Vincent Cariot, André Belin, Jean Mosson, Jean Vallier.

Le procureur : Denis Cariot (destitué le 30 décembre 1793)
L'agent national (à partir de 1794) : André Arbey

Les notables du Conseil Général : Jean Personnier, Pierre Cariot, Jean Arbey, Charles Robin, André Arbey, Nicolas Guignard, Claude Thibault, Nicolas Belin, Claude Mosson, Antoine Burtey, Jacques Culnet, Jean Berthelemot.

Le Comité de surveillance (à partir du mois de mai) : Bernard Belin, Pierre Lambert, Jacques Arbey Brusley, André Arbey, Nicolas Beuche, Jacques Mosson, Claude Pignot, Jacques Fournier, François Lacoste, André Malardot, Charles Richard et Claude Robin fils

En 1795 (pour 10 mois)

Le Conseil Municipal : Jacques Lombard (maire), Jacques Thibault, Vincent Cariot, André Belin, Jean Mosson, Jean Vallier.

L'agent national : Jean Baptiste Versey

Les notables du Conseil Général : Jean Personnier, Pierre Cariot, Jean Arbey, Charles Robin, André Arbey, Nicolas Guignard, Claude Thibault, Nicolas Belin, Claude Mosson, Antoine Burtey, Jacques Culnet, Jean Berthelemot, François Viot.

Les bataillons de volontaires
(Synthèse issue de [20])

Bataillon	1er	2ème	3ème	4ème	5ème
Chronologie					
Formation	30 août 1791	1 sept. 1791	5 août 1792	15 août 1792	23 août 1792
Instruction	Reims oct 91- fév 92	Reims oct 91- fév 92	Giromagny août 1792	Belfort sept. 1792	Soissons camp de réserves
Affectation	Charleville Armée du Centre	Mézières Armée du Centre	Belfort, Huningue Armée du Rhin	Belfort, Huningue Armée du Rhin	Armée du Nord
1ère bataille	La Gliswelle 10-11 juin 1792	La Gliswelle 10-11 juin 1792	Combat de Geisberg le 25 déc. 1793	Tentative de passage du Rhin à Niffer 17 sept. 1793	
En campagne	Armée du Nord Valenciennes, Mons, Liège 2S 92	Armée du Rhin (réserve) 2S92-1S93 après Longwy	Armée de la Moselle, prise de Charleroi juin 1794	Armée du Rhin combat du Geisberg	Bergues puis Calais surveillance anglaise
Faits d'armes	Défense et capitulation de Valenciennes juillet 1793	Défense et reddition de Longwy 24 août 1792	Victoire de Fleurus le 26 juin 1794	Déblocus de Landau	Défense d'Armentières
En campagne	Prise de Lyon oct.93, Armée des Alpes 1794-1795	Armée du midi, prise de Toulon déc.93	Armée de Sambre-et-Meuse, prise de Liège	Armée de Moselle puis retour Armée du Rhin	
Amalgame	23 sept. 1795 dans 146ème demi-brigade de bataille	Avril 1794 dans la 117ème demi-brigade	17 février 1795 dans 87ème demi-brigade	17 juin 1794 dans 159ème demi-brigade	29 déc. 1793 dans 3ème demi-brigade

Bataillon / Chronologie	6ème	Grenadiers	6ème bis	8ème	9ème
Formation	24 octobre 1792	5 sept. 1792	24 février 1794	23 juillet 1793	14 octobre 1793
Instruction	Camp de Paris (réserve)	Camp de Paris (réserve)		Aucune	Vesoul jusqu'en mars 1794
Affectation	Armée des Côtes à Cherbourg en février 1793	Armée du Nord	Armée des Alpes	Armée des Alpes	Armée du Rhin
1ère bataille	Déroute de Fougères le 3 novembre 1793	Combat de Pallenberg le 22 mars 1793	Prise du petit St Bernard et du mont Cenis avril mai 1794	Siège de Lyon	
En campagne	Armée de l'Ouest contre le soulèvement vendéen	Affaire d'Anzin combat de Raismes en mai 1793	Tarentaise et Maurienne	Armée du Rhin Besançon	
Faits d'armes	Combats de Freligné sep.94, de Quiberon juillet 1795	Capitulation de Valenciennes juillet 1793		Garde de la frontière suisse	Garde du Haut-Rhin jusqu'en juillet 1795
En campagne	Armée de l'Ouest Bretagne et Vendée	Armée du siège de Lyon		Armée du Rhin Alsace de juillet 1794 à juin 1795	
Amalgame	25 déc. 1796 dans la 13ème demi-brigade légère	Devient bat. 6bis de Côte d'Or/ Armée des Alpes	Début 1796 18ème demi-brigade légère	29 juin 1795 dans la 60ème demi-brigade de bataille	17 juillet 1795 dans la 47ème demi-brigade de bataille

Bataillon	9ème bis	10ème	10ème bis	11ème	17ème
Chronologie					
Formation	15 octobre 1793	18 sept. 1793	22 sept. 1793	10 octobre 1793	30 octobre 1793
Instruction	Arbois jusqu'n avril 1794	Besançon jusqu'en mars 1794	Salins hiver 93-94	Pontarlier jusqu'en avril 1794	Auxonne
Affectation	Armée du Rhin	Armée du Rhin	Armée du Rhin	Armée du Rhin Huningue	Armée du Rhin Nozeroy
1ère bataille					
En campagne					
Faits d'armes	Garde du Bas-Rhin	Garde des rives du Rhin jusqu'à fin 1794		Surveillance du Rhin	Surveillance du Bas-Rhin
En campagne					
Amalgame	17 mai 1794 dans la 47ème demi-brigade de bataille	19 juillet 1795 dans 207ème demi-brigade de bataille	19 juillet 1795 dans 207ème demi-brigade de bataille	10 octobre 1795 dans 21ème demi-brigade légère	26 juillet 1795 dans 75ème demi-brigade de bataille

Les volontaires de Boux

Les volontaires totalement identifiés dans les documents d'archives :
Arbey Jacques (fils)
Arbey Jean Baptiste
Arbey Claude
Baudot Etienne
Baudot François
Baudot Jean
Bernot Jacques
Berthelemot Claude
Bizot François
Cariot Denis
Cariot Claude
Drioton Jacques
Gaulon Pierre
Guedeney Denis
Malardot Claude
Malardot Jean
Personnier Jean
Popon Henri
Robin Claude
Sopotte Claude
Sopotte Etienne
Réquisition d'octobre 1793 (parenté non explicitée) :
André Arbey
Sébastien Baudot
Claude Beuche l'aîné
Joseph Colin
Charles Laureau
Jacques Popon
Charles Robin
Jean Voisin
Autres (parenté non explicitée, sauf Cariot) :
Jean Cariot, fils de Vincent Cariot (cité par sa mère Claudine Rebourceaux)
Jacques Voisin (cité par Jean Arbey)
Jean Pignot (requis en janvier 1795)
Jacques Richard (rappelé le 1 mars 1795)
Pierre Brouin (rappelé le 1 mars 1795)
Jean Guedeney (rappelé en juin 1795)
Claude Poupon (rappelé en juillet 1795)

Le volontaire Claude Arbey

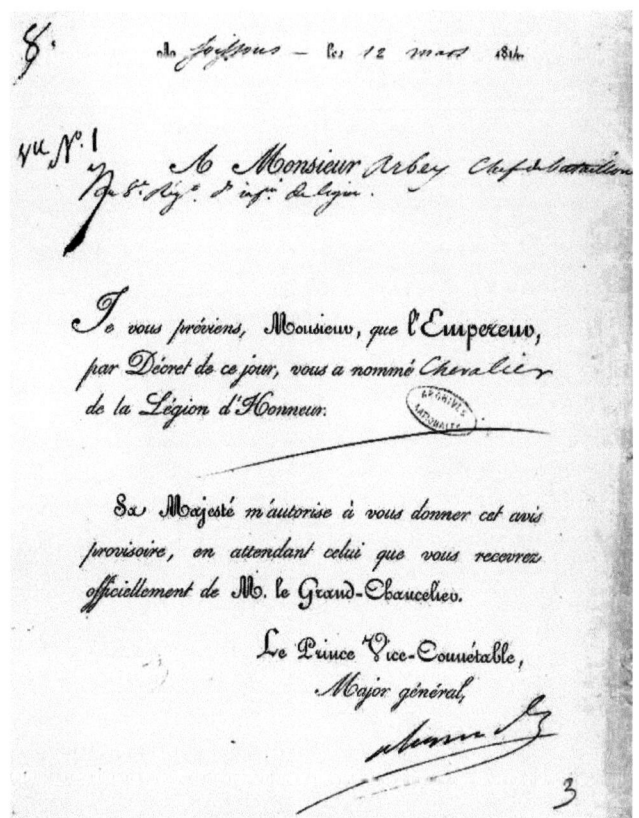

Archives Nationales [22]

Archives Nationales [22]

Les parents des soldats de l'an II

Ceux qui font don du secours à la Patrie (en germinal) :

- Jacques Arbey Brusley
- Charles Richard
- Claude Verrier
- Vincent Casin
- Claude Lombard
- Bernard Robin
- Claude Baudot
- Christine Cognot Méant
- Jean Baudot L'ainé

Ceux qui toucheront un secours (en germinal) :

- Jean Guedeney
- Bernard Sopotte
- Jacques Culmet
- Claude Cariot
- Vincent Gauffinet
- Berthelemot
- La veuve Malardot
- Sulpice Gallimard
- La veuve Vallier
- La veuve Rousselot
- Jean Baudot le jeune
- Benigne Mercier
- Denis Cariot

Ceux qui font don du secours à la Patrie (en messidor) :

- Jacques Arbey Brusley (3 enfants engagés)
- Nicolas Robin
- Claude Pignot
- Charles Richard
- Claude Verrier
- Claude Lombard
- Bernard Robin
- Claude Baudot
- Jean Baudot l'aîné
- Benigne Voisin
- La veuve Brouin

Ceux qui toucheront un secours (en messidor) :

- Jean Guedeney
- Jacques Culmet
- Claude Cariot
- Vincent Gauffinet
- La veuve Malardot
- La veuve Vallier
- La veuve Rousselot
- Jean Baudot le jeune
- Benigne Bernot
- Denis Cariot
- La veuve Gaulon (Sulpice Gallimard, veuve de Nicolas Gaulon, mère du volontaire Pierre Gaulon)
- Jean Personnier (blessé)
- Bernard Sopotte
- Jean Berthelemot

Ceux qui toucheront un secours (en germinal an III) :

- Jean Baudot le jeune
- Claude Cariot
- Jacques Culnet
- Sulpice Gallimard
- Vincent Gauffinet
- La veuve Malardot
- Bernard Robin
- La veuve Rousselot

Liste des habitants répertoriés pour les coupes de bois en février 1793

Dizaine 1
Etienne Robin le jeune, Jacques Fournier, François Gagnet, Claude Lombard, Claude Pignot le jeune, Benigne Voisin, la veuve Claude Pignot, Jean Guedeney, Nicolas Lautré, Jean Lombard

Dizaine 2
Etienne Fournier, Charles Richard, Simon Thibault, la veuve Arbey Claude, Michel Pignot, Jean Robin de Présilly, Nicolas Guedeney (maçon à Présilly), Charles Lacoste, la veuve Nicolas Gaulon, la veuve Boudillet

Dizaine 3
Simon Tartevelle, Marguerite et Jeanne Robin, André Arbey, François Lombard, Nicolas Personnier, Antoine Gaulon (vigneron à Présilly), la veuve Lombard, Jean Chavaudret, Nicolas Guignard, François Bizot

Dizaine 4
Bernard Belin des Bordes, Jean Bizot, la veuve Sausseret, Claude Malardot, Claude Robin de Présilly, Jean Voisin, Marie Sopotte, la veuve Nicolas Gagnet, Claude Beuche père

Dizaine 5
Claude Cariot, Antoine Burtey, Jacques Arbey le jeune, Vincent Gauffinet fils, Vincent Cariot, Pierre Marlot (cultivateur à Présilly), Claude Thibault, la veuve Popon, Bernard Sopotte fils, Claude Mosson

Dizaine 6
Antoine Gille, Denis Cariot, Claude Boudillet (vigneron à Présilly), François Lacoste, la veuve Jacques Gollon, Charles Robin l'aîné, Jean Robin (tisserand à Boux), Bernard Sopotte père, Jean Vallerot, Vincent Cariot père

Dizaine 7
Antoine Massenot (jardinier à Boux), Anne Baudot, Nicolas Robin, le curé, Bernard Mosson, la veuve Personnier, Jacques Tranizet, Jacques Culnet, Bernard Gagnet, Claude Verrier

Dizaine 8
La veuve Nicolas Belin, la veuve Vallerot, Charles Robin le jeune, Jean Vallier, Jacques Popon, Claude Fleurot, Antoine Sausseret, Aime Dehert, Jacques Baudot, Jacques Mosson

Dizaine 9

Claude Beuche, Etienne Poupon, Jean Berthelemot, Etienne Robin l'aîné, François Michard, Jacques Griveau (tisserand), Claude Pignot l'aîné, Jean Bernard, Jacques Thibault, Jean Arbey cadet

Dizaine 10
Jacques Drioton, Nicolas Guedeney (cordonnier à Présilly), la veuve Rousselot, Jean Malardot, Jean Griveau, Jacques Arbey Brusley, la veuve Goujon, Jean Pignot, François Perrot, Charles Arbey

Dizaine 11
Claude Baudot, Pierre Lombard, la veuve Vallier, la veuve Huchon, François Viot, Claude Robin l'aîné, Jean Baptiste Lacoste, Joseph Guedeney, Pierre Cariot, la veuve Malardot

Dizaine 12
Claude Robin le jeune, Jean Mosson père, Jean Sopotte, François Ligny, Pierre Lambert, Claude Poupon, André Belin, la veuve Brouin, Jacques Picamelot, Claude Guignard (cultivateur aux Bordes)

Dizaine 13
La veuve Mosson, Jean Gagnet (vigneron à Boux), Jean Baptiste Grosbois, Colin Mugnier, Nicolas Belin

Fiche de renseignement sur Pierre Lambert, officier de santé

(Fiche requise en Pluviôse An 3 par le district thermidorien de Semur et renseignée par lui-même et la commune)

Nom et Prénom : Pierre Lambert

Age : 63 ans

Lieu de naissance : Blaisy-Bas

Lieu de résidence : à Boux canton de Salmaise depuis 33 ans

Professions des parents : J'en ai de tout état, cultivateur, bourgeois, notaire, homme de loi et militaire actuellement au service de la République

Emplois occupés : Je n'ai point fait d'autre état depuis l'âge de treize ans à savoir que j'ai servi en qualité de sergent dans le Régiment de Languedoc ('langdoc') pendant neuf ans mais je servais toujours dans les hôpitaux militaires dans la chirurgie.

Temps d'étude et d'exercice : cinq ans

Etat de service :

Notice d'observation sur la conduite morale et politique et le patriotisme : la municipalité de Boux certifie que le citoyen Pierre Lambert officier de santé ci-dessus dénommé s'est toujours comporté en bon citoyen et a toujours donné des preuves de civisme.

Répartition de la réquisition du 5 prairial an III

- Charles Arbey, 6 quintaux
- Nicolas Belin cultivateur à Source Seine, 6
- Claude Belin, 6
- Claude Thibault, 6
- Jean Arbey cadet, 7
- Jacques Arbey le jeune, 12
- André Belin, 6
- Pierre Moreau, 6
- Charles Richard, 7
- Claude Verrier, 7
- Vincent Cariot, 6
- Pierre Cariot cultivateur à Présilly, 6
- Bernard Belin, 12
- Bernard Robin, 5
- André Arbey, 6
- Nicolas Robin cultivateur à Boux, 3
- Etienne Poupon, 2
- Jacques Fournier, 2
- Nicolas Guignard, 2
- Bernard Gagnet, 2
- Jean Mosson le jeune vigneron à Boux, 3
- Jean Bernard, 3
- Antoine Gille cultivateur à Présilly, 3
- Pierre Marlot cultivateur à Présilly, 3
- Bernard Sopotte fils vigneron à Présilly, 1
- Claude Cariot, 3
- Claude Robin cultivateur à Présilly, 5
- Claude Guemard, 3
- Jean Mosson de Bouzot, 3
- Jean Robin, 2
- Jacques Lombard, 2
- François Gagnet vigneron à Boux, 1
- Claude Robin l'ainé vigneron à Boux, 2
- Claude Robin le fils, 1
- André Arbey l'ainé, 1,5
- Jean Malardot, 1
- La veuve Jean Pignot, 1
- Charles Robin, 1
- Claude Mosson, 1
- La veuve Claude Mosson, 1
- Joseph Colin, 1
- François Lacoste, 1

- Antoine Sauteret, 1
- La veuve Personnier, 1
- Claude Baudot père, 1
- Jacques Thibault, 2
- Jean Vallier, 1,5
- François Perrot, 1
- Jean Baudot l'ainé, 1
- Claude Lombard, 1
- Jean Robin de Présilly, 1
- Claude Boudellet, 1
- Jacques Culmet, 2
- Pierre Lombard, 1
- Antoine Masselot, 1
- Claude Malardot, 1
- André Gaulon vigneron à Présilly, 1
- Jean Berthelemot père, 1
- François Viot, 1

District de Semur et population de quelques communes

Le district de Semur était composé de 13 cantons :

- Baigneux
- Epoisses
- Flavigny
- Frôlois
- Montbard
- Moutier
- Normier
- Précy
- Rouvray
- Salmaise
- Saulieu
- Semur
- Vitteaux

Commune	Population en 1793	Population aujourd'hui
Semur	4617	4481 (en 2016)
Flavigny	1361	308 (en 2016)
Montbard	2316	5483 (en 2016)
Vitteaux	1865	1096 (en 2016)
Venarey	511	2944 (en 2016)
Salmaise	463	138 (en 2016)
Boux	626	131 (en 2016)
Alise Ste Reine	701	593 (en 2016)
Thenissey	360	122 (en 2016)
Verrey	344	293 (en 2016)
Chanceaux	654	228 (en 2016)
Jailly-les-Moulins	469	90 (en 2016)

Source : EHESS/Cassini, INSEE

En 1792 la municipalité de Boux fait savoir au district de Semur que le village est composé de 130 à 140 feux, ce qui corrobore l'estimation généralement admise des historiens pour qui un feu contient de 4 à 5 personnes.

Eléments de démographie de Boux entre 1780 à 1796 :

Date	Naissances	Mariages	Décès
1780	23	7	19
1781	11	3	11
1782	30	4	17
1783	15	2	14
1784	19	4	13
1785	20	5	19
1786	20	5	16
1787	17	2	15
1788	13	4	15
1789	15	4	12
1790	19	5	7
1791	14	5	21
1792	14	4	13
An II	17	5	12
An III	22	7	15
An IV	21	4	7

La population de Boux en l'an IV
(Au-dessus de 12 ans)

\multicolumn{4}{c}{BOUX}			
Nom	Prénom	Age	Profession
Arbey cadet	Jean	36	Tanneur
Griveau	Jean	76	Domestique
Bizot	Denis	37	Domestique
Fleurot	Nicolas	18	Domestique
Bizot	François	31	Cordonnier
Robin	Charles	36	Charpentier
Burté	Antoine	35	Sabotier
Brille	Pierre	36	Sabotier
Popon	Jacques	36	Vigneron
Lambert	Bernard	60	Officier de santé
Sopotte	Bernard	74	Vigneron
Sopotte fils	Claude	33	Pensionné de la nation
Guedenay	Joseph	60	Vigneron
Guignard	Nicolas	46	Laboureur
Guignard fils	Denis	16	Laboureur
Fournier	Jacques	46	Laboureur
Gagnet	Bernard	52	Laboureur
Mosson	Jean	30	Laboureur
Mosson	François	65	Maréchal
Viot	Nicolas	37	Maréchal
Mosson	Jacques	38	Vigneron
Baudot	Claude	76	Vigneron
Robin	Claude	45	Vigneron
Mosson	Jean	85	Propriétaire
Michard	François	60	Menuisier
Chavaudret	Jean	33	Vigneron

Fleurot	Claude	54	Vigneron
Belin	André	49	Laboureur
Belin fils	Jacques	16	Laboureur
Fleurot fils	André	16	Domestique
Lacoste	François	38	Vigneron
Griveau	Jacques	56	Tixier
Gagnet fils	Nicolas	14	Vigneron
Lombard	Jean	35	Vigneron
Vallier	Jean	42	Maréchal
Sopotte	Bernard	40	Vigneron
Arbey	Charles	40	Laboureur
Mosson	Claude	40	Vigneron
Lautré	Nicolas	50	Sabotier
Bossu	Antoine	56	Sabotier
Dumon	Claude	16	Domestique
Robin	Claude	53	Vigneron
Robin fils	Charles	17	Vigneron
Gagnet	François	56	Vigneron
Gagnet fils	François	13	Vigneron
Pignot	Claude	37	Officier de santé
Belin	Nicolas	48	Laboureur
Belin fils	Jacques	14	Laboureur
Belin	Claude	52	Laboureur
Malardot	Jean	72	Vigneron
Sopotte	Bernard	14	Vigneron
Thibault	Claude	72	Laboureur
Thibault fils	André	38	Laboureur
Robin	Charles	58	Vigneron
Robin	Jean	27	Vigneron
Colin	Jean	27	Chasse-moulin
Lombard	François	40	Vigneron

Gagnet	Jean	60	Vigneron
Robin	Etienne	35	Vigneron
Popon	Etienne	58	Laboureur
Robin	Nicolas	65	Laboureur
Robin fils	Nicolas	33	Laboureur
Personnier	Nicolas	61	Vigneron
Personnier	Jean	31	Vigneron
Personnier	Pierre	30	Vigneron
Robin	Etienne	57	Vigneron
Malardot	Claude	51	Vigneron
Thibault	Simon	75	Manouvrier
Picamelot	Jacques	45	Vigneron
Guedenay	Jean	69	Vigneron
Pignot	Charles	13	Vigneron
Sopotte	Jean	42	Charpentier
Voisin	Benigne	60	Bourrelier
Voisin	Jean	28	Vigneron
Vallerot	Jean	57	Vigneron
Arbey	André	42	Propriétaire
Arbey fils	Jacques	13	Propriétaire
Arbey	Jacques	45	Laboureur
Arbey fils	Claude	16	Laboureur
Arbey fils	Jacques	14	Laboureur
Arbey fils	Marie Claude	12	Laboureur
Culnet	Jacques	29	Domestique
Popon	Claude	45	Vigneron
Massenot	Antoine	40	Jardinier
Ligny	François	42	Propriétaire
Lestrade	Jacques	16,5	Propriétaire
Perrot	François	61	Notaire
Perrot fils	Joseph	15	Propriétaire

Bernard	Jean	45	Laboureur
Grosbois	Jean	36	Tanneur
Arbey Brusley	Jacques	57	Propriétaire
Sauceret	Claude	62	Chasse-moulin
Tartevelle	Pierre	62	Recteur d'école
Mariglier	François Charles	41	Ministre du culte
Baudot	Sulpice	62	ex-religieux
et 130 femmes de plus de 12 ans			
Presilly			
Maureau	Pierre	35	Laboureur
Mosson	Hubert	16	Domestique
Verrier	Claude	56	Laboureur
Verrier fils	Jean	19	Laboureur
Berthelemot	Jean	60	Tailleur de pierres
Richard	Charles	60	Laboureur
Richard fils	Claude	33	Laboureur
Richard fils	Antoine	30	Laboureur
Gaulon	André	30	Vigneron
Popon	Jean	30	Vigneron
Pralon	Toussaint	18	Domestique
Gilles	Anoine	65	Laboureur
Cariot	Pierre	31	Vigneron
Guedenay	Nicolas	50	Cordonnier
Cariot	Claude	54	Laboureur
Cariot fils	Jean	19	Laboureur
Marlot fils	Pierre	17	Laboureur
Cariot	Vincent	59	Laboureur
Cariot fils	Pierre	25	Laboureur
Berthelemot fils	Jean	29	Tailleur de pierres
Culnet	Jacques	63	Vigneron
Cariot	Pierre	63	Laboureur

Cariot	Jean	34	Vigneron
Cariot	Claude	55	Laboureur
Gaulon	Antoine	63	Vigneron
Gaulon fils	André	14	Vigneron
Gaulon fils	Jean	19	Vigneron
Bizot	Jean	40	Vigneron
Bizot fils	François	14	Vigneron
Bizot fils	Denis	13	Vigneron
Boudillet	Claude	42	Vigneron
Robin	Claude	40	Laboureur
Corot	Thomas	16	Domestique
Pignot	Claude	72	Vigneron
Pignot	Charles	30	Vigneron
Cariot	Nicolas	20	Tailleur de pierres
Guedenay	Nicolas	32	Tailleur de pierres
Robin	Jean	60	Vigneron
Mongeot	Claude	38	Vigneron
Drioton	Jacques	38	Vigneron
Lombard	Claude	58	Vigneron
Lombard fils	Jean	18	Vigneron
Lombard	Pierre	56	Vigneron
Arbey	André	32	Laboureur
Bernot	Benigne	42	Vigneron
Robin	Bernard	60	Laboureur
Robin fils	Bernard	30	Laboureur
et 57 femmes de plus de 12 ans			
Bouzot			
Versey	Jean Baptiste	50	Propriétaire
Lucotte	Frederic	35	Jardinier
Robin	Jean	36	Laboureur
Baudot	Jean	59	Vigneron

Lombard	Jacques	37	Laboureur
Mosson	Jean	71	Laboureur
Mosson fils	Jean Baptiste	34	Laboureur
Mosson	Claude	26	Laboureur
Baudot	Jean	56	Vigneron
Baudot fils	Claude	28	Vigneron
Baudot	Claude	60	Vigneron
Baudot	Bernard	24	Vigneron
Sopotte fils	Jean	18	Vigneron
Baudot	François	30	Vigneron
Thibault	Jacques	72	Propriétaire
Sopotte fils	Claude	61	Tixier
et 24 femmes de plus de 12 ans			
Les Bordes			
Lucotte	Charles	75	Propriétaire
Beuche fils	Claude	28	Vigneron
Beuche fils	Nicolas	38	Vigneron
Beuche	Claude	75	Manouvrier
Beuche	Claude	26	Vigneron
Guignard	Claude	67	Laboureur
Guignard	Claude	32	Laboureur
Belin	Bernard	62	Laboureur
Belin fils	Claude Marie	19	Laboureur
Belin fils	Charles	17,5	Laboureur
Maureau	Jean Baptiste	18	Domestique
Tartevelle	Pierre	62	Recteur d'école
et 12 femme de plus de 12 ans			

Quelques mesures agraires sous l'Ancien Régime
(en Bourgogne au 18ième siècle)

Mesure : un volume de 30 à 32 litres d'aujourd'hui, pesant en principe 45 livres en blé (soit 22 kilos, valeur en 1789 à Châtillon : 6 livres 4 sols), 33 livres d'orge (valeur en 1789 à Châtillon : 3 livres), 39 livres en seigle (soit 19 kilos, valant en 1784 : 2 livres 16 sols), 28 livres en avoine (soit 13,7 kilos valant en 1784 : 36 sols)
A Vitteaux en 1788 la mesure de froment de 22 livres vaut 46 sols, soit 2 livres et 6 sols.
Boisseau : 13 litres (poids pour le blé : 20 livres)
Livre : 489,5 grammes
Quintal : 48,975 Kilos
Pied : 32,48 cm
L'aune 1,18 m
La toise 1,96 m
Corde : corde 'de Bourgogne' de 33 pieds = 10,72 m, corde forestière traînante de l'Auxois de 45 pieds = 14,62m
Perche : Perche de 'Bourgogne' = 3,08m (superficie= 9,5m2), Perche de 22 pieds = 7,14m
Arpent : Arpent de 449 perches de Bourgogne = 42,75 ares (arpent commun en Bourgogne), arpent de 100 perches à 22 pieds = 51,07 ares (aussi appelé arpent du roi, arpent des eaux et forêts).
Journal : Superficie qu'un paysan pouvait labourer en 1 journée.
Grand journal de 360 perches de Bourgogne = 34,28 ares
Petit journal de 240 perches de Bourgogne = 22,85 ares
A noter : l'impôt foncier de Boux en l'an 3 évalue le journal à 180 perches, soit seulement 17,07 ares. Il s'agit peut-être d'une prise en compte de la difficulté à travailler les terres sur la montagne.
Ouvrée : 428 m2 soit 1/8 de grand journal (utilisée pour la vigne)
A noter : l'impôt foncier de Boux en l'an 3 évalue l'ouvrée à 45 perches, soit 4,27 ares
Soiture : utilisée pour les prés, 1 soiture équivaut à la surface qu'un homme peut faucher en 1 journée.
A noter : l'impôt foncier de Boux en l'an 3 évalue la soiture à 360 perches, soit 34,14 ares

BIBLIOGRAPHIE

[1] La Révolution française en Bourgogne – Jean Bart (1996)

[2] Archives départementales de Dijon. Série E dépôts 101/1, 101/2, 101/3, 101/10, 101/11, 101/12,101/15, 101/16, 101/17-18, 101/19-20, 101/23
E 1039 E sup. 378/29 (documents Chastenay Lanty)
B II 209/2, B II 473/4, B II 474/1
B 11125/4
C 2888, C 6917, C 7027, C 72, C 72 bis, C 74, C 1205, C 360, C 105
L 4579-4608, L 3291-3325, L 2723, L 2724, L 3036, L1154, L1156, L2284, L2231, L2285, L431, L1128, L2232, L339, L434, L498, L510, L528, L670, L1005, L1067, L1083, L1085, L1129, L1162, L1171, L1170, L1177, L1670, L1948, L1949, L2217, L2243, L2284, L2285, L2224, L2227, L2228, L2240, L2246, L2252, L2258, L2264, L2267, L2268, L2279, L2951, L2933, L23, L39, L40, L46, L210, L222, L252, L317, L930, L937, L941, L963
1F 687

[3] Le club des jacobins de Semur – M. Henriot – 1933

[4] La Révolution française en Côte d'Or – Pierre Leveque, Eliane et Serge Lochot

[5] Histoire de la Révolution française - Jules Michelet - édition de 1974

[6] L'assassinat de Filsjean de Sainte-Colombe et les élections d'avril 1790 en Côte d'Or – Jean Richard

[7] Dictionnaire critique de la Révolution Française – Furet/Ozouf – édition de 1992

[8] Morceaux d'histoire de la très ancienne paroisse de Busseias – Nicole Simon

[9] La Côte d'Or – sous la direction de Pierre Lévêque – 1996

[10] La société française en 1789 – Semur en Auxois – Régine Robin (1970)

[11] Archives parlementaires de 1787 à 1860 – Tome 2 : Etats Généraux ; Cahiers des sénéchaussées et baillages - BNF/Gallica

[12] Dictionnaire des Parlementaires français- Adolphe Robert & Gaston Cougny (1890) – BNF/Gallica

[13] Table des rapports des anciennes mesures agraires avec les nouvelles – F. Gattey (1812) – BNF/Gallica

[14] L'emprunt forcé de l'an II – Nicole Herrmann-Mascard (1990)

[15] Vivre en Bourgogne au XVIIIème siècle – Benoît Garnot – EUD (1996)

[16] Anatomie de la Terreur – Timothy Tackett (2018)

[17] Description générale et particulière du Duché de Bourgogne 2ième édition - Courtépée – 1848

[18] Archives nationales – LH/45/35(L0045035) ,

[19] Les Volontaires de la Côte d'Or – Formation – Sadi Carnot – (1905)

[20] Les Volontaires de la Côte d'Or – En campagne – Sadi Carnot (1942)

[21] Histoire de la Bourgogne – sous la direction de Jean Richard – Privat, éditeur - (1984)

[22] Archives nationales – Base Leonore

[23] Service Historique de la Défense – SHD – GR XV11

[24] La Révolution armée – Jean Paul Bertaud – R. Laffont - (1979)

[25] La vie quotidienne des soldats de la Révolution – Jean Paul Bertaud – Hachette – (1985)

SOMMAIRE

Les prémisses d'un bouleversement historique 9
   La communauté de Boux et ses hameaux en 1789 9
   Etats Généraux, cahiers de doléances 17
   La révolution administrative de 1789 30
1790, les villageois prennent leurs affaires en main 33
   Jean ARBEY, maire. 33
      Election municipale 33
      Les premiers pas 37
      Le Pouvoir révolutionnaire se met en place, premiers conflits 41
      Sectorisation de la commune 44
      L'arrestation du roi à Varennes 47
      Les vendanges, la Constitution, l'affaire de la Fabrique. 50
      Election municipale partielle à l'automne 1791 55
      La patrie en danger 63
      Les Volontaires 64
      Fin de la monarchie 76
   Jacques LOMBARD, maire. 79
      Une élection moins mobilisatrice 79
      La mairie remplace l'église pour l'état civil 80
      La Fortelle, le notaire, la défense nationale impacte durement la vie villageoise 82
      Le Comité de surveillance 88
      Les suspects, la levée en masse, armement 92

BOUX pendant la Terreur 102
   Habiller les soldats, départ des cloches, le maximum 110
   L'agent national 116
   La déchristianisation 118
   La bataille du salpêtre, le notaire réapparait 122
   L'effort militaire du printemps 1794, l'église close. 124
   La fête de l'Etre Suprême 129
   La chute invisible de Robespierre 132
BOUX pendant la Convention thermidorienne 139
   Les réquisitions de brumaire an III 139
   Epuration thermidorienne, le notaire revient définitivement
   141
   Hiver et printemps 1795, réquisitions et emprisonnement de
   déserteurs 145
   Volontaires récalcitrants, le curé revient, départ des
   déserteurs 152
BOUX pendant le Directoire, épilogue révolutionnaire 158
   Fin de la municipalité révolutionnaire de Boux 158
APPENDICES 161
   L'inondation de 1796 161
   Rôle de taille de 1788 162
   Liste (partielle) des citoyens actifs présents à l'élection de
   février 1790 : 168
   Citoyens présents à l'élection de décembre 1792 : 170
   Membres des instances communales 171
   Les bataillons de volontaires 173
   Les volontaires de Boux 176

Le volontaire Claude Arbey 177
Les parents des soldats de l'an II 179
Liste des habitants répertoriés pour les coupes de bois en février 1793 181
Fiche de renseignement sur Pierre Lambert, officier de santé 183
Répartition de la réquisition du 5 prairial an III 184
District de Semur et population de quelques communes .. 186
La population de Boux en l'an IV 189
Quelques mesures agraires sous l'Ancien Régime 195
BIBLIOGRAPHIE 197
Table des illustrations 202

Table des illustrations

Figure 1: Extrait de la carte itinéraire du Duché de Bourgogne en 1780 (Document Gallica) 10

Figure 2: Extrait du Plan de Dijon en 1770 par Jean Beaurain (BNF/Gallica) 29

Figure 3 : Presilly et Boux - Atlas général des routes de la Province de Bourgogne - Archives départementales de la Côte d'Or FRAD021_ 7NUM_C3882_3883_0002927   C 3883-3 - Feuille n°158 1759 - [1780] 51

Figure 4 : Plan de Boux – A.D Côte d'Or FRAD021 3P_PLAN_101_001 – plans du cadastre napoléonien– 1835 52

Figure 5 : Plan de Boux à la fin du 19è siècle (Simon) 52

Figure 6 : Gravure extraite de l'ouvrage de Sadi Carnot [20] 64

Figure 7 : La Fortelle – A.D Côte d'Or FRAD021 3P_PLAN_101_001 - plans du cadastre napoléonien – 1835 (vue partielle) 84

© 2019, Christian Garnier

Edition : Books on Demand,
12/14 rond-Point des Champs-Elysées, 75008 Paris
Impression : BoD - Books on Demand, Norderstedt, Allemagne
ISBN : 9782322156351
Dépôt légal : Octobre 2019